普通高等教育旅游管理专业系列教材

饭店管理

主　编　李若凝

副主编　孙刘伟　常卫锋

参　编　刘　芳　殷华华　邓小兰

机 械 工 业 出 版 社

本书从饭店概述和饭店管理概述入手，以饭店管理理论和方法为主要内容，对饭店业务管理、饭店服务质量管理、饭店人力资源管理、饭店市场营销管理、饭店业务支持系统管理、饭店安全与危机管理、饭店投资与筹划管理、饭店品牌管理、饭店集团化管理等内容进行了全面阐述与分析，揭示了饭店业务运作过程及饭店管理理论和方法。本书将理论性、科学性和实用性相结合，既突出饭店管理的总内容，又包含饭店业务管理的内容；既注重对饭店管理活动进行理论指导，也注重方法技术上的操作和应用，以适应现代饭店发展的实践需要和旅游管理专业、饭店管理专业学生学习的需要。

本书不仅适合普通高等院校（含高职高专）旅游管理专业、饭店管理专业使用，也适合成人教育相应专业用作培训教材。

为方便教学，本书配备了电子课件等教学资源。凡选用本书作为教学用书的教师均可登录机械工业出版社教育服务网 www.cmpedu.com 免费下载。如有问题请致电 010-88379375 联系营销人员。

图书在版编目（CIP）数据

饭店管理/李若凝主编. —北京：机械工业出版社，2012.5（2021.1 重印）

普通高等教育旅游管理专业系列教材

ISBN 978-7-111-38447-2

Ⅰ. ①饭… Ⅱ. ①李… Ⅲ. ①饭店—企业管理—高等学校—教材 Ⅳ. ①F719.2

中国版本图书馆 CIP 数据核字（2012）第 104292 号

机械工业出版社（北京市百万庄大街 22 号 邮政编码 100037）
策划编辑：徐春涛　　责任编辑：徐春涛　孙晶晶
责任印制：常天培
北京中科印刷有限公司印刷
2021 年 1 月第 1 版第 3 次印刷
184mm×260mm · 14.75 印张 · 363 千字
5001—5300 册
标准书号：ISBN 978-7-111-38447-2
定价：39.00 元

电话服务	网络服务
客服电话：010-88361066	机 工 官 网：www.cmpbook.com
010-88379833	机 工 官 博：weibo.com/cmp1952
010-68326294	金 书 网：www.golden-book.com
封底无防伪标均为盗版	机工教育服务网：www.cmpedu.com

前 言

饭店业是我国对外开放的服务窗口之一，也是旅游业发展的支柱产业之一。随着旅游业的大发展，我国饭店业进入了快速发展时期，其硬件建设已取得了长足发展，饭店规模不断扩大，类型齐全，饭店企业形态由单体饭店向连锁化、集团化方向发展，一些饭店企业已开始准备将触角伸展到国外，迈出国际业务的步伐；但是我国饭店企业管理水平和服务质量与国际先进水平相比还有不少差距，在经济全球化的背景下，需要饭店管理者在放眼世界的同时，借鉴国外饭店成熟的经营管理经验，不断创新饭店管理模式，把经营管理理念与我国文化相融合，提高饭店经营者和管理者的管理水平和饭店组织的国际竞争力。

本书根据现代饭店综合性强、涉及面宽和实践性强的特点对全书的内容进行了合理安排和取舍。从饭店概述和饭店管理概述入手，以饭店管理理论和方法为主要内容，对饭店业务管理、饭店服务质量管理、饭店人力资源管理、饭店市场营销管理、饭店业务支持系统管理、饭店安全与危机管理、饭店投资与筹划管理、饭店品牌管理、饭店集团化管理等内容进行了全面阐述与分析，揭示了饭店业务运作过程及饭店管理理论和方法。本书将理论性、科学性和实用性相结合，既突出饭店管理的总内容，又包含饭店业务管理的内容；既注重对饭店管理活动进行理论指导，也注重方法技术上的操作和应用，以适应现代饭店发展的实践需要和旅游管理专业、饭店管理专业学生学习的需要。

本书采用理论、方法、案例分析相结合的编写形式，每章前都有该章节的学习目标，正文中总结了大量的方法、技巧和手段，清晰明确，具体实用。各章末安排了本章小结和思考与练习，方便读者复习和检查对有关理论的理解和巩固所学的知识，与各章内容相关的案例分析将读者与饭店管理密切联系起来，以提高读者应用所学知识解决实际问题的能力。

本书由李若凝担任主编，孙刘伟、常卫锋担任副主编，编写分工如下：李若凝编写第五章、第六章，孙刘伟编写第四章、第七章，刘芳编写第一章、第三章，常卫锋编写第二章、第九章，邓小兰编写第十章、第十一章，殷华华编写第八章。

由于时间仓促，编写人员水平有限，本书难免存在不妥之处，请各位学者、专家、饭店管理工作者多多批评指正，交流信箱 hdp316@163.com。

本书在编写过程中参考了不少有关饭店管理方面的著述和文献，在此谨向有关作者表示敬意和感谢。

编 者

目　　录

第一章 饭店概述

学习目标

1. 了解饭店的基本概念；
2. 了解中外饭店业的发展历史；
3. 熟悉饭店的类型及饭店产品的特点；
4. 掌握饭店管理的内容、原则及经营模式。

第一节　饭店的特点及分类

一、饭店的概念

饭店一词源于法语，原指富贵门第或官宦之家所拥有的宏伟而豪华的宅邸，是主人们款待宾朋的地方，也是一般人赞赏和向往的去处。后来，英国、美国沿用这一名称来指所有商业性的住宿设施。由于历史原因，饭店也常被称为宾馆、旅馆等。另外，还有汽车旅馆、机场饭店、大饭店、小饭店、小旅馆、公寓、招待所、旅游饭店、小旅店、休养地饭店等称呼。尽管称谓各异，但它们的基本功能相同。事实上，饭店首先是一种住宿服务设施，即饭店无论是简陋还是奢华，必须具有住宿服务功能，否则便不能称为饭店。具备住宿服务功能是饭店区别于其他类型服务企业的主要特点。形形色色的各种不同规模、类型、等级，不同经济成分、不同经营形式的饭店企业组成了一国一地的饭店业。国家旅游局在《旅游饭店星级的划分与评定》（GB/T14308—2010）中给旅游饭店下的定义为：以间（套）夜为单位出租客房，以住宿服务为主，并提供商务、会议、休闲、度假等相应服务的住宿设施，按不同习惯可能也被称为宾馆、饭店、旅馆、旅社、宾舍、度假村、俱乐部、大厦、中心等。由于我国国家旅游局在进行星级评定时把此类住宿服务设施统称为旅游饭店，因此本书就采用了“饭店”一词。

饭店是以大厦或其他建筑设施为凭借，为旅游者提供住宿、饮食、娱乐、购物或其他服务的企业，是为满足社会需要，并获得自身盈利而进行独立经营、独立核算，具有法人资格的基本经济组织。

这一定义的基本特征包括：①饭店都必须以房屋建筑和相关的设施、设备为依托向游客提供旅游居住的服务。②必须提供住宿设施、设备，多数也提供餐饮、商务和康乐设施设备。③饭店业属于第三产业的范畴。④其服务对象是以旅游者为主体的公众。⑤以营利为目的，具有企业的所有基本特征。

二、饭店产品的概念及其特点

1．饭店产品的概念

饭店是饭店产品生产和交换的基本单位。尽管饭店生产也采用原材料——产品——销售这一基本模式，但饭店产品的主要内容是服务。饭店产品由实物产品（各种有形实物及设备设施、环境等）和劳务服务（服务态度、技术技能等）组成，它不仅能满足宾客物质方面的需求，而且能满足宾客精神享受方面的需求，其中实物产品起着充当劳务服务销售的载体作用，劳务服务通过实物产品得到充分发挥并实现其价值。

对饭店产品的概念，可以从消费者和饭店两个角度来看：

从消费者的角度来定义：饭店产品是一段住宿经历，由物质产品、感觉上的享受、心理上的感受三部分构成的组合产品。

从饭店的角度讲：饭店产品是饭店有形设施和无形设施的综合。它包括饭店的位置、饭店的设施、饭店的服务、饭店的气氛、饭店的形象。

2．饭店产品的特点

（1）**综合性**　客房服务是饭店产品的基本形态，但随着市场需求的多样化和行业规模的扩大，饭店同时提供饮食、购物、交通、娱乐、会议、商务、休闲度假等一系列服务，甚至包括管家服务、托儿服务等，形成了饭店产品的综合性特点。

（2）**享受性**　饭店所能满足宾客的不仅仅是简单的物质需要，更重要的是要能满足宾客各种各样的享受需求。宾客的享受需求是现代需求的主要表现，饭店产品的享受性特点是其与一般商品和服务之间的主要区别所在。

（3）**时间性**　饭店产品的时间性是指饭店产品较多地受到季节、政策等因素的影响和制约。产品价值以时间为计算单位，随时间的推移而消失，不能储存。旅游季节的变化影响着饭店市场消费需求的变化，旺季消费需求大，饭店床位、餐位的市价呈现上升趋势；淡季消费需求小，饭店床位、餐位的市价均呈现下降趋势。因此，在一定的时间内，客人不能选择饭店的价格，因而对饭店的服务非常挑剔；而在不同的时期内，饭店也不能保持一定的价格。

（4）**服务性**　饭店是一个综合性的接待场所，它不仅要向客人提供有形的产品（如客房、餐厅和娱乐场所等），还要向客人提供无形的服务（如礼貌接待、氛围等），并且无形的服务所占的比重很大。所以，无论是饭店的本身销售还是客人的需求，都强调饭店的服务质量。饭店以服务为本，以服务立业；饭店的服务越好，就越受欢迎。从这个意义上讲，饭店产品是一种高服务产品。

（5）**文化性**　文化性即通常所说的“饭店气氛”、“饭店氛围”。饭店产品的文化性是建立在饭店的外在形象与内在机制有机统一的基础上，体现在饭店日常经营管理和服务的各个方面，饭店服务的各个细节都蕴涵着其自身的文化内涵。对旅游者而言，饭店是其感受异地文化的消费场所。

三、饭店的分类

饭店业由不同类型、不同等级的饭店设施组成。人们处于不同研究目的的需要，往往会使用不同的划分标准，因而所划分出来的类别自然会有差异。饭店分类有两大目的，一是有利于营销，能使饭店明确所处市场的推销对象，从而更有效地制订营销计划，更集中地使用广告费用；同时，也能使宾客在选择饭店时有明确的目标。二是便于比较，一家饭店经营得好坏，要与同一类型的饭店相比才显得有意义，特别是当饭店运用饭店业各种统计资料分析市场动向、研究竞争对策和制订经营方针时，同类相比显得格外重要。世界各国具体执行饭店分类的机构各不相同，有的是政府部门，有的是行业协会，也有的是与旅游业、饭店业相关的公司或机构。但它们通常都是根据饭店的地理位置、规模大小、新旧程度、设施状况等特点将饭店进行分类，然后公布各类饭店经营结果的有关数据，以对饭店的经营管理起指导作用。

1．根据饭店的地理位置分类

（1）**城市中心饭店（City Center or Urban Hotels）** 城市中心饭店一般位于火车站、城市商业区或市政府附近。这些饭店大多数都是能提供全套服务的豪华饭店。第二次世界大战以后，由于航空运输业和公路交通的发展和城市空心化，大量商业活动转移到了城市郊区。在 20 世纪 50 年代和 60 年代，城市中心饭店一度随着城市中心商业活动的减少而减少。但是，近几十年来，城市中心饭店获得了新的发展，许多大城市重新开始兴建或改造城市中心饭店。

（2）**度假饭店（Resort Hotels）** 度假饭店主要是为了满足旅游者的休闲和度假需求建立的，一般设在风景名胜区附近。度假饭店开辟各种娱乐体育项目，如滑雪、骑马、狩猎、滑草、垂钓、划船、潜水、冲浪、高尔夫球、网球等活动来吸引游客，这些活动的质量往往是一个度假型饭店成功的关键。近年来，在许多饭店业发达的国家，已出现度假型与商务型相结合的饭店，即所谓改良的度假型饭店，而且被认为是当代饭店设施发展的方向。

（3）**城市郊区饭店（Suburban Hotels）** 城市郊区饭店则是由于城市中心地价上升，商业区转移到市郊而开始发展的，近年来有逐渐衰退的迹象。

（4）**汽车饭店（Highway Hotels/Motels）** 汽车饭店是汽车私人拥有量增加和高速公路网络发展的产物，著名的假日饭店集团就是随着 20 世纪 60 年代美国高速公路网的形成而获得飞速发展的。

（5）**机场饭店（Airport Hotels）** 20 世纪 60 年代初，大型客机的出现使得大规模、远距离的航空客运成为可能，机场饭店得到了较快的发展。20 世纪 90 年代以来，大多数机场饭店都配置了完善的会议设施，由于其优越的地理位置，很多大公司选择机场饭店作为召开会议的第一选择。

2．根据饭店市场及客源特点分类

（1）**综合型饭店** 综合型饭店是指同时接待观光游览、商务、会议、度假等客人的饭店。为了适应各种类型宾客的需要，综合型饭店一般功能齐全、能提供全方位的服务。在中国，这类饭店大多数是旅游业发展过程中较早出现的饭店，通常在当地承担主要接待任务。

（2）**商务型饭店（Commercial Hotels）** 商务型饭店是指主要为从事商贸活动的宾客提供住宿、餐饮及商务服务的饭店。商务型饭店也被称为暂住型饭店。这类饭店大多数位于城市中心或商业区，宾客以商务旅行者为主，住宿时间相对较长。为了适应商务宾客的需要，商务饭店不仅要求设施富丽堂皇，而且要求服务水平高、服务质量好、设备设施先进完备，特别是商务所需的设备设施必须一应俱全，如国际直拨电话、传真、互联网、洽谈室、会议室、商务中心、秘书服务等，应很好地满足商务宾客的要求。

（3）**度假型饭店（Resort Hotels）** 度假型饭店主要是以接待休闲、度假及娱乐的旅游者为主。度假型饭店大多数位于海滨、山区、森林、温泉、海岛、湖岸等自然环境优美、气候宜人的地区。

（4）**会议展览型饭店（Convention Hotels）** 此类饭店主要是为举办各种展销会、大型博览会、国际会议、经贸洽谈会等提供会议展览场所、住宿及餐饮等综合服务的饭店。会议展览型饭店一般位于大都市和政治、经济中心或交通方便的游览胜地，不仅要求舒适方便，而且要求有各种规格、类型的会议室、演讲厅、展览厅、陈列室及洽谈室等，必须配备各种会议设备，如投影仪、影像设备、视听设备、扩音设备、通信设备等，接待国际会议的饭店还要求具备同声传译装置以方便开展各种各样的商贸活动、学术交流和举办展览会等，同时还要求有良好的会议服务，会议饭店一般都配备工作人员帮助会议组织者协调和组织会议各项事务，要求饭店具有高效率的接待人员。

（5）**长住型饭店（Resident Hotels）** 此类饭店主要接待住宿时间较长，在当地短期工作或度假的客人或家庭。饭店的组织、设施、管理较为简单，饭店建筑布局多采用家庭型，以套房为主，提供厨房设施，宾客自理饮食。

3．根据饭店规模分类

（1）**小型饭店** 小型饭店一般是指拥有标准客房数在300间以下的饭店。这类饭店的设施和服务能满足宾客的基本需求，一般价格较为便宜，多为经济型饭店。

（2）**中型饭店** 中型饭店通常是指拥有300～500间标准客房的饭店。这类饭店的设施齐备、精良，服务项目齐全，价格适中合理，是一般旅游者较喜欢选择的饭店。

（3）**大型饭店** 大型饭店一般是指拥有500间以上标准客房的饭店。这类饭店的服务项目比较齐全，设施比较豪华。通常大型饭店都是豪华饭店，随着世界旅游业的快速发展，许多中小型饭店不断扩大规模而成为大型饭店。根据国家旅游局2008年中国星级饭店统计公报，截至2008年底，我国共有129座大型饭店。

4．根据饭店计价方式分类

（1）**欧式计价饭店** 欧式计价饭店是指饭店客房价格仅包括房租，不含食品、饮料等其他费用。世界各地的绝大多数饭店均属此类。

（2）**美式计价饭店** 美式计价饭店的客房价格包括房租以及一日三餐的费用。目前，尚有一些地处偏远的度假型饭店仍属此类。

（3）**修正美式计价饭店** 此类饭店的客房价格包括房租和早餐以及午餐或晚餐的费用，以使宾客有较多的自由安排白天活动。

（4）**欧陆式计价饭店** 欧陆式计价饭店的房价包括房租及一份简单的欧陆式早餐即咖

啡、面包和果汁。此类饭店一般不设餐厅。

（5）**百慕大计价饭店** 此类饭店的房价包括房租及美式早餐的费用。

5. 根据饭店产权形式分类

（1）**独立经营饭店** 独立经营饭店是指由个人或企业、组织独立拥有并经营的单个饭店企业，国际饭店业中就饭店数量而言，绝大部分属于独立经营饭店，约为80%，其主要集中在欧洲和北美，但由于独立经营饭店均为小型企业，就客房数而言，独立经营饭店的客房数仅占全球饭店业客房总数的30%。

（2）**饭店公司** 饭店公司是由多个饭店组成的专业饭店公司，一般都拥有一个或多个品牌，同时采用各种不同经营方式，因而又称为联号或连锁饭店公司。

（3）**饭店自联组织** 饭店自联组织是指由大批独立拥有、独立经营的饭店企业出于营销等共同目的自愿参加组成的饭店联合组织，目的是对抗大饭店公司的竞争。自联组织的饭店在保持各饭店产权独立、自主经营的基础上，实行统一订房、质量标准和公认的标志，并进行联合宣传、促销和互送客源。

（4）**饭店企业集团** 饭店企业集团是指同时经营本公司品牌饭店及其他品牌饭店并从事其他行业经营的公司，实际上是一种联合大公司或多种经营公司。此类公司近年来通过收购、兼并、规模迅速扩张，改变了国际饭店业的面貌。

四、饭店的作用

饭店凭借其自身的性质和地位，在旅游业乃至整个社会经济中，发挥着重要的作用。

1. 饭店为经济活动和社会生活提供了方便

在很多国家，饭店为洽谈业务、举行会议、开展文娱活动等社会经济活动提供了场所和相关的便利服务。因而，许多国家和地区，在考虑旅游业乃至整个国民经济的发展规划时，都把饭店的建设放在重要的位置。从这个意义上讲，饭店的发展水平是旅游业发展水平和地区社会接待能力的重要标志。

2. 创造旅游收入和外汇收入

旅游者能给饭店带来较高的收入，尤其是国际旅游者，绝大多数都要住饭店。在饭店食、住、购、娱，这样不仅增加一个国家或地区的国民经济收入，还可以起到创汇的重要作用。所以人们经常说，旅游饭店是创造收入尤其是外汇收入的重要基地。

3. 为社会创造就业机会

饭店的建造和经营为建筑业及相关行业提供了业务市场。饭店的设备、家具和陈设品由众多的制造商提供。饭店的食品、饮料等采购源自农业、水产业、食品饮料业以及煤、电、水等企业。因此，饭店除为饭店人员创造了直接的就业机会之外，还为相关的其他行业部门间接创造了很多就业机会。根据统计，一家300间客房的饭店能创造500～600个直接就业的机会和1 000～1 200个间接就业机会。

4. 旅游和社交活动的重要场所

在大多数国家的饭店中，饭店附设的餐厅、酒吧、舞厅及各种娱乐设施不仅为住宿客人提供服务，而且也吸引着大量当地居民。饭店是本地文化交流、科学技术交流、社交活动的中心，是增进了解和友谊的社交中心。

第二节 饭店的等级制度

一、实行饭店等级制度的目的

饭店等级制度是国际旅游业的通用语言，是世界旅游发达国家通行的一项制度，实行饭店等级制度的目的一般有以下几点：

1. 确立饭店产品和服务标准

饭店分等定级的目的之一是确立统一的饭店服务和产品质量标准，有利于建立有序的饭店产品销售系统。

2. 便于经营管理和监督

政府有关部门和行业组织把颁布和实施饭店分级制度作为饭店行业管理和规范饭店行为的一种手段。通过对饭店定级，一方面有利于饭店企业根据所定等级的要求进行经营管理；另一方面便于政府有关部门和行业组织对饭店的经营行为进行监督，使之提供与饭店等级相符的产品和服务。

3. 保护消费者的利益

根据饭店等级标准要求，消费者可以根据标准对照判定其是否符合标准。旅游产品自身的无形性、生产与消费同一性的特点决定消费者在购买之前对于产品无从了解，而饭店等级是对饭店设施水平和服务水平的界定和质量保证。

4. 维护饭店企业的利益

对饭店进行分等定级有利于饭店企业的市场定位和目标市场选择，并为饭店定价提供依据，饭店根据等级制订营销计划和开展促销活动；同时也有利于饭店同行之间的平等、公平竞争，促进饭店服务水平的改善和提高。

二、国际饭店业等级制度

目前国际上有数十种饭店等级制，有的是各国政府部门制定，有的是各地饭店协会或相关协会制定。有些国家强制性规定饭店必须参加评定等级，有的则由饭店企业自愿申请参加评定。由于各地区、国家间饭店业发达程度和出发点不同，各种等级制所采用的标准不尽相同，但各地饭店分等定级的依据和内容却十分相似，通常都从饭店的地理位置、周围环境条件、建筑设计布局、内部装潢、设备设施配置、维修保养状况、服务项目、清洁卫生、管理水平、服务水平等方面进行评价确定。

有些国家采用星级制，级别用“★”号表示，如法国的饭店标准采用 1～5 星级，摩纳哥的饭店标准采用四星豪华、四星 C、三星、二星、一星等。我国的饭店标准也采用五星制。许多国家将饭店的等级用英文字母表示，即 A、B、C、D、E 五级，A 为最高级，E

为最低级。用数字表示饭店的等级一般采用最高级用豪华表示，继豪华之后由高到低依次为 1、2、3、4，如罗马尼亚的饭店标准。日本的饭店标准分为高级、简易饭店和国民宿舍。而有的国家和地区则采用“豪华、舒适、现代”或“乡村、城市、山区、观光”等，可谓形形色色。在美国，由于复杂的政治和社会结构以及饭店业的千姿百态，至今尚未有统一的、被普遍接受的饭店等级标准，较有影响的则是美国汽车协会及美国汽车石油公司分别制定并使用的“五钻石”和“五星”等级制。英国政府部门制定的标准将饭店分为“1～5 皇冠、列名”六级，英国汽车协会制定的饭店等级分为“1～5 星”五级，并以“1～3 支玫瑰”表示饭店餐饮质量水平。

三、中国饭店业星级评定制度

中国饭店业的等级制度采用国际上通行的星级评定制度，以星（★）的多少来标定一个饭店的硬件档次和服务水平，既巧妙地避开了各国语言文字的障碍，又可以使客人一目了然地对饭店有一个全面的了解。因而星级评定制度在饭店业发展过程中被越来越多的国家和地区所采用。

1. 中国饭店业星级制度的形成

中国推行饭店星级制度是从 1988 年开始的。自 20 世纪 80 年代以来，随着对外开放，对内搞活的方针、政策的贯彻实施，中国旅游业有了较快的发展。为了促进中国旅游业尽快与国际旅游市场接轨，适应大力发展国际旅游业的需要，国家旅游局在世界旅游组织专家的指导和协助下，制定并于 1988 年 8 月 22 日颁发了《中华人民共和国评定旅游涉外饭店星级的规定和标准》，于 1988 年 9 月 1 日开始执行。该规定和标准主要包括旅游涉外饭店星级评定的规定和旅游涉外饭店星级标准两大部分内容。1993 年 9 月 1 日，国家技术监督局正式发布了编号为 GB/T14308—1993 的《旅游涉外饭店星级的划分及评定》的国家标准，于 1993 年 10 月 1 日起执行。《旅游涉外饭店星级的划分及评定》（GB/T14308—1993）是我国服务行业的第一个国家标准。自 1993 年发布以来，对指导与规范旅游饭店的建设与经营管理，促进我国旅游饭店业与国际旅游市场接轨，发挥了巨大的作用。经过三年多的贯彻执行，为适应我国饭店业发展而带来变化的形势，国家旅游局于 1997 年发布了编号为 GB/T14308—1997 的《旅游涉外饭店星级的划分及评定》。进入 21 世纪，国家旅游局为了适应新的形势，对原标准进行修订，发布了《旅游饭店星级的划分与评定》（GB/T14308—2003），2003 版标准跟原标准相比有了一些新变化，如规定旅游饭店使用星级的有效期限为 5 年，取消了星级终身制，增加了预备星级；借鉴一些国家的做法，增设了“白金五星级”。2010 年国家旅游局发布了《旅游饭店星级的划分与评定》（GB/T14308—2010），新标准与 GB/T14308—2003 相比，主要技术内容变化如下：更加注重饭店核心产品，弱化配套设施；将一至三星级饭店定位为有限服务饭店；突出绿色环保的要求；强化安全管理要求，将应急预案列入各星级的必备条件；增加例外条款，引导特色经营。今后，还将根据形势发展和需要对标准作出适时修改和完善。

2. 中国饭店业星级评定制度

根据《旅游饭店星级的划分与评定》（GB/T14308—2010）的国家标准及实施办法，中国旅游饭店等级评定制度主要包括以下几个方面：

（1）**星级评定的范围及年限** 饭店开业一年后可申请评定星级，经相应星级评定机构评定后，星级标志使用有效期为3年。3年期满后应进行重新评定。

（2）**饭店星级的符号** 星级标志由长城与五角星图案构成，用一颗五角星表示一星级，两颗五角星表示二星级，三颗五角星表示三星级，四颗五角星表示四星级，五颗五角星表示五星级，五颗白金五角星表示白金五星级。

（3）**饭店各星级的划分条件** 本部分详细、具体规定了一星级、二星级、三星级、四星级、五星级及白金五星级饭店的具体要求。

（4）**星级评定的组织机构** 国家旅游局设全国旅游星级饭店评定委员会（以下简称为"全国星评委"）。全国星评委是负责全国星评工作的最高机构。各省、自治区、直辖市旅游局设省级旅游星级饭店评定委员会（简称"省级星评委"）。省级星评委报全国星评委备案后，根据全国星评委的授权开展星评和复核工作。副省级城市、地级市（地区、州、盟）旅游局设地区旅游星级饭店评定委员会（简称"地区星评委"）。地区星评委在省级星评委的指导下，参照省级星评委的模式组建。

（5）**饭店星级评定程序** 申请评定五星级的饭店应在对照《旅游饭店星级的划分及评定》（GB/T14308—2010）充分准备的基础上，按属地原则向地区星评委和省级星评委逐级递交星级申请材料。省级星评委收到饭店申请材料后，应严格按照《旅游饭店星级的划分及评定》（GB/T14308—2010）的要求，于一个月内对申报饭店进行星评工作指导。对符合申报要求的饭店，以省级星评委名义向全国星评委递交推荐报告。全国星评委在接到省级星评委推荐报告和饭店星级申请材料后，应在一个月内完成审定申请资格、核实申请报告等工作，并对通过资格审查的饭店，在中国旅游网和中国旅游饭店业协会网站上同时公示。对通过五星级资格审查的饭店，全国星评委可根据工作需要安排宾客满意度调查，并形成专业调查报告，作为星评工作的参考意见。全国星评委发出《星级评定检查通知书》，委派2～3名国家级星评员，以明察或暗访的形式对申请五星级的饭店进行评定检查。评定检查工作应在36～48小时内完成。检查未予通过的饭店，应根据全国星评委反馈的有关意见进行整改。全国星评委待接到饭店整改完成并申请重新检查的报告后，于一个月内再次安排评定检查。检查结束后一个月内，全国星评委应根据检查结果对申请五星级的饭店进行审核。审核的主要内容及材料有：国家级星评员检查报告（须有国家级星评员签名）、星级评定检查反馈会原始记录材料（须有国家级星评员及饭店负责人签名）、依据《旅游饭店星级的划分及评定》（GB/T14308—2010）打分情况（打分总表须有国家级星评员签名）等。对于经审核认定达到标准的饭店，全国星评委应作出批准其为五星级旅游饭店的批复，并授予五星级证书和标志牌。对于经审核认定达不到标准的饭店，全国星评委应作出不批准其为五星级饭店的批复。一星级到四星级饭店的评定程序，各级星评委应严格按照相应职责和权限，参照五星级饭店评定程序执行。一、二、三星级饭店的评定检查工作应在24小时内完成，四星级饭店的评定检查工作应在36小时内完成。全国星评委保留对一星级到四星级饭店评定结果的否决权。

（6）**星级复核及处理制度** 星级复核是星级评定工作的重要组成部分，其目的是督促已取得星级的饭店持续达标，其组织和责任划分完全依照星级评定的责任分工。星级复核分为年度复核和三年期满的评定性复核。对复核结果达不到相应标准的星级饭店，相应级别星评委根据情节轻重给予限期整改、取消星级的处理，并公布处理结果。对于取消星级的饭店，应将其星级证书和星级标志牌收回。整改期限原则上不能超过一年。被取消星级的饭店，自取消星级之日起一年后，方可重新申请星级评定。各级星评委对星级饭店作出处理的责任划分依照星级评定的责任分工执行。全国星评委保留对各星级饭店复核结果的最终处理权。

（7）**服务质量总体要求** 这是对旅游饭店服务的基本原则和基本要求作出规定。如对宾客礼貌、热情、亲切、友好，一视同仁；密切关注并尽量满足宾客的需求，高效率地完成对客服务；尊重宾客的信仰与风俗习惯，不损害民族尊严；服务过程中表情自然、亲切、热情适度，提倡微笑服务；对宾客提出的问题应予以耐心解释，不推诿和应付；员工业务能力与技能应达到掌握相应的业务知识和服务技能，并能熟练运用。

（8）**管理要求** 这是对旅游饭店的管理制度作出具体要求。如应有员工手册，应有饭店组织机构图和部门组织机构图，应有完善的规章制度、服务标准、管理规范和操作程序，应有完善的部门化运作规范，应有服务和专业技术人员岗位工作说明书，应有服务项目、程序与标准说明书，应有可以证明饭店质量管理水平的其他证书或文件。

（9）**安全管理要求** 这是对旅游饭店的安全管理作出具体要求。星级饭店应取得消防等方面的安全许可，确保消防设施的完好和有效运行；水、电、气、油、压力容器、管线等设施设备应安全有效运行；应严格执行安全管理防控制度，确保安全监控设备的有效运行及人员的责任到位；应注重食品加工流程的卫生管理，保证食品安全；应制定和完善地震、火灾、食品卫生、公共卫生、治安事件、设施设备突发故障等各项突发事件应急预案。

根据2010年度全国星级饭店统计公报，2008年全国共有饭店13 991家，客房数1 709 966间，床位数2 981 277张；其中五星级饭店595家，客房数218 064间，床位数330 068张；四星级饭店2 219家，客房数449 207间，床位数751 216张；三星级饭店6 268家，客房数714 850间，床位数1 284 670张；二星级饭店4 612家，客房数313 871间，床位数588 516张；一星级饭店297家，客房数13 974间，床位数26 757张。2008年中国星级饭店构成见表1-1。

表1-1 2008年中国星级饭店构成

星级 构成情况	所有星级饭店	一星级	二星级	三星级	四星级	五星级
饭店数量/家	13 991	297	4 612	6 268	2 219	595
饭店比例	100%	2.1%	33%	44.8%	15.9%	4.2%
客房数量/间	1 709 966	13 974	313 871	714 850	449 207	218 064
客房比例	100%	0.8%	18.4%	41.7%	26.3%	12.8%
床位数/张	2 981 277	26 757	588 516	1 284 670	751 216	330 068
床位比例	100%	0.9%	19.7%	43.1%	25.2%	11.1%

资料来源：国家旅游局2010年中国星级饭店统计公报。

第三节 饭店业发展历史

一、世界饭店业发展的历史

人类的旅游活动古已有之，为旅游者提供食宿的设施应运而生。相传欧洲最初的食宿设施始于古罗马时期，其发展进程经历了所谓古代客栈时期、大饭店时期、商业饭店时期等阶段。第二次世界大战以后，随着欧美国家的经济复苏，各地旅游业迅速发展，饭店业进入了现代新型饭店时期，至20世纪60年代，已出现了不少在世界各地拥有数十家甚至上百家企业的大饭店公司，形成了庞大、独立的饭店行业。

1．客栈时期

千百年以前就出现了客栈和饭店。从埃及古墓的图画中，可以看到将游客安顿在客栈里的情景。最早的饭店在古巴比伦王朝的时候就已经出现。在意大利南部旅游胜地庞贝和黑古拉丁，留存着几千年前的客栈遗迹，使我们对古罗马时期客栈、饭店的面貌有大概的了解，并由此得知，当时的客栈往往是由奴隶或战俘从事经营和劳作的。古代经商者一般都组成商队，他们沿途住在各地的商队客栈里。古罗马和古代中国，沿途都有驿站以供皇家使者往来住宿。中世纪初，贸易很不发达，因而很少有人旅行。如果要旅行，人们或在野外露营，或寄宿贵族城堡，而教堂和寺院也常以低廉价格向旅行者提供膳宿服务。1095年开始的历时二百余年的十字军东征，带来了巨大的社会革命，加强了东西方文化和技术的交流，促进了商业活动的发展。十字军东征间接地恢复了客栈、饭店业。至中世纪后期，随着商业的发展，旅行和贸易兴起，对客栈的需求量大增，沿途有的住户就向旅行者敞开了家门，这就促进了客栈业的迅速发展。

客栈时期是指从11世纪～18世纪之间的时期，其中以15世纪～18世纪较为盛行，并以英国和法国的客栈最为发达，许多客栈所在地成为当地社会、政治与商业活动的中心，有些则演变为后来的大城市。

客栈一般是指位于乡间或路边的、主要供过往客人寄宿的小客店，是现代旅游饭店产生的雏形。早期的客栈，从设施上看，规模小，设备简陋，一般是一幢大房子内设几间房间和床铺，旅客往往挤在一起睡；从服务上看，客栈仅仅提供过往旅客吃饭和睡觉，并且价格也十分低廉；从经营上看，客栈都是单家独户经营，客人住宿的房舍往往就是家庭住宅的一部分，也无需专门的管理人员和服务人员。

15世纪以后，随着商业和贸易活动的兴旺和发展，人们对客栈的需求增加，对客栈的服务要求也有所提高，于是客栈的规模开始扩大，有的发展到拥有30～40间客房，设施也有所改善，备有专门的厨房、餐厅和酒窖，建有带壁炉的宴会厅和舞厅，客栈的环境条件也有很大改善，有供客人休憩的花园、草坪等，并且开始雇用专门的服务人员和管理人员，成为现代饭店的雏形。到了16世纪晚期，英国已有36 000家客栈。

2．大饭店时期

18世纪末至19世纪末，是饭店业发展史上的大饭店时期。18世纪后半期，随着欧洲殖民主义的扩张和工业革命的到来，西欧、北美等一些国家相继进入工业化时期，并形成了群众性的消费社会。于是，随着现代工业化发展和经济贸易发展的需要，饭店业发展从客栈时期过渡到了大饭店时期。

18 世纪末，美国的饭店业就有了较快的发展，以 1794 年在美国纽约建成的第一座经过专门设计，由股份公司建立经营的饭店——都市饭店为标志进入了大饭店时期。都市饭店拥有 73 个房间，在当时不啻为一座大宫殿，很快成为仅有 30 万人口的纽约市的社交中心。1829 年伴随着大量的殖民地商业活动，在波士顿落成了一座现代化的大饭店——特莱门饭店，拥有 170 套客房，是当时美国有史以来最大、造价最高的大楼。该饭店设有前厅，负责接待宾客，宾客不再在酒吧柜台上登记入住；饭店不仅有单间客房，而且房门可以加锁，客房里备有脸盆、水罐和香皂，旅客再也不必到饭店后院从水泵里接水洗澡。特莱门饭店就是以此闻名。饭店开设了一个 200 餐位的餐厅，供应法式菜肴，服务人员训练有素，礼貌热情。特莱门饭店开创了现代饭店业的先河，推动了美国乃至欧洲饭店业的蓬勃发展。19 世纪末 20 世纪初，美国饭店业进入高速发展时期，最新的科技发明被广泛应用于饭店业，如电梯、中央供暖、电灯、电话等，出现了一些豪华饭店，其中有些饭店，如纽约的广场饭店，至今仍称得上是美国的一流饭店。这些饭店崇尚豪华、阔气，供应最精美的食物，布置最高档的家具摆设。

在美国饭店业迅速发展的同时，欧洲国家的饭店业也不甘示弱，19 世纪末欧洲各国相继建成了一些豪华的大饭店。如 1874 年在柏林建成的恺撒大饭店，1876 年开业的法兰克福大饭店，1885 年建成的罗浮宫大饭店等，都是一些规模宏大、设施豪华、装饰讲究、服务一流的饭店，而且其中许多饭店成为建筑艺术上的珍品。由于这些饭店都设置了单独的私人房间，配备了各种娱乐厅、餐厅、阅览室，附设了带游廊的花园、喷泉等，从而吸引了许多王室、贵族、官宦和社会名流前往住宿和娱乐。

3. 商业饭店时期

商业饭店时期是指 20 世纪初到 20 世纪 40 年代末约 50 余年的发展时期，是饭店业发展的重要阶段，从各方面奠定了现代饭店业的基础。

20 世纪开始不久，美国出现了当时世界上最大的饭店业主，他就是埃尔斯沃思・弥尔顿・斯塔特勒（1863—1928）。1908 年，他在美国纽约州水牛城建造了第一家由他亲自设计并用自己名字命名的斯塔特勒饭店。斯塔特勒饭店是专为旅行者设计的，其特点是每套客房都有浴室，而且房价只有 1 美元 50 分，这在当时是闻所未闻的。斯塔特勒讲究经营艺术，注重提高服务水平，亲自制定了《斯塔特勒服务手册》，开创了现代饭店的先河。斯塔特勒的饭店的经营思想和方法，如“饭店经营第一是地点，第二是地点，第三还是地点”、“宾客永远正确”、“饭店从根本上说，只销售一样东西，这就是服务”等，至今对饭店业界仍大有启迪。

斯塔特勒创建的饭店被誉为现代商业饭店的里程碑。商业饭店的服务对象主要是公众和商务旅行者，因而其设施与服务一改追求豪华与奢侈的做法，讲求舒适、方便、清洁、安全和适用，并考虑宾客的需求和承受能力，收费合理。20 世纪 20 年代，美国饭店业得到了迅速发展。仅在纽约，就有许多饭店兴建起来。20 世纪 20 年代中期，美国饭店的客房平均出租率高达 86%左右。

商业饭店时期是世界饭店史中最为重要的阶段，也是世界各国饭店业最为活跃的时期，它从各方面奠定了现代饭店业的基础。

这一阶段商业饭店的发展，有以下几个突出的特点：一是确定了饭店为公众和旅游者服务的基调，使饭店业的发展与经济发展和人们生活水平提高相适应；二是促进了饭店管理和服务的标准化和规范化，形成了行业规范和相应的管理机构，如饭店管理协会等；三是逐步实现了饭店的现代化经营和管理，形成所有者与经营者相分离的体制，促进了饭店经营管理者阶层的产生和发展；四是出现了专门培养饭店经营管理人才的学校（院），如美国康乃尔大学饭店管理学院等。这一切不仅为现代饭店业的发展打下了坚实的基础，而且为饭店业成为一个重要的行业创造了条件。

4．现代新型饭店时期

自20世纪50年代开始，饭店业进入现代新型饭店时期。第二次世界大战结束后，随着世界范围内的经济复苏和繁荣，人口的迅速增长，特别是现代科学技术的进步，交通条件大为改善，这为外出旅游创造了条件；劳动生产率显著提高，又增加了人们的可支配收入，于是外出旅游和享受饭店服务的需求迅速扩大，从而推动了饭店业的大发展。

20世纪50年代末60年代初，旅游业的发展趋势对传统饭店越来越不利，许多传统小饭店已无法与那些新型饭店竞争。空中交通的普及，减少了人们对传统饭店的需求，人们可以从一地飞到另一地，根本不需要再在途中住宿。因而1960年左右，大型汽车饭店开始在各地出现，并开始向城市发展，建筑物越造越高，使汽车饭店与普通饭店变得很难区分，而且其奢华程度大大超过原先的同类饭店。饭店内装饰得鲜艳夺目，以此招徕顾客。花砖浴室、地毯、空调、游泳池等皆为每家饭店必备的标准设施。至20世纪60年代中期，汽车饭店联营和特许经营得到发展，一家饭店生意好坏，在很大程度上就靠联营网络中饭店之间的互荐客源。

第二次世界大战以后，首先出现在北美洲的饭店集团在此期间得到了极大的发展，并逐步扩展到了世界其他地方，国际性饭店集团开始崛起。20世纪40年代末，隶属于美国泛美航空公司的洲际饭店公司（Inter-Continental Hotels Corp.）成立，随即在拉美国家建立了几家饭店。到20世纪80年代，洲际饭店集团的饭店已遍及50多个国家和地区。1948年，康拉德·希尔顿获得了对位于波多黎各首府圣胡安的加勒比希尔顿饭店的经营合同，为其发展希尔顿国际饭店公司（Hilton International）奠定了基础。由于洲际饭店公司及希尔顿国际饭店公司在国外经营饭店的成功，美国喜来登饭店公司（Sheraton Corp.）、韦斯汀饭店公司（Westin Hotels）、凯悦国际饭店公司（Hyatt International）等也纷纷向国外发展，而假日饭店公司（Holiday Inns Corp.）从一开始就表现出成为世界上最大饭店集团的勃勃雄心。纵观这一时期饭店业的发展，具有以下几方面的特点：

1）饭店规模扩大，集团化管理占有日益重要的地位。尤其是自20世纪50年代以来，一些大的饭店公司通过联号管理、特许经营等方式，逐渐形成了统一名称、统一标志、统一服务标准的饭店联号经营，促进了饭店的集团化发展。

2）饭店服务的多样性和综合性，促进了各种类型饭店的产生，并提供特殊的服务。20世纪50年代以来，随着世界旅游业和饭店业的迅速发展，使饭店业竞争日益加剧。为了在竞争的市场中占有一席之地，各饭店都十分重视扬长避短，发挥优势，通过提供多样性的服务、开发特殊的产品来吸引消费者，从而出现了各种提供特殊服务的饭店，如残疾人饭店、太空饭店等，并且力图为宾客提供综合性的、周到、满意的服务。

3）饭店业与相关行业的合作日益密切和加强。随着饭店业竞争的加剧和旅游活动范围的扩展，促使现代饭店业不仅加强内部的合作与联号管理；同时也不断扩大与相关行业的合作与联合。如饭店业与交通业、旅行社业、金融业、商业的合作更密切，以形成强大的力量，联合促销，共同争取客源，提高联合体的市场竞争能力。

二、中国饭店业发展的历史

在中国，最早的饭店设施可追溯到春秋战国或更久远的时期。数千年来，中国的唐代、宋代、明代、清代被认为是饭店业得到较大发展的时期。19 世纪末，中国饭店业进入近代饭店业阶段，但此后一直发展缓慢。

1．中国古代饭店设施

中国古代饭店设施主要以官办驿站、迎宾馆和民间客栈（旅店）为主，它们在中国饭店业发展史上有着重要地位。

驿站是中国历史上最古老的一种官办住宿设施。在古代交通不发达情况下，政府命令的下达、公文的传递、各地之间书信往来等均靠专人骑马、乘车、乘船来传送。驿站就是为这种驿传制度服务而设立的，以专门接待往来信使和公差人员并为其提供车、马交通工具的住宿设施。

古代驿站在其漫长的发展过程中，由于朝代更迭、政令变化、疆域展缩及交通疏塞等原因，不仅其名称多有变化，如传舍、驿舍、驿馆、馆驿、邮亭等均为这种官办住宿设施在不同时期的种种称谓，而且其功能也不断改变。驿站初创时，其目的是专为传递军情和报送政令者提供食宿，因而接待对象局限于信使和邮卒。秦汉以后，驿站的接待对象范围开始扩大。至唐代，驿站已广泛接待过往官员及文人雅士。元代时，一些建筑宏伟、陈设华丽的驿站除接待信使、公差外，还接待过往商旅及达官贵人。据马可·波罗说，这样的驿站在当时全国有 1 万处。明代、清代时期，在驿站食宿者中已不乏一般过往旅客。由此可见，驿站虽起源于驿传制度，开始时是专门接待信使、邮卒的住宿设施，但后来逐渐扩大接待范围，也为过往商旅及民间旅行者提供食宿服务。由于官办驿站在初始时只接待公务人员，这就为民间旅店提供了沿驿道及在驿站附近大量开设的机会，在一定程度上促进了民间旅店业的产生和发展。

迎宾馆是我国古代另一类官办的住宿设施，主要是为京城使者或外国使者提供食宿接待服务。迎宾馆的称谓因不同朝代各异，例如，春秋战国时期称为“候馆”和“传舍”；两汉时称为“蛮夷邸”；唐宋时叫“四方会馆”；元、明时又称为“会同馆”；到清末时才正式称为“迎宾馆”。迎宾馆作为中国古代饭店的重要形式，是官方接待外国使者和交往人员的重要设施，不仅适应了中国古代对外交往的客观需要，而且对促进中国古代政治、经济和文化的交流起到了十分重要的作用。

中国古代民间旅店业早在春秋战国时期就已产生，据记载，在商周时期就有专为人们提供休息和食宿的“逆旅”场所。秦汉时期，由于商业和贸易活动的兴旺发达，使民间旅店业有了较快的发展，城镇郊区、集市和主要道路口都有各种各样的旅店存在。汉代以后，随着城市的形成和发展，在各个朝代中，民间旅店广泛分布于城内繁华地带。除了一般提供食宿的旅店之外，为适应中国封建社会科举制度的要求，在各省城和京城出现了专门接待各地赶考赴试学子的会馆，成为当时旅店业的重要组成部分。

2．中国近代饭店业的发展

中国近代饭店业是随着19世纪初外国资本的侵入而逐渐发展起来的。这一时期，中国的饭店设施大致可以分为西式饭店、中西结合式饭店、客栈旅店三种类型。1840年第一次鸦片战争以后，帝国主义列强纷纷侵入中国，设立租界，划分势力范围，并在租界和势力范围内兴办银行、邮政、铁路和各种工矿企业，从而导致西式饭店的出现。据有关资料记载，到1939年，在北京、上海、南京、天津、广州、沈阳、汉口等23个城市中，已有外国资本建设并经营的西式饭店近80家。这些西式饭店把西方国家的饭店模式带入中国，不论在建筑式样、设备、装潢，还是在经营方法、服务要求等方面都与中国传统饭店有很大的区别。尤其是受19世纪初西方国家商业饭店发展的影响，这些西式饭店一般都规模宏大、装饰华丽，符合西方商业饭店要求，拥有客房、餐厅、舞厅、酒吧、会客室等，备有电话、暖气及卫生间，采用标准化服务和规范化管理，以适应接待来华的外国人员及当时上流社会人物、达官贵人集会的需要。西式饭店的进入也对中国近代饭店业的发展起了一定的促进作用，尤其是把西方商业饭店的建设、经营、服务及管理方法带到中国，使中国的商业饭店迅速发展。

中西结合式饭店是指受西式饭店影响、由中国民族资本开办经营的饭店。20世纪初期，西式饭店的大量出现，刺激了中国的民族资本向饭店业投资，各地相继建立了一大批中西结合式风格的饭店。中西结合式饭店背弃中国传统饭店的庭院或园林式建筑风格，在建筑设施上趋于西方化，多为高大的楼房建筑，店内设备和装潢则中西结合，在经营项目和经营方式上受西方饭店影响，不仅实行与交通、银行等行业联营，而且在服务和管理方面也接受国外商业饭店的经营方式，从而使中国近代饭店业的发展接近西方国家的水平。

在西式饭店和中西式结合饭店发展的同时，中国民间客栈、旅店业也进一步发展、壮大。特别是近代交通工具的改善和发展，为中国传统的民间客栈、旅店的发展提供了新的机遇。有关记载表明，到20世纪30年代末期，全国各铁路沿线及车站的民间旅店或招商客栈已发展到1 000多家。这些旅店在规模上有所扩大，客房也分不同等级，并提供餐饮、住宿及其他杂项服务；在设施和装潢方面也较以往的旅店有较大的改善，从而成为中国近代饭店业的重要组成部分。

3．中国现代饭店业的发展

1949年新中国成立后至1978年实行改革开放前，中国的饭店设施以事业接待型为主，大多数饭店实行招待所式服务，部分较好的饭店，作为政府外事接待部门的附属单位，没有独立的经济地位。这一阶段中国饭店业的总体状况可以概括为数量稀少，设施陈旧，功能单一，条件简陋。

十一届三中全会以后，经济建设的蓬勃发展和旅游业的兴起，为饭店业的发展带来了前所未有的机遇。当时从饭店业的市场看，旅游饭店成为当时中国旅游业发展的瓶颈。中国向世界敞开国门初期，海外游客怀着对中国的神秘感大量涌入，导致主要城市及旅游城市饭店严重供不应求。在这种情况下，1979年，国务院在北戴河召开会议，决定在各省尽快建设一家主体饭店。1982年，北京建国饭店的建成开业，标志着从此拉开了大规模引进外资建造饭店的帷幕，大量的社会资金和各部门的资金也开始投入饭店业，饭店业出现了强劲的发展势头。在这一过程中，旅游饭店的经济效益一直处于非常好的状态。随着旅游业的高速增长，饭店业的体制也发生了重大的变革。一些接待型的饭店纷纷摘掉了招待所的帽子，从事业单位转为企业，成为经营实体。这些饭店与新建饭店一起成为我国饭店业的主体。饭店企业化的过程为饭店经营管理上档次提供了条件。

1988 年，国家旅游局根据形势发展的需要，在全行业推行了星级评定工作，这一工作的实施使我国的饭店在软硬件的建设上都有了对照标准。从此，各饭店围绕着星级标准，把不断完善饭店产品内涵，提供优质的服务作为管理的目标。星级评定工作的开展，使中国饭店业从根本上上了一个台阶。1989 年后，蓬勃发展的饭店跌入低谷，饭店客房出租率大幅下降。这一阶段的主要特点还不完全在于增长率的下降，而在于整个饭店业市场从高峰骤然降至低谷，饭店经营者面临前所未有的市场压力，激烈的市场竞争迫使饭店将管理的重心转向强化内部管理、提高饭店档次和服务水平、增强市场竞争力上来。饭店业市场竞争的内在动力和行业管理部门的外在压力，使中国饭店业走过了一个以质的提高为核心内容的发展时期。

1992 年，邓小平同志南行讲话以后，全国掀起了新一轮改革浪潮，经济发展异常活跃，饭店业也进入了全面、快速发展时期。在这一时期，饭店业市场增幅在 15%以上，经济效益在 1996 年前稳步上升。1997 年以后，随着饭店供给的大量增长，饭店业在快速发展中逐渐步入成熟阶段。

中国饭店业经过改革开放 30 多年来的发展，取得了举世瞩目的成就。至 20 世纪末期，中国共有旅游涉外饭店 7 000 多家，其中星级饭店 3 800 多家，客房总量近 89 万间，饭店业营业收入 8 457 多亿元，固定资产 2 370 多亿元。全国饭店业中星级饭店管理水平普遍较好，总体管理水平稳步提高。随着我国加入 WTO，国外饭店公司大举进入中国市场，各地大中城市都有了国外著名饭店公司管理的饭店，这些饭店均采取了集团化、网络化管理模式。近年来国内也成立了一些饭店管理公司，开始管理一些饭店。可以说，30 多年间，中国饭店业的硬件设施已达到了世界先进水平，其中不乏一批软硬件均属世界上乘的高档饭店。根据 2010 年度全国星级饭店统计公报看，我国饭店业呈现以下几个特点：

1）2010 年全国星级饭店数量增速放缓，高星级饭店缓慢增长，一、二星级饭店明显减少。与 2009 年底各星级饭店数量比较，五星级饭店增加了 95 家，四星级饭店增加了 235 家，三星级饭店增加了 451 家，二星级饭店减少了 763 家，一星级饭店减少了 138 家。八个省区市饭店总数比 2009 年有所增加，增加最多的是广东省，为 128 家。减少最多的云南省，为 60 家。

2）2010 年全国星级饭店营业状况较稳定，五星级饭店业绩突出，三星级饭店呈现亏损。11 781 家星级饭店营业收入为 2123.8 亿元。客房收入占营业收入的 42.75%，餐饮收入占营业收入的 42.61%。实现利润总额为 50.7 亿元。有 14 个省区市利润总额为负数。从各星级饭店的平均值看，五星级饭店平均营业收入为 114 77 万元/家，四星级饭店 36.3 万元/家，三星级饭店 11.36 万元/家，二星级饭店 4.24 万元/家，一星级饭店 1.73 万元/家；平均每家饭店利润总额：五星级饭店 11 002 420 元/家，四星级饭店 94 750 元/家，三星级饭店 220 360 元/家，二星级饭店 10 320 元/家，一星级饭店 48 230 元/家。

3）地区发展不平衡，东部地区优势明显。从星级饭店发展数量看，东部地区的星级饭店总数占全国的 51.30%。五星级饭店数量占 70.42%，四星级饭店占 60.57%。中部地区总数仅占 20.15%，五星级饭店占 12.27%，四星级饭店占 18.57%。西部地区总数仅占 28.55%，五星级饭店占 17.31%，四星级饭店占 20.87%。从财务状况看，东部地区占全国 67.94%的固定资产、从业人员数占全国 60.14%，营业收入占 70.52%，利润总额占 99.55%。东部各项平均指标优势明显，中部地区平均出租率较高，其他各项指标远低于东部地区，西部地区人均实现利润为负值。从每间可供出租客房收入、每间客房平摊营业收入、全员劳动生产率和人均实现利润等指标排序看，32 个省区市排名中列前六位的均为东部地区省份。而 50 个重点城市中各项指标均位列前十位的城市是上海、三亚、广州和南京等东部城市。

4）从业人员薪酬差距较小，学历偏低。其从业人员全国人均年薪酬为 23 670 元/人，五星级饭店 35 020 元/人，四星级饭店 24 690 元/人，三星级饭店 19 570 元/人，四星级饭店 16 470 元/人、一星级饭店 15 510 元/人。各地区中最高的为上海市 43 160 元/人，最低为山西 16 150 元/人。2010 年全国星级饭店从业人员中，大专以上学历只占从业人员数的 20.16%。大专以上学历从业人员比重较高的是吉林、内蒙古和山东，超过 30%。有 10 个省区市比重不足 20%。

5）上海、北京、广东和浙江等经济发达地区的发展带动作用明显。从各星级饭店综合指标前 100 名的分布情况看，五星级饭店各地区数量较多的省区市是，上海 33 家，北京 22 家，广东 13 家，海南 5 家，浙江 5 家；四星级饭店上海 32 家，北京 25 家，广东 13 家，浙江 12 家；三星级饭店北京 33 家，上海 25 家，广东 10 家，山东 8 家，浙江 6 家；二星级饭店北京 17 家，上海 15 家，浙江 13 家，广东 9 家；一星级饭店浙江 20 家，湖北 13 家，北京 9 家。

本章小结

饭店是指经政府部门批准，通过运用土地、资金、设备技术和劳动力等生产要素，从事饭店服务产品的生产和销售活动，满足宾客旅居生活和社交活动的各种需要，以获取社会效益和经济效益为目的的服务企业。饭店与旅行社、旅游交通一起，被称为旅游业的三大支柱。本章是全书的开篇，从一般意义上阐述了饭店的概念；揭示了饭店作为特殊企业所具有的特点及分类；介绍了饭店的等级制度，并较具体地阐述了我国的星级饭店评定制度；介绍了世界饭店业和我国饭店业的发展历史，并以 2010 年我国星级饭店统计公报为基础，介绍了我国饭店业的发展特点，为以后章节的学习奠定了基础。通过本章的学习，读者可以简单了解饭店的知识。

思考与练习

1．简述饭店的特点。

2．饭店的分类标准及具体的各类饭店有何特点？

3．简述世界饭店发展的历史。

4．简述中国饭店发展的历史。

5．大饭店时期的饭店业特点是什么？

6．我国饭店的等级是怎样划分的？

7．案例分析

希尔顿（Hilton）的经验与格言

康拉德·希尔顿（Conrad Nicholson Hilton），1887年生于美国新墨西哥州圣安东尼奥镇。他于1979年1月3日病逝，享年92岁。自1919年与其母亲、一位经营牧场的朋友和一位石油商合伙买下仅有50间客房的莫布雷（Mobley）旅馆算起，他在饭店业奋斗了60个春秋。

1946年，他创立了希尔顿饭店公司（Hilton Hotel Corporation），总部设在美国加利福尼亚洛杉矶市的比弗利山（Beverly Hills）。1947年，这家公司的普通股票在纽约证券交易所注册，这也是有史以来饭店股票第一次取得这样的资格，希尔顿饭店公司也是第一个在证券交易所注册的饭店公司。1986年底，希尔顿饭店公司已拥有271家饭店，97535间客房，居世界饭店集团的第4位。当年资产总额达13亿美元，年营业额达7.4亿美元，拥有雇员3.5万人，占美国最大综合服务公司的第91位。

1949年，为了便于到世界各国去经营管理饭店，希尔顿先生又创立了作为希尔顿饭店公司子公司的希尔顿国际饭店公司（Hilton International），总部设在纽约市的第三大街。到1990年，希尔顿国际饭店公司在世界上47个国家拥有142家饭店，另外还有20家正在建造中。台北及上海静安希尔顿饭店都是它的成员之一。

希尔顿先生生前始终担任着希尔顿饭店公司和希尔顿国际饭店公司的董事长，他的经验十分丰富。他在1957年出版了一本自传，书名叫《来做我的贵宾吧》（Be My Guest）。在书中，他认为要经营管理好饭店，始终需要关注下列5个方面的问题。即人们对饭店的要求、合适的地点、设计合理、理财有方和管理优良。他特别指出，希尔顿饭店发展成功的经验主要有以下7点：

一是每一家饭店都要拥有自己的特性，以适应不同城市、地区的需要。要做好这一点，首先要挑选能力好、能胜任的总经理，同时授予他们管理好饭店所必需的权力。

二是要编制预算。希尔顿先生认为，20世纪20年代和30年代美国饭店业失败的原因，是由于美国饭店业者没有像卓越的家庭主妇那样编制好饭店的预算，他规定，任何希尔顿饭店每个月底都必须编制当时的订房状况，并根据上一年同1月的经验资料编制下一个月每一天的预算计划。他认为，优秀的饭店经理都应正确地掌握每年每天需要多少客房服务员、前厅服务员、电梯服务员、厨师和餐厅服务员。否则，人员过剩时就会浪费金钱，人员不足时就会服务不周到。对于容易腐烂的食品补充也是这样。他又认为，除了完全不能预测的特殊情况，饭店的决算和预算大体上应该是一致的。

在每一家希尔顿饭店中，有位专职的经营分析员。他每天填写当天的各种经营报表，其内容包括收入、支出、盈利与亏损，以及累积到这一天的当月经营情况，并与上个月和上一年度同一天的相同项目的资料进行比较。这些报表将送给希尔顿饭店总部，并汇总分送给各部，使有关的高级经理人员都能了解每天最新的经营情况。

三是集体或大批采购。拥有数家饭店的饭店集团的大批采购肯定是有利的。当然，有些物品必须由每一家饭店自行采购，但也要注意向制造商直接大批采购。这样做不仅能使所采购的同类物品标准统一、价格便宜，而且也会使制造商产生以高标准来改进其产品的兴趣。希尔顿饭店系统的桌布、床具、地毯、电视机、餐巾、灯泡、瓷器等21种商品都是由公司在洛杉矶的采购部订货的。每年光火柴一项就要订购500万盒，耗资25万美元。由于集体或大批量购买，希尔顿饭店公司节省了大量的采购费用。

四是“要找金子，就一再地挖吧！”挖金是希尔顿先生从经营莫布雷旅馆取得的经验。他买下莫布雷旅馆后做的第一件事就是要使每一平方米的空间产生最大的收入。他发现，当时人们需要的是床位，只要提供睡的地方就可以赚钱。因此，他就将餐厅改成客房。另外，为了提高经济效益，他又将一张大的服务台一分为二，一半做服务台，另一半用来出售香烟与报纸。原来放棕榈树的一个墙角也清理出来，装修了一个小柜台，出租给别人当小卖店。当时，希尔顿先生自己还不得不经常睡在办公室的椅子上过夜，因为凡是能住人的地方都住了客人。

希尔顿先生买下沃尔多夫饭店后，他把大厅内4个做装饰用的圆柱改装成一个个玻璃陈列架，把它租赁给纽约著名的珠宝商和香水商。每年因此可增加4.2万美元的收入。买下朝圣者饭店后，他把地下室租给别人当仓库，把书店改成酒吧，所有餐厅一周营业7天，夜总会里又增设了摄影部。

五是特别注重对优秀管理人员的培训。希尔顿饭店公司积极选拔人到密西根州立大学和康奈尔大学饭店管理学院进修和进行在职培训。希尔顿饭店的管理人员都由本系统内部的员工晋升上来，大部分饭店的经理都在本系统工作12年以上。每当开发一家新的饭店，公司就派出一支有多年经验的管理小分队去主持工作，而这支小分队的领导一般是该公司的地区副总经理。

六是强化推销努力。这包括有效的广告、新闻报道、促销、预订和会议销售等。

七是希尔顿饭店之间的相互订房。随着希尔顿系统饭店数量的增加，饭店之间的订房越来越成为有利的手段。希尔顿系统每个月要处理3500家饭店的顾客能预订到其他城市的希尔顿饭店。为此，希尔顿饭店预订系统早就实现了全球计算机联网。位于纽约市的斯塔特勒希尔顿饭店是这一系统的心脏，一个计算机控制的预订网络把希尔顿总部与其他饭店联系一起。

希尔顿先生在1925～1930年期间曾提出了一个经营口号，“以最少的费用，享受最多的服务”（Minimum Charge for Maximum Service）。这一口号反映了希尔顿先生对商业时代饭店经营特点的深刻认识。

希尔顿先生著名的治身格言是：勤奋、自信和微笑（Diligent，Confident and Smile）。他认为，饭店业根据顾客的需要往往要提供长时间的服务和从事无规则时间的工作，所以勤奋是很重要的。饭店业的服务人员对宾客要笑脸相迎，但始终要自信，因为饭店业是高尚的事业。

思考：

（1）资料显示的希尔顿饭店的成功经验有哪些？

（2）调查希尔顿饭店在中国目前的经营状况如何？

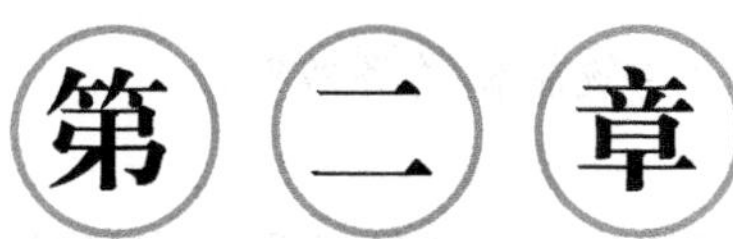

第二章 饭店管理概述

学习目标

1. 了解饭店管理的基本理论及发展演变过程；
2. 掌握饭店管理的基本含义、内容和职能；
3. 应用饭店管理的创新理论指导饭店管理实践。

第一节　饭店管理概念及特点

饭店管理是指饭店管理者在进行市场需求分析的基础上，管理者通过计划、组织、领导、控制和协调等职能，整合饭店各种资源，实现饭店既定经营目标的过程。一些管理理论至今已经成为带有普遍指导意义的原理与方法，这些理论和方法为饭店经营管理工作提供了基础和依据。在现代饭店管理中，常使用的管理理论包括科学管理理论、行为科学理论及近年的现代管理理论。

一、饭店管理的概念

1. 饭店管理的定义

饭店管理即饭店的经营和管理。它是指饭店管理者在进行市场需求分析的基础上，为了有效地实现饭店预定的综合目标，遵循一定的原则，运用多种管理方法，对饭店的各种生产要素进行决策、计划、组织、领导、协调、控制、激励、督导、创新等一系列活动的总和。

饭店管理的概念包括以下含义：

1）饭店管理的基础是了解和认识市场，饭店管理者只有充分了解市场相关信息，才能制定出合理的经营决策。

2）饭店管理的实质是一个协调内部与外部各要素，使之达到动态平衡的过程。

3）饭店管理的前提是确定群体的共同奋斗目标，如果没有一个明确的目标，群体就无法共同朝一个方向努力，管理也就无从谈起。饭店管理的目标是达到经济效益和社会效益的最优化。

2. 饭店管理的目的

饭店管理的目的是实现饭店的预定目标，以取得一定的社会效益和经济效益。

3. 饭店管理的形式

饭店管理的形式有自主管理、委托管理、参与管理、顾问管理、租赁管理和特许管理。

4. 饭店管理的手段

饭店管理的手段为把饭店管理的基础理论、原理等通过一定的形式和方法转化为实际的运作过程，以提高饭店管理成效，达到饭店管理目标。

5. 饭店管理的要素

饭店管理的要素包括饭店拥有的人力资源、财力资源、物力资源、时间资源和信息资源等。

二、饭店管理的主要内容

饭店作为一个具有多种业务部门的整体组织，它的一个重要特征是有总体管理和各部门子系统的管理之分。因此，饭店管理包括经营战略管理、市场营销管理、服务质量管理、人力资源管理、财务管理、设施设备管理和安全卫生管理等内容。

1. 经营战略管理

战略管理作为当代企业管理最主要的内容，其思想方法在饭店管理中得到广泛运用。战略管理是将内部资源条件与外部环境因素结合起来，不断审视当前决策对饭店经营情况的影响，并在此基础上，确定饭店的经营目标和发展规划以指导日常经营活动。

2. 市场营销管理

饭店的市场营销活动是饭店管理者为使宾客得到满足，并在宾客满足的基础上实现饭店目标而开展的一系列有计划、有组织的活动。饭店管理的宗旨是满足市场的需求，市场营销的作用就在于沟通饭店和市场的供求关系。饭店的市场营销工作主要包括如何促进产品销售和如何树立饭店形象两个方面。饭店营销管理是饭店对营销活动进行分析、计划、执行和控制，以谋求创造建立及保持与目标市场之间相互有益的交换关系，从而达到饭店的经营目标。因此可以认为营销管理是饭店管理的核心内容。

3. 服务质量管理

服务是饭店的主要产品，因此饭店服务质量的好坏决定了饭店的生存和发展。饭店服务质量主要体现在设施设备质量水平、餐饮产品质量水平、员工服务质量水平、环境氛围质量水平和后台保障质量水平。饭店服务质量管理应以质量管理系统为基础，其目的是在市场营销创造顾客的基础上留住顾客。它要求饭店树立顾客为导向的质量观念，以质量管理体系为基础、以科学管理理论为指导、开展全员参与的全面质量管理。其主要工作内容包括：依据顾客需求和质量管理与质量保证体系的要求，建立饭店各部门的服务质量标准，并确定具体的操作规程、质量管理责任制度以及对服务标准的实施进行控制。

4. 人力资源管理

人力资源是企业无法被他人模仿的独特资源，因此人力资源是各种生产要素中最重要的要素。饭店属于劳动密集型行业，人力资源在饭店的经营管理中有着特殊的意义和重要的作用，饭店管理从这个意义上可以说就是对人的管理。同时，饭店人力资源管理的水平不仅影响人力资源的利用效果，还会影响其他资源的利用程度。饭店的人力资源管理包括：通过考核和选择，对饭店人员进行科学的分配；根据饭店管理的要求，进行严格的劳动成本控制；对员工工作绩效进行考核。

5．财务管理

在现代饭店的管理系统中，财务管理立足于饭店管理的信息系统和会计系统，服务于饭店管理者的经营决策，优化饭店资金配置。财务管理的主要内容包括：资金管理、资产管理、成本费用管理、营业收入、利税管理以及财务分析等。

6．设施设备管理

现代饭店，尤其是大型综合性饭店，各项功能齐全，可以为客人提供各种内容的服务项目，满足客人的多样性需求。设施设备是饭店经营的物质基础，是饭店档次与服务综合能力的体现，现代饭店必须具备种类繁多的现代化生活设施与设备。饭店设备管理不仅直接影响着饭店的服务质量，而且还直接关系饭店的经济效益。饭店设备管理工作的主要内容包括设备的资产管理和设备的使用和维护。

7．安全卫生管理

饭店安全是饭店开展经营活动的基础，只有在安全的环境中饭店的各项接待服务工作才可能展开。清洁与卫生是饭店环境优雅的基本条件，也是客人得到放松与享受的前提。饭店所提供的安全与卫生条件不仅会影响到宾客的愉悦和舒适感，还会影响饭店的声誉。

三、饭店管理的特点

饭店是以营利为目的的经济组织。由于饭店产品和饭店企业的特殊性，饭店管理也与一般企业的管理有很大差异，具有自己的特殊性。饭店管理的特点主要有：系统性、多变性、服务性、前瞻性。

1．系统性

饭店是一种配套齐全、功能多样的消费场所，饭店的各种服务功能在独立运转的同时又相互交叉配合形成了饭店的综合服务体系，为使饭店的服务体系正常、高效运转，需要与之相适应的综合系统的管理体系，包括设置合理的管理机构和科学、高效的服务规程与管理制度，协调和整合饭店的各种要素，保证饭店整体目标的实现。

2．多变性

饭店建设投资大、回收期长，饭店服务设施功能一旦确定就不可能经常改变和更新，但宾客需求却是不断变化的。饭店要根据宾客需求的变化，不断研究和开发新产品，使饭店服务常变常新。

3．服务性

饭店生产的独立性、饭店产品生产和消费的同步性以及饭店产品的不可转移性等特性充分说明“人”在饭店行业的重要意义。对饭店行业来说，人是第一重要的因素。以人为本就是要认真研究宾客以及饭店从业人员的需求，力求人与事的密切配合，达到和谐与协调。

4．前瞻性

如前所述，对饭店服务的需求并非人们的基本需求，饭店产品的主要功能并非为了满足人们的基本物质需求，而饭店产品也不具备专营权，难于形成垄断。因此饭店必须根据市场需求的变化，适时调整饭店的经营策略，以保证稳定的市场占有率。

第二节 饭店管理的基本职能

最早系统地提出管理的各种具体职能的是法约尔，他认为：管理活动是由计划、组织、指挥、协调和控制这 5 种职能组成的，他的观点是传统管理职能论的经典。现代权威管理学把管理基本职能界定为：计划、组织、领导和控制。同时强调现实中不存在简单的、纯粹的计划、组织、领导和控制的起点和终点，管理工作通常以连续的方式体现出来，因此“管理过程”的观点一直受到普遍接受。由于对管理职能见仁见智，因此，也有研究者提出三要素论，即将学界公认的“计划、组织、控制”作为管理的基本职能。本书认为，饭店管理的职能是指饭店管理的职责和功能，基本包括计划职能、组织职能、指挥职能、协调职能、领导职能、控制职能和创新职能。饭店管理的本质就是管理者科学地执行管理职能。

一、饭店计划职能

计划（Planning）职能包括定义目标，制定战略以获取目标以及制订计划和协调活动的过程。饭店计划职能是指管理者为实现饭店经营目标对未来工作所进行的规划和安排，是饭店管理的首要职能。计划职能的依据是企业的资源，包括人力、财力、物力和销售渠道等。在制订计划时要考虑饭店当前的工作和未来发展、管理人员和职工的意见，明确任务和目标，明确实施计划的原因、时间、地点和方法等。饭店计划工作程序应包括选择目标、编制计划和实施计划等。

1．计划种类

（1）**长期计划、中期计划和短期计划** 饭店长期计划是指超过 5 年的计划，是表达企业长远目标和发展方向的计划；1 年或 1 年内的计划称为短期计划或年度计划；在饭店长期计划与短期计划之间的计划称为中期计划。中期计划主要是协调饭店长期计划与短期计划之间的关系。中期计划比长期计划的内容更详细，更具体。

（2）**具体计划和指导计划** 饭店的具体计划是指有明确目标的计划，例如，人力成本降低 5%的计划；指导计划是指规定一般的方针并说明工作重点，而不是把管理者限定在具体目标上的计划。

（3）**战略计划和经营计划** 饭店建立的总体目标，规定在经营环境中地位的计划称为战略计划；而饭店总体目标中的细节计划称为经营计划或运营计划。战略计划与经营计划在时间、范围和目的等方面各不相同。饭店战略计划考虑的是长远发展规划，而经营计划的周期通常为 1 年。一些企业家把前者称为战略目标，把后者称为行动目标。此外，饭店计划还可按工作程序、组织层次和表现层次分类。

2．目标管理

饭店计划中常涉及目标一词。目标是饭店在一定时期内管理人员期望达到的成果，是计划的组成要素之一，是实现目标必须完成的工作或达到的标准。饭店经营目标比经营任务更具体并可测量，量化的经营目标具有鼓舞职工士气、提高工作效率的作用，已成为饭店管理人员鼓励职工的有效手段。饭店经营目标并非单一，而是多样化的。在这些目标之间有主次之分，主要目标常处于表面，容易被认识和发展；次要的目标常被忽视。饭店计划的前提是饭店环境分析。任何饭店都生存在一定的环境中面临复杂的环境变化。

目标管理的重点是使饭店全体管理人员和职工围绕工作目标进行充分沟通，在工作中实施自我控制，并努力完成各自的工作目标。长期以来，饭店实行的计划指标层层分解，归口管理，即目标管理。饭店目标管理的具体工作是：制订企业整体目标和战略；部门根据饭店总目标，制订本部门目标；部门所有职工参与设定自己的具体目标；管理者与下级共同实现本部门和本职位目标；定期检查目标进展情况并反馈；实施绩效奖励，促进目标成功。目标管理特别适合饭店业务主管人员对一线职工进行的有效管理。当今，饭店目标已成为饭店管理班子评估各部门工作、职工绩效及饭店总体目标实现的依据。饭店目标的制订应具体，常用一个动词，后面加上具体的时间或质量标准。例如，“以 2006 年客房出租率为基础，2007 年将出租率提高 1%”；“以 2006 年中餐厅平均入座率为基础，2007 年入座率增加 2%”；“2007 年顾客满意率将比 2006 年提高 10%”。

3．计划原则

饭店计划应明确目标，根据预测的数据和信息制订计划。饭店计划必须是可行的，留有一定的空间以便根据实际情况进行调整。饭店计划在执行中，各部门和各层次的有关人员应充分协调和交流。

4．计划方法

饭店计划制订的效率在很大程度上取决于计划方法。目前各种现代计划方法应运而生，其中滚动计划法是将短期计划、中期计划和长期计划有机地结合起来，根据近期计划的执行情况和环境变化情况，定期修订未来计划。在计划中确定未来工作目标很困难，因为计划期越长，不确定性就越大，为提高计划的有效性，采用滚动计划法很有必要。

二、饭店组织职能

组织（Organizing）是安排工作以实现组织目标的过程，即决定需要做什么，怎么做和谁去做。饭店组织是为了实现饭店的共同任务和目标，对员工的活动进行合理的分工和协作，合理配备和使用企业的资源，正确处理人们相互关系的管理活动，其目的是保证饭店业务活动协调、有序地进行。饭店组织职能包括组织结构、组织活动、组织规章制度、职工招聘、职工培训和评估等。饭店组织职能是为企业提供一切所需的资源，包括原料、设备、人员、资金和技术等。

1．组织要素

饭店组织的关键要素包括组织目标与宗旨、组织人员与职务、岗位职责与权力、组织合作与协调。

（1）**组织目标与宗旨**　饭店组织必须有特定的经营目标和经营宗旨，经营目标和经营宗旨是饭店组织存在的前提。不同类型的饭店，其经营目标和经营宗旨不同，组织结构也不同，例如，商务饭店以商务和事务旅行者及商务会议团体为主要目标顾客，其经营宗旨是商务旅行者和事务旅行者的房务业务和餐饮业务，会议团体的房务业务、会议业务与餐饮业务等。因此商务饭店组织结构、部门设置、设施配备和服务特色都应该以它的经营目标和经营宗旨为基础。

（2）**组织人员与职务** 饭店职工是构成饭店组织的基本要素，饭店职工包括各级管理人员和一线职员。不同种类、规模和管理模式的饭店，它所设置的职务名称、职责和数量都不同，工作人员的知识和技术需求也不同。在饭店中，职工的素质和能力是导致饭店经营成功与失败的关键；同时饭店组织人员的合理匹配，职务及其工作范围的制订都是影响饭店经营能力的关键要素。

（3）**岗位职责与权力** 职责是饭店各部门和各职位的工作权力与责任，也表示饭店组织的上下级关系。作为上级职能部门或上级职务具有对下级职能部门或下级职务进行业务指导的责任；作为下级职能部门和职务具有对上级管理部门和人员汇报工作，接受业务指导的责任。权力是上级领导授权的职权，这种职权不是个人职权，而是职务权力。饭店组织中的各部门和职务应有适当的权力和职责。

（4）**组织合作与协调** 合理的饭店组织应加速部门和职务间的合作与协调，通过各职能部门和各职务将饭店组织联成整体。饭店组织由多个职能部门和职务组成，为了完成饭店既定的经营目标和经营宗旨，它们必须合作与协调。

2．组织特点

饭店组织是由职工、职位和职责组成的相互联系和信息沟通的整体，是实现饭店经营目标的工具，该整体只有依靠全体职工的协调行动才能达到目标。因此饭店组织具有整体性。饭店组织分工必须专业化和系统化。组织分工分为水平分工和垂直分工，水平分工是横向分工，是指部门专业化和职能化；垂直分工是纵向分工，是指部门内分工的工序化和程序化。饭店组织的集权与分权涉及职工工作能力和部门之间的协调能力，通常饭店组织分工越细，协调工作越困难。饭店组织工作是动态的，组织结构不是一成不变的，随着饭店内外环境和经营目标的变化而变化。随着社会进步和科学技术的发展，饭店原有组织结构不能适应目标的实现时，管理人员需要调整和变革原有组织结构。此外，根据组织职能原理，饭店组织不仅是指组织结构，还作为一个管理过程，为了实现企业既定的目标，饭店组织工作的重点之一是组织各部门和全体职工和谐地工作。

3．组织功能

饭店组织是为了达到特定的经营目标，在分工协作基础上的职工集合。饭店组织以专业化分工为基础，由各职能部门、业务管理层和所有职工组成。在饭店组织中，各层次管理人员有不同的责任和权力。因此，饭店组织是实现饭店经营目标的核心力量。科学的饭店组织使组织成员互相尊重，互相支持，互相信任，互相关心，对企业有归属感、责任感和向心力。高效的饭店组织具有合理分工，保持与外部环境良好关系的功能并规定各部门及其职工的相应责任。例如，规定房务部经理负责饭店住宿业务的全部管理。此外，通过组织结构调整，可提高职工工作绩效，使职工感受到被企业认可的喜悦。

三、饭店指挥职能

指挥是对各级人员的领导、沟通和督促，从而建立统一的、强有力的、高效率的业务指挥系统的管理活动。指挥职能贯穿了管理的全过程。饭店管理的指挥职能，就是运用组织权责，发挥领导权威，按照计划目标的要求，把饭店中各方面的工作统率起来，形成一个高效能的指挥系统。在具体实践中表现为运用组织权限，保证人、财、物在时间上和空间上相互衔接。

指挥是一种带有强制性的管理活动。从一般意义上而言，指挥职能的类型有直意指挥、启发式指挥、归纳式指挥和应急指挥等。根据现代组织管理原则，在饭店管理中，要注意指挥的层级和跨度，不属于某管理者的层次和范围就不要直接指挥，避免“越位”指挥。

四、饭店协调职能

饭店协调职能是指通过处理企业内外关系，为企业发展创造良好条件，从而促进饭店各项目标的实现过程。由于饭店经营需要各部门共同努力才能完成，而各职能部门的工作目标并不一致，因而经常出现工作矛盾和冲突，这就需要管理者通过协调加以解决。因此，协调是饭店管理不可缺少的职能。

1. 协调作用

饭店的协调工作对饭店经营管理起着关键作用，通常职工为了满足个人需要，个人目标通常与企业目标不完全一致。饭店管理者可通过协调使职工个人目标与企业目标相一致，从而促使企业目标的实现。在饭店经营中，职工与职工、部门与部门、饭店与相关者之间的矛盾不可避免。饭店管理者通过协调，使他们相互合作和配合，使各项工作紧密衔接。

2. 协调原则

饭店协调工作原则包括：目标原则、效率原则、责任原则和沟通原则。饭店协调工作的主要目标是使饭店全体职工充分理解企业的目标和任务，使个人目标与企业目标相一致，从而促进企业总目标的实现。当然，饭店管理者的协调工作必须围绕企业总目标进行。从这个意义上讲，目标管理是实现饭店分工和协调的有效工具。饭店协调工作可通过协调经营中的问题，使部门之间和职工之间更好地分工与合作，从而提高企业效益。饭店协调工作使职工更加明确各自责任，明确各部门和各岗位在完成饭店总目标中承担的工作任务和职责范围。因此，作为饭店工作人员除了要明确自己的职责，还要明确相互协调的责任。沟通是饭店协调职能的关键，饭店管理者在实施协调工作中，要掌握有效的沟通技巧，合理选择沟通渠道，积极排除沟通中的障碍，充分发挥信息在协调中的积极作用。

3. 协调内容

饭店协调工作的主要内容，包括饭店内部之间的协调和饭店与外部环境的协调。

（1）**内部协调**　内部协调主要包括企业与股东、企业内部人际关系协调。企业与股东的关系是企业生存和发展的基础，饭店通过加强与股东间的信息沟通，争取现有股东和潜在投资者的了解、信任和支持，最大限度地扩大企业资金来源。在协调企业与股东关系时，应完善企业法人治理结构，在企业所有者和管理者之间形成相互制约机制和有效的激励机制，最大限度地提高企业经营效率。饭店内部人际关系的协调是提高职工对企业归属感、认同感，增加企业凝聚力的重要保证。有效的内部协调使全体职工团结一致，共同为实现饭店的目标而努力。因此饭店管理人员在实施协调时，应相互尊重，平等待人，互助互利，诚实守信。

具体来说，饭店要顺利地运营，首先，必须根据企业总目标，对各要素进行统筹安排和合理配置并使各经营环节相互衔接，相互配合；其次，饭店规章制度是协调工作的基本保证，例会是饭店工作中不可缺少的协调方式。通常饭店部门每周至少举行 1～2 次例会，而饭店横向例会经常每月召开 1～2 次。

（2）**外部协调**　外部协调主要包括企业与顾客、政府、新闻媒体和社区的关系协调。饭店应与顾客建立和维护良好的关系，其目的是促进企业与消费者的有效沟通，在企业与顾客之间应保持了解和信任，相互依存的关系使企业及时、准确地掌握顾客需求及需求的发展趋势，为顾客提供有价值的产品和服务，在市场中建立良好的企业形象。饭店管理人员在协调中应做好市场调查和预测，改进和完善服务体系，认真对待顾客投诉。饭店应协调与政府的关系，积极寻求政府支持，提高办事效率并利用一切机会扩大企业的影响和信誉。饭店应协调与新闻界的关系，借助媒体迅速扩大影响，塑造自己的良好形象，应尊重新闻界人士，向他们提供真实信息，保持经常联络，增加双方信任和了解。饭店必须搞好与社区的关系以取得社区支持，饭店的发展依靠社区在后勤方面的支持与服务。

五、饭店领导职能

领导（Leading）是同别人一起或者通过别人去完成组织目标，具体体现为指导和激励所有群体和个人解决冲突等。饭店领导职能是指饭店总经理和业务总监等高级管理人员运用职务权力和个人影响力指挥、引导、带动、激励全体职工，为实现饭店目标而做出努力和贡献的过程。其中，职务权力指管理者的职务及上级赋予该职务的管理权力；个人影响力是指管理者自身素质和业务能力。领导职能是饭店管理职能之一，它贯穿于饭店管理工作各方面和各环节。饭店领导职能不同于其他各项管理职能，只涉及企业的全体职工。

1．领导作用

饭店领导作用是指领导者的协调作用、指挥作用和激励作用。通常饭店目标是通过全体职工集体活动实现的。即使饭店制订了明确的目标，由于企业各成员对目标的理解，对技术的掌握及个人利益、知识、能力和信念等方面的差异，在认识上会发生分歧，在行动上会偏离目标，工作中会出现摩擦。因此饭店领导者需要协调职工朝着共同的目标前进。总经理应作为带头人，引导职工、激励职工实现目标，引导全体职工满腔热情地为实现饭店目标做出贡献，调动全体职工的积极性。

2．领导效果

饭店领导效果通常取决于三个方面及三者之间的相互作用：领导者素质、被领导者素质和领导者的工作环境。饭店总经理是饭店经营管理工作的主要指挥者，其本身的背景、经验、知识、能力、个性和价值观等都会影响到饭店目标的确定、领导方式的选择和领导工作的效率。因此领导者的素质是影响饭店经营效果的关键因素之一。被领导者是指全体职工，是领导工作的客体，其背景、经验、知识、能力、责任心、个性及他们对企业的要求等都会对领导工作产生影响。被领导者的素质、态度及对领导的配合程度不仅影响领导方式的选择，也影响领导工作的有效性。饭店领导职能总是在一定的环境中进行的，这种特定环境包括职工规模与类型、工作任务与目标、工作压力、上级领导期望、职工关系及饭店文化等。为了适应特定的领导环境，领导者必须采取有效的领导方式。

3．领导权使用

为了有效地使用领导权，饭店领导者应慎重使用手中的权力。在饭店管理中，少数领导者试图用权威树立形象，然而招致职工的反感和厌恶，损害了领导者的形象，降低了威信。成熟的领导者应珍惜自己的权力，必要时应当机立断，使用权力维护企业和职工的利益。作为领导者不要简单粗暴，应关注工作中的细节，正确运用权力，公正和廉明，维护饭店的规章制度。但在必要情况下，为了维护企业长远利益也应从实际出发，对事件进行果断的处理。

六、饭店控制职能

控制（Controlling）是监控活动以确保它们按计划完成。其具体表现为监控、比较和纠正的过程。从传统意义上讲，这是管理者履行的最后一个职能。在设定了目标以及制订出计划之后，在决定了组织结构的安排以及雇用了人员、培训和采取了激励措施之后，还需要评估事情是否按计划进行。实际的绩效必须与预先设定的目标进行比较，如果存在任何明显的偏差，管理者就要使工作绩效回归到正常的轨道上来。

饭店控制一方面体现为调节，就是调节饭店各方面的工作使其配合得当，保持整体平衡，不发生重复和脱节，以有效地实现饭店的目标；另一方面体现为监督，就是按照既定的目标计划和标准，对饭店业务活动各方面的实际情况进行检查和考察，发现差距，分析原因，采取措施，予以纠正，使工作能按原订计划进行或根据客观情况的变化和计划作适当的调整，使其更符合实际。

饭店在经营实践中，由于受内外环境因素的影响，很可能使管理工作偏离既定的计划和目标。为了保证各项计划和目标的实现，饭店控制职能很有必要。所谓饭店控制职能是指为确保饭店既定的计划和目标而进行的各项检查、监督和纠偏工作。饭店控制职能既可以理解为饭店一系列的管理活动，也可以理解为是检查、监督和纠偏的过程。饭店控制职能与计划职能紧密相连。饭店计划工作是饭店控制职能的前提；为了饭店控制职能的有效进行，饭店管理者必须及时取得各项计划和目标的执行情况，并将这些信息与原计划和目标进行对比。控制工作是实现饭店经营目标的基本保证，可使复杂的经营活动协调一致，避免管理失误，减少经济损失。

1．控制特点

饭店控制职能具有整体性和动态性，饭店控制工作由职工进行监督，同时，又促进了职工的工作能力。饭店控制职能的整体性表现在：完成饭店计划是全体职工的共同责任，参与控制工作也是全体职工的共同任务。饭店经营管理不是静态的，其外部环境及内部条件不断变化，因此饭店控制工作应具有动态特征。饭店控制工作方法不仅是监督和检查，更重要的是指导和帮助，因此管理者应制订纠正偏差的计划。

2．控制类型

饭店计划工作一旦付诸实施，就会产生许多信息。这些信息可有不同的方式，通过不同的渠道反映到饭店管理人员手中，经分析和整理，管理人员可对不同的控制对象确定不同的控制方法，包括现场控制、反馈控制、前馈控制、任务控制、绩效控制和战略控制。

1）现场控制是指业务主管人员通过深入餐厅、客房、厨房等工作现场，亲自监督检查和指导，进行控制。

2）反馈控制是指在工作结束后进行的控制方法，是通过对工作结果进行测量、比较分析并采取措施，纠正偏差的方法。

3）前馈控制是指通过预测，将可能出现的结果与计划进行比较，预先确定可能发生的偏差并提前采取措施加以纠正的方法。

4）任务控制也称运营控制和业务控制，是针对基层生产和服务的直接控制活动。例如，质量控制和成本控制等。

5）绩效控制是财务控制，是利用财务数据观测企业的经营状况，以此考评各职能部门的工作成绩，从而控制饭店整体经营工作。

6）战略控制是对饭店战略计划和目标实现程度的控制。

3．控制程序

饭店控制职能尽管是针对不同部门和各工作环节进行的检查和监督活动，然而饭店各项控制活动都有相同的过程，将这一相同过程称为控制程序。饭店控制常包括 4 个程序：制定控制标准、评估工作绩效、进行偏差分析和采取纠偏措施。

（1）**制定控制标准** 制定控制标准是控制职能的基础工作，控制标准的形式有实物质量标准、工作质量标准和经济价值标准等。控制标准的方法有标准法、统计法、经验法和技术法。标准法是根据国际标准、国家和地区标准等进行控制；技术法实际是工程技术方法或工程技术标准。饭店管理者应根据工作性质选择适当的控制标准形式和控制标准方法。

（2）**评估工作绩效** 评估工作绩效是对饭店各项计划工作执行结果或状态的客观评价，是计划执行信息的收集与输入过程。评估绩效工作直接关系到纠偏措施的实施。通常饭店管理者获取工作信息的途径有各种报表、书面报告、询问和直接观察等。在各种工作绩效评估途径中，管理人员亲临现场是获得翔实和准确的工作信息的有效途径。当管理人员的管理工作幅度较大时，口头报告是一种很好的替代实地观察的方法，此方法可与职工双向沟通并可进行追逐分析；书面报告的信息不仅可用来了解计划的实施情况，还可存档供以后使用。饭店衡量绩效的方式包括定性衡量与定量衡量两种。在获取有关计划执行情况的信息中，能够用数值量化表示的，将其同相应的计划指标进行比较，这样衡量工作难度相应小一些；但有些工作的绩效难以用量化方法来衡量，只能采用描述性的定性方法说明。

（3）**进行偏差分析** 进行偏差分析时，管理人员将各项实际工作绩效与既定的标准进行比较，若没有偏差或没有超出偏差允许的范围时，一般不需采取纠偏措施；对超出范围的偏差，管理人员必须对其深入分析和研究，找出原因和问题的症结。通常产生偏差的原因是多种多样的，从管理职能的角度分析，主要包括计划本身存在的问题、计划执行中存在的问题、管理人员的指导与激励问题。饭店管理人员对发现的偏差采取措施予以纠偏是控制过程中不可或缺的环节。

（4）**采取纠偏措施** 纠偏措施主要有：重新委派管理人员或明确其职责，进一步授权；进行机构调整或增加人员；改善经营中的指导方法和激励策略；调整经济和技术手段及增加资金或设备的投入等。

4．控制原则

为确保控制工作的成效，饭店要以明确和切实可行的工作目标和计划作为控制工作的基础。控制工作应有专职部门和人员作为工作的保证。饭店控制工作的前提是健全的信息反馈渠道。饭店控制是饭店计划实施过程的检查与调整，因此应随时掌握实际经营情况并与计划标准进行比较。饭店控制工作应有一套切实可行的控制标准，科学地选择控制点，突出控制重点，及时、准确地发现问题，分析和解决问题。饭店控制工作应重视控制的准确性，提高控制工作的灵活性，要有各种应变方案。有效的饭店控制职能必须将资源投入与可能得到的效果相比较，从中选择经济、合理的控制点，注意采用先进的控制方法和手段，以不断提高控制工作的效率和效果。

七、饭店创新职能

饭店组织是在动态环境下生存和发展的，仅靠维持是远远不够的，还必须不断调整组织活动的内容和目标，以适应环境变化的要求，或在一定程度上改造环境，从而为饭店的发展创造更好的条件——这就是饭店管理的“创新职能”。

1．饭店创新应遵循的基本原则

（1）**市场导向原则**　饭店市场现在已进入了顾客选择和挑剔的时代，只有符合市场需求和社会需求的饭店创新，才能获得广阔的市场和强大的生命力。因此，饭店业必须树立让顾客满意的经营理念，进行详细、周密的市场调研和可行性分析，再根据调研结果作出创新开发决策，这就是创新的市场导向原则。

（2）**特色性原则**　在充分调查和研究的基础上，准确地确定创新的特色和鲜明的主题，是饭店创新获得成功的重要因素。饭店创新具有鲜明的特色和主题，这就能使饭店区别于竞争对手，更好地发挥自身的优势，避免或减少重叠性的市场竞争，从而有利于饭店产品的市场定位和市场促销。因此，饭店创新必须明确主题，创造被广大消费者甚至竞争对手认可的特色，即创新要遵循特色性原则。

（3）**文化性原则**　饭店是具有高文化附加值的企业，非常注重企业文化的建设，因为一个没有文化内涵的饭店只能提供没有生命力的产品和服务，是无法满足日益注重文化消费和精神享受的现代消费者的需求。因此。饭店创新必须坚持文化性原则，进行全方位的创新活动，持续开发出高文化含量的新型产品和服务，满足饭店顾客和员工的需求，在满意的员工基础上创造满意的顾客。

（4）**参与性原则**　饭店创新需要有顾客和员工的共同参与，因为顾客是最了解自身需求的，而员工长期与顾客接触，除了了解自身需求之外，通常也比较了解顾客需求，而顾客需求是饭店的创新之源。需要注意的是，这种创新活动的参与不仅体现在宾客消费过程中的参与，甚至在产品与服务设计过程中就应参与。

（5）**经济性原则**　经济可行性是饭店创新的基本准则之一，服务创新既要考虑饭店自身的微观效益，也要考虑给社会带来的效益，更要重视目标顾客的认可度和接受度，即应当全面考虑顾客消费能力、饭店服务提供成本和饭店品牌形象，才能设计饭店、消费者和业主都满意的产品，实现饭店的永续发展。

2．饭店创新的内容

（1）**理念创新**　理念创新是指形成能够比以前更好地适应饭店内外部环境的变化并更有效地利用资源的新概念、新看法或新构想的活动。理念创新是其他一切创新活动的先导或基础。饭店的管理者只有根据内外环境的变化和饭店自身发展的要求不断更新自己的理念，转变自己的认识，才能作出正确的管理决策并付诸管理及运作实践，引导饭店健康发展。

（2）**知识创新** 知识创新是指通过科学研究，包括基础研究和应用研究，获得新的基础科学和技术科学知识的过程。饭店知识创新就是饭店经营管理的新思想（比如新理论）的产生、演化、交流并应用于饭店实践的过程。知识创新的目的在于发现、探究饭店新的运行规律、创建新的学说和操作方法，指从而为饭店谋求更有利的竞争地位创造条件。

（3）**制度创新** 制度创新就是指饭店根据内外环境要求、变化和自身发展壮大的需要，对饭店的运行方式、原则、规定等进行的调整和变革。饭店制度创新包括产权制度、经营制度和管理制度的创新。饭店产权制度规定了饭店各种资源所有者之间的权、责、利关系，是饭店最根本的制度；饭店经营制度则规定了饭店的经营方式，是有关饭店经营权的归属及其行使条件、范围、限制等方面的原则性规定；而饭店管理制度则是管理者行使经营权、组织饭店日常运作的各种具体规则的总称。这些制度都直接影响着饭店的正常运行和市场竞争力，因而需要不断优化更新和调整，以适应不断变化的饭店市场。

（4）**产品创新** 产品创新是指创造与原有产品在功能、结构、技术、符号、规格以及服务等方面都有显著差异的产品的过程。它包括对现有产品的改良，对竞争者产品的仿制以及对原有产品的重新组合等。饭店只有通过对自己产品的不断创新，才能够满足不断变化的顾客需求，并获得良好的经济效益，抵补生产消耗，求得生存和发展。

第三节 管理思想演进与饭店管理理论

管理思想及理论经历了曲折的发展过程，而新的思想和理论也在不断涌现。各派理论及观点有着较大的差异，因而对各种管理方法的有效性也就存在着激烈地争论。饭店管理者必须了解各种管理理论和方法，并将其选择应用于管理实践中去，同时还能结合实际总结出适合饭店企业的管理思想和理论。

一、科学管理理论

1. 泰罗的科学管理理论

泰罗（Frederick Winslow Taylor，1856—1915），美国人，被称为“科学管理之父”。泰罗科学管理的核心是：谋求最高的工作效率。他在 1911 年出版的《科学管理原理》一书中，提出通过对工作方法的科学研究来改善生产效率的基本理论和方法。泰罗科学管理原理的四条基本点是：

1）效率是繁荣的基础，科学管理的目的是谋求高效率的工作。通过工作和时间研究法对工人工作过程的每一个环节进行科学的观察分析，制订出标准的操作方法，用以规范工人的工作活动和工作定额。

2）遵循规律，排除主观想象的因素。科学地挑选工人，并对他们进行培训、教育，使之成长。按照标准作业方法对工人进行科学的培训，使之成为一流的工人。

3）以“经济人”的假设为基础，与工人真诚地合作，以确保劳资双方都能从生产效率的提高中得到好处。实行有差别的计件工资制，对完成工作定额的工人按较高的计件工资率水平来计算和发放工资，对不能完成工作定额的工人则按较低的计件工资率来发放工资。通过金钱激励，促使工人最大限度地提高生产效率。

4）明确划分管理者和工人各自的工作和职责，实现管理工作与操作工作的分工，进而对管理工作也按具体职能的不同进行细分，实现职能制组织设计，并贯彻例外管理原则。

泰罗的科学管理方法的最大特点就是实行标准化管理。这种管理方法可以在饭店管理的某些方面加以运用，例如，时间与动作研究就可适用于操作程序固定的饭店客房整理工作，以提高饭店客房整理的工作效率。此外，当管理者分析基本的工作任务时，他们运用时间与动作研究以消除浪费的动作，选择最佳的有资格的工人从事特定的工作，设计基于产出的刺激性报酬体系等，这对今天的饭店管理仍有很多值得借鉴之处。

2. 法约尔的组织管理理论

亨利·法约尔（Henry Foyol，1841—1925），法国人，一般行政管理方法的最杰出的理论家之一，1916 年出版了《工业管理与一般管理》一书，提出了适用于各类组织各管理五大职能和有效管理的 14 项原则。

法约尔曾较长时间内在法国的一家大型煤矿公司担任高层领导职务，对大企业的管理积累了丰富的经验。法约尔认为，要经营好一个企业，不仅要改进生产现场的管理，而且要注意改善有关企业经营的六个方面的活动：技术活动、经营活动、财务活动、安全活动、会计活动和管理活动。一般管理理论把经营和管理分为两个不同的概念，认为管理就是执行计划、组织、指挥、协调、控制职能，管理的五大要素就是计划、组织、指挥、协调和控制。并在此基础上提出了企业管理中组织管理的 14 项原则：劳动分工，权力与责任，纪律，统一指挥，统一领导，个人利益服从集体利益，人员报酬，集中，等级链，秩序，公平，人员的稳定，首创精神，人员的团结。法约尔的管理理论特别强调经营与管理的区别、管理职能的五要素论和组织管理的 14 项原则。

法约尔第一次从一般角度阐述了管理理论，构建了管理理论的基本框架，对以后管理理论的发展产生了巨大影响，他的理论也是饭店管理的基本理论基础。

3. 韦伯的行政组织理论

马克斯·韦伯（Max Weber），德国社会学家，一般行政管理方法的最杰出的理论家之一，主要研究组织活动，早在 20 世纪初，他发展了权威的结构与关系理论，提出了官僚行政组织，一种他认为的理想组织形式。他主张建立一种高度结构化的、正式的、非人格化的“理想的行政组织体系”，他认为这是对个人进行强制控制的最合理手段，是达到目标、提高劳动生产率的有效形式，而且在精确性、稳定性、纪律性和可靠性方面优于其他组织。他的这一套思想体现在其著作《社会和经济理论》之中。虽然韦伯的理论不像泰罗的著作具有可操作性，但事实上他的理想组织形式仍然反映了许多当代组织的特征，从而证明了其工作的重要性。

4. 厄威克的组织原则

英国管理学家厄威克（Lyndall Urwick）把科学管理与古典组织理论综合起来，成为一个整体，反映了古典管理理论的本质，使古典管理理论得以最终完成。作为“组织设计论”

的一个重要代表人物，他提出了适用于一切组织的 8 项原则。

1）目标原则，即所有的组织都应当表现出一个目标。

2）相符原则，即权力和组织必须相符。

3）职责原则，即上级对所属下级工作的职责是绝对的。

4）组织阶层原则，从组织最高层到工作人员要形成明确的权力系统。

5）控制广度原则，即每一个上级所管辖的和相互之间有工作联系的下级人员不超过 5 人或 6 人。

6）专业化原则，即每个人的工作应限制为一种单一的职能。

7）协调原则，组织的目的是为了协调一致，以推动工作。

8）明确性原则，即对于每项职务都要有明确的规定。

厄威克所研究的并不限于组织方面，他对领导问题也有相当深入的研究。他认为，作为一名领导者，应当了解到本身承担的职务包括的意义，即：充当企业法人的角色；制定组织战略并付诸行动；管理日常工作；向下属解释工作的目标及其意义。他对那些自以为是的经理人员提出了批评，认为他们只重物而不重人。总之，厄威克论述非常广泛，几乎涉及了行政管理科学的各个方面。

5．古利克的管理七职能论

古利克（Luther Gulick），美国管理学家，曾任美国哥伦比亚大学公共管理研究所所长，在管理学史上，同厄威克几乎处于同等的地位。在 1937 年出版的《管理科学论文集》（与 Urwick 合编）中提出了管理七职能论，即计划（Planning）、组织（Organizing）、人事（Staffing）、指挥（Direction）、协调（Coordinating）、报告（Reporting）和预算（Budgeting）。这 7 种管理职能，后人屡有增减或修改，但一直作为有关此类研究的出发点。

二、行为科学理论

行为科学理论就是将心理学、社会学等理论引入企业管理的研究理论后，管理者对工人在生产中的各种行为及产生这些行为的原因进行分析研究，并提出相应对策，以调节企业中的人际关系，提高生产效率的各种理论。

1．人际关系理论（Human Relation）——霍桑试验的结论

美国哈佛大学的教授梅奥（G. Elton. Mayol，1880—1949）是人际关系学说的创始人。1924～1932 年，梅奥应美国西方电器公司的邀请，在该公司设在芝加哥附近霍桑地区的工厂进行了著名的“霍桑试验”。通过这次试验，梅奥等人提出了人际关系学说，其主要论点如下：

1）职工是“社会人”。工厂中的工人并非只是单纯追求金钱收入，他们还有社会、心理方面的需求，也就是追求人与人之间的友情、安全感、归属感和受人尊重等。

2）企业中存在着“非正式组织”。企业职工在共同生产和工作中，必然会产生相互之间的人群关系，产生共同的感情，自然形成一种行为准则，要求个人服从。这就构成了“非正式组织”。这种非正式组织对于工人的行为影响很大，是影响生产效率的重要原因。

3）满足工人的社会欲望，提高工人的士气，是提高生产效率的关键。梅奥等人认为，“士气”高低取决于安全感、归属感等社会、心理方面的欲望的满足程度，满足程度越高，

“士气”就越高，生产效率也就越高。

4）企业应采用新型的领导方法。新型的领导方法，主要是组织好集体工作，通过提高职工的满足度，提高职工的士气，达到提高生产率的目的。这就要求转变管理观念，重视“人的因素”，采用以“人”为中心的管理方式。

人际关系理论是行为科学学派的早期思想，它只是强调了要重视人的因素，此后的行为科学学派经过进一步的研究，找出产生不同行为的影响因素，并深入探讨如何控制人的行为以达到预定的目标。

2．X 理论和 Y 理论

道格拉斯·麦格雷戈（Douglas McGregor）提出的 X 理论和 Y 理论是关于人性的两套系统性假设理论。这是两套有关人性积极与消极的两个截然不同的观点。X 理论强调客观因素，Y 理论强调人的内在因素。

X 理论以下面 4 项假设为基础：

1）员工天生是懒惰的，只要有可能他们就尽可能逃避工作。

2）员工尽可能地逃避责任，安于现状。

3）由于员工不喜欢工作，因此必须采取强制措施或惩罚的办法迫使他们实现组织目标。

4）多数员工工作是为了满足基本的生理和安全需要，他们安于现状，不求进取。

与 X 理论相反，麦格雷戈提出了积极人性观点出发点 Y 理论，它是基于以下的假设而存在的：

1）如果环境适宜，人们运用智力和体力从事工作，正如游戏和休息一样自然。

2）控制和惩罚不是实现组织目标的唯一办法。人们对自己所参与的目标能实现自我指挥和自我控制。

3）对组织目标所承担的义务是同获得报酬直接相关的。

4）在正常情况下，一般人能够主动接受和承担责任。缺乏雄心壮志和过分强调个人安全并不是人的天性。

5）绝大多数人都具备作出正确决策的能力，而不仅是管理者才具有这一能力。

对比 X 理论和 Y 理论可以发现，它们的差别在于对人的需要看法不同，因此采用的管理方法也不同。据 X 理论来看，对于工人的需要，管理者就要采取严格的控制和强制的方式。如果按 Y 理论，管理者就要创造一个能多方面满足工人需要的环境，使人们的智慧和能力得以充分发挥，以更好地实现组织和个人的目标。

3．马斯洛的需要层次论

需要层次理论有美国心理学家马斯洛（Abraham H. Maslow）提出。马斯洛的需要层次理论基于两个前提：人是有需求的，需求会产生动机和行为；需求得到满足就成为一种激励因素。人的需求是多方面的，人的多方面需求是有层次的，当一种需求得到满足时，另一种需求会随之产生。需求可经常成为激励因素，需求层次理论把需求层次分为 5 个等级：

（1）**生理需要**　维持生存的必要条件，主要是指住、食、衣、行、性 5 个方面，这是人最基本的、层次最低的需要。

（2）**安全需要**　安全需要主要是指职业的保障，包括劳动安全、财产安全、人身安全、健康保障等。

（3）**归属和爱的需要** 归属和爱的需要是指人归属于一个团体的需要，与他人交往的需要，得到别人的接受、友谊，得到爱情的需要。简言之，就是建立良好的人际关系、得到友情和爱情等精神上的满足。

（4）**尊重需要** 尊重，一是指自尊，对自身价值和能力的信心；二是指被人尊重，即对名誉、地位、赏识、晋升等的需要，是一种较高层次的精神需求。

（5）**自我实现需要** 自我实现即成为自己希望成为的那种人。实现自我要充分地发挥个人的聪明才智，充分发挥个人潜力，在工作中取得希望得到的成就。自我实现需要是人最高层次的需求。

4．赫茨伯格的双因素理论

美国心理学家赫茨伯格（Herzberg）认为，影响人的工作动机的主要因素有两类，即满意因素和不满意因素。满意因素是指可以使人得到满足和激励的因素，也就是激励因素；不满意因素是指如果缺少它就容易产生意见和消极影响的因素，也就是保健因素。保健因素属于员工工作环境和工作关系方面的因素，如工资报酬、工作条件、人际关系、企业政策与企业管理等方面，这些因素能防止员工产生不满，但不能激发员工提高工作效率。激励因素属于员工工作本身和工作内容方面的因素，如工作成就、被重用、富有挑战性的工作和光明的前途等，这些因素能对员工构成激励，使员工对工作感到满足。

赫茨伯格的激励因素相当于马斯洛的较高层次的需要，保健因素相当于较低层次的需要，但两者的侧重点有所不同，马斯洛侧重分析需要或动机，赫茨伯格侧重分析满足这些需要的目标或诱因。这两种理论都没有把个人需要的满足同组织目标的达成这两点联系起来。

三、现代管理理论

现代管理理论主要有：

1．系统管理理论

系统管理学派盛行于20世纪60年代。该理论认为，企业是一个极其复杂的系统，重视对其组织机构和模式的分析。其代表人物是美国的卡斯特（F. E. Kast）、罗森茨韦克（J. E. Rosenzweig）和约翰逊（R. A. Johnson）。系统管理学说的基础是普通系统论。系统论的主要思想是：系统是由相互联系的要素构成的；系统的整体性；系统的等级性。

卡斯特等人的系统学说主要包括：

（1）**系统哲学** 它强调系统是一种有组织的或综合的整体，强调各个组成部分之间的关系。

（2）**系统管理** 它把企业作为一个系统进行设计与经营，使企业的各部分、各种资源，按照系统的要求进行组织的运行。

（3）**系统分析** 它是指确定有关变量，分析和综合各种因素，确定最优的解决方法和行动计划。

2．权变理论

20世纪70年代，面临复杂多变的外部环境，人们越来越感到不可能找到一个以不变应万变的管理模式。管理的指导思想上出现了强调灵活应变的“权变观点”。权变管理的基本含义是：成功的管理无定式，一定要因地、因时、因人而异。这种观点是针对系统管理学派中的学者们建立万能管理模式的偏向而提出的。它强调了针对不同情况，应当采用不同的管理模式和方法，反对千篇一律的通用管理模式。该理论认为，管理与环境之间存在着一种函数关系。它们之间不是一种简单的因果关系，而是一种“如果——就要”的关系。

其基本思路是：先确定有关的环境条件，然后根据权变关系的理论，求得与之相应的管理观念和技术，以最有效地实现管理目标。他提出一个观念性的结构，并用矩阵图来加以表示。这一结构由环境、管理观念与技术、两者之间的权变关系等 3 部分组成。

（1）**环境**　环境通常为自变量。

（2）**管理观念与技术**　这是观念结构中的自变量。把所有管理理论划分为 4 种学说：过程学说、计量学说、行为学说和系统学说。

（3）**权变关系**　权变关系是指环境变量与管理变量之间存在的函数关系。即：如果环境条件一定，那么就必须采用与之相适应的管理原理、方法和技术，以有效实现企业目标。

3. 战略管理理论

如果说在 20 世纪 50 年代以前，企业管理的重心是生产，20 世纪 60 年代的重心是市场，20 世纪 70 年代的重心是财务，那么，自 20 世纪 80 年代起，重心转移到战略管理。这是现代社会生产力发展水平和社会经济发展的必然结果。企业依靠过去那种传统的计划方法来制订未来的计划已经显得不合时宜，而应该高瞻远瞩，审时度势，对外部环境的可能变化作出预测和判断，并在此基础上制订出企业的战略计划，谋求长远的生存和发展。其主要代表人物及著作为波特与《竞争战略》，主要提出对产业结构和竞争对手进行分析的一般模型，即 5 种竞争力（新进入者的威胁、替代品威胁、买方砍价能力、供方砍价能力和现有竞争对手的竞争）分析模型。提出企业构建竞争优势的 3 种基本战略。

4. 企业文化理论

20 世纪 80 年代，管理理论的另一个新发展是注重比较管理学和管理哲学，强调的重点是企业文化。企业文化的研究主要集中在把企业看做一种特殊的社会组织，并承认文化现象普遍存在于不同组织之中，这些文化代表着组织成员所共同拥有的信仰、期待、思想、价值观、态度和行为等，它是企业最稳定的核心部分，体现了企业的行为方式和经营风格。企业文化一般由 4 个部分组成，即：物质文化、行为文化、制度文化和精神文化。企业文化具有正负两种功能属性，正面功能包括导向功能、激励功能、约束功能、凝聚功能和辐射功能。负面功能是形成思维定式和行为惯性，可能导致企业变革和组织发展的潜在障碍。该理论还主张重视企业文化建设、调整和变革创新，提出了企业文化建设的原则、途径、要求，并强调企业文化应随着内外环境的变化进行相应的调整、丰富、更新、发展，一定程度上增加了该理论的实用性和适应性。

5. 现代管理理论的新发展

（1）**学习型组织理论**　企业组织的管理模式问题一直是管理理论研究的核心问题之一。20 世纪 80 年代以来，随着信息革命、知识经济时代进程的加快，企业面临着前所未有的竞争环境的变化，传统的组织模式和管理理念已越来越不适应新的环境。因此，研究企业组织如何适应新的知识经济环境，增强自身的竞争能力，延长组织寿命，成为世界企业界和理论界关注的焦点。

美国人彼得·圣吉于 1990 年出版了《第五项修炼——学习型组织的艺术与实务》。圣吉认为，要使企业茁壮成长，必须建立学习型组织，也就是将企业变成一种学习型的组织，以增强企业的整体能力，提高整体素质。

学习型组织是指通过培养弥漫于整个组织的学习气氛，充分发挥员工的创造性思维能力而建立起来的一种有机的、高度柔性的、扁平的、符合人性的、能够持续发展的组织。通过培育学习型组织的工作氛围和企业文化，引领人们不断学习、不断进步、不断调整新观念，从而使组织更具有长盛不衰的生命力。

学习作为学习型组织的真谛，一方面，它可以使企业组织具备不断改进的能力，提高企业组织的竞争力；另一方面，可以实现个人与工作的真正融合，使人们在工作中体会到生命的意义。当然，建立学习型组织并非易事，这需要突破以往线性思维的方式，排除个人及群体的学习障碍，重新就管理的价值观念、管理的方式方法进行革新。为此，彼得·圣吉提出了建立学习型组织的五项修炼。

第一项修炼：自我超越。它是学习型组织的精神基础，要求不断深入学习并加入个人的愿望，集中精力，培养耐心，并客观地观察现实。自我超越需要不断认识自己，认识外界的变化，不断赋予自己新的目标，并由此超越过去，超越自我，迎接未来。

第二项修炼：改善心智模式。心智模式是在心中根深蒂固的，它决定我们如何了解这个世界，以及如何采取行动的许多假设、成见，甚至图像、印象等。个人和组织往往不了解自己的心智模式，故而对自己的一些行为无法认识和把握。第二项修炼就是要把镜子转向自己，先修炼自己的心智模式。

第三项修炼：建立共同愿景。共同愿景是指一个组织中各个成员发自内心的共同目标。如果有一项理念能够一直在组织中鼓舞人心，那么这个组织就有了一个共同的愿景，就能够保证企业组织充满活力，长久不衰。

第四项修炼：团队学习。团体的智慧总是高于个人的智慧。当团体真正在学习的时候，不仅团体能产生出色的效果，其个别成员的成长速度也比其他学习方式更快。

第五项修炼：系统思考。企业和人类的其他活动一样都是系统，都受到细微且息息相关的行为的牵连，并彼此影响着，因此，必须进行系统思考修炼。系统思考修炼是建立学习型组织最重要的修炼。

学习型组织的出现不是简单地依靠各项修炼，而是五项修炼整合而成的。它的基本理念，不仅有助于企业的改革与发展，而且它对其他组织的创新与发展也有启示。人们可以运用学习型组织的基本理念，去开发各自所置身的组织创造未来的潜能，反省当前存在于整个社会的种种学习障碍，思考如何使整个社会早日向学习型社会迈进，或许，这才是学习型组织所产生的更深远的影响。

（2）**企业再造理论** 1993 年，企业再造理论的创始人原美国麻省理工学院教授迈克尔·哈默（M. Hammer）博士与詹姆斯·昌佩（J. Champy）合著了《再造企业——管理革命的宣言书》一书，正式提出了企业再造理论。

按照哈默与昌佩所下的定义，企业再造是指“为了飞越地改善成本、质量、服务、速度等重大的现代企业的运营基准，对工作流程（Business Process）作根本的重新思考与彻底翻新”。企业再造也译为“公司再造”、“再造工程”（Reengineering）。它是 1993 年开始在美国出现的关于企业经营管理方式的一种新的理论和方法。企业再造是指为了在衡量绩效的关键指标上取得显著改善，从根本上重新思考、彻底改造业务流程。其中，衡量绩效的关键指标包括产品质量和服务质量、顾客满意度、成本、员工工作效率等。

“再造工程”在欧美的企业中已经受到高度重视，因而得到迅速推广，带来了显著的经济效益，涌现出大批成功的范例。企业再造理论顺应了通过变革创造企业新活力的需要，这使越来越多的学者加入到流程再造的研究中来。作为一个新的管理理论和方法，企业再造理论仍在继续发展。

四、饭店管理理论

1. 我国饭店管理的现状

（1）**硬件建设已接近、达到或超过国际水平**　尤其是2007年获批的北京中国大饭店、上海波特曼丽嘉饭店、广州花园饭店等三家首批白金五星级饭店，其整体氛围、内部功能布局与装修装饰以及专项配套设施等方面均已超越国际同类饭店，在高端市场基本形成垄断地位。

（2）**饭店数量大大增加，竞争局面已经形成**　饭店经营已进入以买方市场为主，经营管理难度增加。据国家旅游局统计公报显示，截至2011年第一季度，全国星级饭店达到13 926家，加上其他社会旅馆、经济型饭店、全国的各类接待住宿设施总数应在4万～5万家之间，以星级饭店为例，经历了起步（1980～1988）、起伏（1989～1991）、起飞（1992～1996）、又一下滑阶段（1997～2003），早在20世纪末，行业已经进入买方市场。自2003年进入调整恢复阶段，竞争趋向理性，投资走向合理化。

（3）**在引进外资和学习国外先进饭店管理经验的推动下，出现了一批具有中国特色，管理水平、服务质量和经济效益都比较先进的饭店**　上海锦江集团、北京凯莱集团、北京建国国际饭店管理公司、海航饭店集团和开元饭店集团等一批民族品牌趋向成熟，已在国内外树立了良好的品牌形象。

（4）**饭店经营呈现多元化格局**　进入21世纪，我国饭店发展呈现集团化趋势，在饭店集团的经营中出现了饭店直接经营、租赁经营、特许经营、管理合同和特种战略联盟等形式，充分发挥了集团饭店在品牌、资金、人力资源和市场开发上的优势，提高了市场竞争力。

（5）**软件建设相对落后**　“硬件硬、软件软”曾经是我国饭店业的真实写照，“重硬件、轻软件”一直是饭店经营者容易犯的通病，服务质量不稳定、软件建设薄弱成为行业发展的主要限制因素之一。近年来，由于饭店用工成本加大、人员流动过于频繁导致饭店培训工作处境尴尬，加剧了行业软件建设的难度。

2. 我国饭店管理的发展趋势

饭店企业将以建立“产权清晰、权责明确、政企分开、管理科学”的现代企业制度为目标，企业运行机制将进一步完善。市场机制将得到加强，管理手段将进一步向科学化、现代化方向发展，智力投资和人才培养将得到进一步加强，集团化经营将进一步发展。

饭店企业主要应该做好以下的管理理论的应用：

（1）**战略化管理**　科学正确的战略构想关系到现代饭店的兴衰存亡；而战略研究的成功与否，取决于对客观事实的实际了解、分析能力和预测技术的发展。因此。从实际出发注重对左右组织或企业成败的长期计划和战略进行研究，必将成为管理中突出的热门课题。

在知识经济时代，随着科技竞争的加剧。饭店企业间竞争日趋激烈，企业外部环境庞大而纷呈多变。管理所涉及的因素日趋复杂。整合多方因素，现代饭店企业的管理战略将发生很大的变化。

（2）**信息化管理** 企业管理者发挥各种职能作用，都要以掌握大量真实、准确、及时的信息为前提。随着新科技革命的兴起与发展，生产技术、社会需求以及市场竞争等日新月异、瞬息万变，伴随着电子商务、虚拟公司等新的营销方式和企业的兴起，企业管理正面临着信息化的挑战，信息管理正成为企业竞争制胜的重要法宝。传统的企业管理不能满足企业经营管理对信息的要求，也不能适应现代的信息处理要求。对现代企业处理信息的要求，首先，必须及时掌握必要和准确丰富的信息，并正确地加工和处理、迅速地传递和分享；其次，强调把信息融入产品和生产服务过程及企业的整个经营与管理过程之中。这样才能保证企业作出迅速而正确的决策。

（3）**人性化管理** 随着企业管理信息化程度的不断提高，企业管理中的物质资本地位相对下降和人力资本地位相对上升必将成为信息技术、知识经济社会条件下管理发展的必然趋势。知识经济发展的主导要素是人才，人对知识的掌握和驾驭以及由此而带来的企业管理创新，使人在经济活动中的地位和作用比以往更加突出和重要。把人看做是一种使企业在激烈的竞争中生存、发展、始终充满生机和活力的特殊资源来最大限度地发掘、科学地管理，已是现代企业管理的一项重大使命。人是管理活动中的决定因素，因此，管理活动中必须体现人本精神；在管理方式上，更加强调柔性法，尊重个人的价值和能力，通过激励人、鼓励人，以情系人，调动人的积极性、主动性和创造性，实现人力资源的优化配置，建立企业的长效发展机制。日本索尼公司董事长盛田昭夫曾说：如果说日本式经营有什么秘诀，那么，“人”是一切秘诀最根本的出发点。“经营之神”松下幸之助也说：松下公司的口号是“企业即人”，且多次宣称“要造松下产品，先造松下人。”

（4）**弹性化管理** 社会管理发展的又一个重要趋势是，对管理的弹性和适应性有较高的要求，管理从固定的组织系统向富有弹性的组织系统发展。20 世纪 80 年代初，日本和美国的一些管理学者对日美几家著名企业的组织机构进行比较后指出，美国企业规模过大，组织机构过于复杂，企业内部各部门之间划分很细，部门间沟通少，管理集权程度高，灵活性差。而日本企业的组织结构相对简单，部门之间的横向联系多，信息传递和反馈机制畅通，且在经营上有很大的灵活性，工作效率高，应变能力和抗风险能力强，即称为富有弹性的组织或柔性组织。现代企业要求有适度的规模经营，组织机构应该趋于灵活而富有弹性，具有较强的环境适应能力。同时，下放经营权和管理权，赋予下属人员更大的自主权。这既有利于发挥下属人员的专长和创造精神，又有利于使企业领导把主要精力集中在高层战略决策问题上。随着信息技术的不断进步，网络经济的不断发展，组织机构必然会越来趋于随意和多样，相应地组织的管理也必将日趋弹性化。

本章小结

本章介绍了饭店管理的基本概念和基本内容，总结了饭店管理的特点。饭店管理包括经营战略管理、市场营销管理、服务质量管理、人力资源管理、财务管理、设施设备管理和安全卫生管理等 7 方面内容，具有系统性、多变性、服务性和前瞻性等属性特征。

计划、组织、指挥、协调、控制、领导和创新职能构成了饭店管理的主要职能。饭店创新是饭店保持经营活力的重要途径，应遵循市场导向、特色性、文化性、参与性和经济性原则等五大基本原则。饭店管理创新涉及理念创新、知识创新、制度创新和产品创新等内容。

国内外饭店管理的主要理论有：以科学管理理论和行为科学理论为框架的传统管理理论和现代管理理论。科学管理理论以泰罗的科学管理理论、法约尔的组织管理理论、韦伯的行政组织理论、厄威克的组织原则和古利克的管理七职能论为主要代表，行为科学理论以人际关系理论、X 理论和 Y 理论、马斯洛需要层次论与赫茨伯格双因素理论为主要代表，系统管理理论、权变理论、战略管理理论、企业文化理论以及学习型组织理论和企业再造理论则体现出现代饭店管理理论的发展历程和演变轨迹。本章同时介绍了我国饭店业管理的现状和未来发展趋势，对从事饭店管理实践具有一定借鉴和宏观指导意义。

思考与练习

1．饭店管理的概念和特点是什么？
2．饭店管理的内容有哪些？
3．饭店管理的主要职能有哪些？
4．现代管理理论有哪些主要学派？它们的主要观点是什么？
5．进入 20 世纪 70、80 年代，管理理论出现哪些全新的发展趋势？
6．案例分析

培训为什么没有跟进

汇川宾馆又调来了一位培训部经理，她叫任惠，这是宾馆开业 5 年来上任的第四位培训部经理了。任惠上岗前，主管培训的副总经理与她做了一次谈话。副总经理：“欢迎加盟，希望你的经验得到很好的发挥，咱们宾馆重视培训，配备的人员都是大学生，我希望你能做得更好。”任惠：“我在饭店做培训已经有 7 年了，积累了一定的经验。我知道您对培训工作重视，那就让我们通力合作吧。”

培训部有三名成员：小周、小刘和小王，这天，任惠办事回来，只看到小王在工作，问小王其他两位呢？小王回答，副总经理叫他们去帮客房部起草文件。

临近中秋节，副总经理让他们帮助餐饮部搞个促销方案。淡季来临，员工培训的机会到来，培训的第二天餐饮部经理就拿着副总经理亲笔签名的假条为几名员工请假了。

一年过去了，总结工作时，副总经理说道，今年虽然客房出租率提高，但是客人投诉也相应增加，说明我们员工的服务意识和技能存在问题，也说明我们的培训工作没有跟上去。

思考：

（1）副总经理在处理培训部工作的过程中，有哪些问题？

（2）面对这种情况，如果你是任惠，你将怎么办？

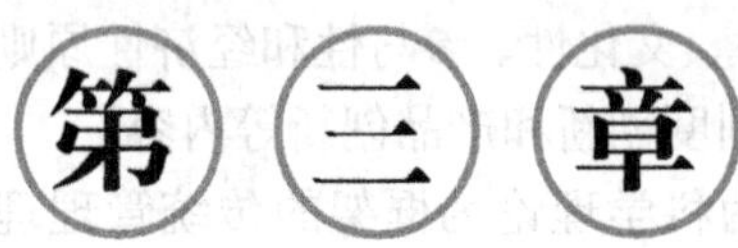

第三章 饭店业务管理

学习目标

1. 熟悉和掌握饭店前厅业务管理;
2. 熟悉和掌握饭店客房业务管理;
3. 熟悉和掌握饭店餐饮业务管理;
4. 熟悉和掌握饭店康乐业务管理。

饭店业务是饭店工作的主要内容，是饭店存在和运行的基础。对饭店业务的管理也就构成了饭店管理的主要内容。本章主要介绍饭店四大核心部门，即前厅部、客房部、餐饮部和康乐部的业务运行与管理。

第一节 饭店前厅管理

前厅部是设在饭店前台，销售客房产品，提供预订、接待和迎接服务，调度饭店业务的一个专业管理部门。前厅部由设在饭店前部的大堂组成。大堂的面积主要根据客房数量来确定，其标准最低为每间客房 0.4～0.6m^2，最高为每间客房 0.8～1.0m^2。

前厅部是饭店内部管理系统的中枢神经，是饭店和顾客之间的桥梁。前厅部是位于饭店门厅处，负责招徕并接待顾客，负责销售饭店的主要产品——客房，连接和协调饭店各部门的对客服务，为顾客提供前厅服务。

一、前厅部的主要任务

1. 积极开展预订业务，尽量推销客房产品

预订既能保证旅客的快步调活动需求，又给予客人一种安全感，也是控制客源的有力措施。前厅部必须根据销售部组织客源的各种信息和自身所掌握的客源信息，通过预订来保证客源，保证饭店各部门的工作秩序和效率。因此，积极开展预订业务，是饭店推销客房商品的重要手段，也是前厅部的中心任务。

2. 联络和协调各部门对顾客的服务，提高客房出租率

前厅部是饭店综合服务的总枢纽，又是协调顾客与外部联系的桥梁，它既要直接为顾客服务，又作为指挥和调度整个饭店业务经营活动的中心。顾客的许多问题和投诉，往往需要前厅部帮助联系和解决。同时，前厅部的服务工作涉及各个部门，它必须协调各个有关部门的工作。这样才能保证顾客满意，争取更多的回头客。

3. 提供有关饭店的服务信息，建立客人资料档案

前厅是顾客接触饭店的第一个地方，也是顾客最后告别饭店的地方，在顾客住店期间，前厅部向顾客提供接送、行李、留言问询、票务代理、邮件、电话总机等有关资料和服务。前厅部还要建立那些饭店直接接待的重要顾客的资料档案，掌握顾客的动向，向有关部门和决策者提供营销建议，这样有利于保证客源、做好接待工作。

4. 提供房间情况报告，管理客账

客房是饭店最基本的设施，也是饭店经济收入的主要来源之一。由于客房这一特殊商品具有价值不可储藏的特点，所以前厅部必须随时提供准确的客房情况报告，只有这样才能充分利用客房的人力、物力资源，避免不必要的损失。前厅部向顾客承诺并提供最终一次性结账业务，前厅部负担着处理客账，办理顾客的离店结账手续的重任。做好前厅的收银工作，既能提高服务质量给顾客带来方便，又能保证饭店经济效益。

二、前厅部的组织结构及机构设置

饭店根据其等级的高低、规模的大小、业务量的多少、主要客源市场等来设置前厅部的机构部门。饭店前厅的组织机构一般应具备预订、接待、问询、收银、行李、商务中心等服务功能，因而饭店前厅部一般会设置以下几个部门。

1. 预订处（Reservation Desk）

预订处是专门负责饭店订房业务的部门，可以说是前厅部的“心脏”，其人员配备由预订主管、领班和订房员组成。前厅预订处的主要职责是受理宾客的订房要求并妥善处理，完成填写订房表、确认预订、保证预订、汇总预订、订房核对、订房资料的传递及存档、订房的预测，并合理安排超额订房、制作客史档案等订房工作。

2. 接待处（Check-in/Reception Desk）

接待处又称“开房处”，通常配备有主管、领班和接待员。接待处的主要职责是规范、热情、礼貌地帮助顾客完成入住登记手续，与顾客保持良好的关系，适时了解顾客需求并及时、准确地反映到相关部门；及时、准确地核对房态，保证任何时间房态的准确性；努力推销饭店客房及其他产品，以获得最好的经济效益；同时能合理、高效、有针对性地为顾客分房。顾客抵达前准备好重要顾客、团体、常客的各种资料并及时分发到相关部门，确保顾客迅速、准确地入住；把顾客叫醒、行李等服务通知电话总机及行李组，接受顾客的换房、续住要求并及时、准确地通知相关部门及更改计算机记录；打印各种报表，分送各相关部门。

3. 问询处（Information Desk）

前厅问询处的主要职责是掌握在本饭店举行的各种大型会议、宴会和其他重要活动情况，以及本饭店各种服务设施的位置、经营特色和营业时间；了解本市交通、商业、旅游、气象、风俗等基本情况，以满足顾客的问询要求；按照服务规程做好留言、查询及宾客物品的转交等工作。目前，独立设置问询处的饭店较少，问询处的主要工作通常由接待组兼管。

4. 礼宾部（Concierge）

前厅礼宾部通常配备有大厅服务主管、领班、门童和行李员等，其主要职责是替顾客开关车门及店门，问候顾客，协助顾客提拿行李；向顾客介绍饭店客房内设施，替顾客联系出租车，保持饭店大门口整洁畅通；代表饭店到机场、车站、码头迎接顾客，为顾客安排去饭店的交通工具；妥善回答顾客的问题并提供恰当的服务，为顾客提供行李寄存和提取服务，为顾客传递传真、留言、信件，为饭店传递表单、报纸等。

5. 电话总机房（Switch Board）

前厅电话总机房一般由总机主管、领班和话务员组成，其主要职责是负责内、外部电话的接转，为顾客提供叫醒服务、开通长途电话、电话留言、电话咨询服务，以及指定部门外线电话的控制、机件设备的维护、机房和话务台的卫生清洁、保证紧急情况下的电话通畅等。

6. 商务中心（Business Center）

前厅商务中心通常由主管、领班和职员组成，其主要职责是为顾客提供复印打字服务、收发传真服务、订票服务、翻译服务、计算机等办公用品和小会议室的出租服务等。

7. 大堂副理（Assistant Manager/Lobby Manager）

大堂副理是饭店管理机构的代表人之一，对外负责处理日常顾客的投诉和协调饭店各部门与客人的关系，对内负责维护饭店正常的秩序及安全，对各部门的工作起监督和配合作用。

8. 前厅收银部（Cashier）

前厅收银部也叫做前台结账部，前厅收银员主要负责办理入住顾客的收款和离店顾客的结账工作，为入住顾客开立账户及外币兑换。

小型和大型饭店前厅部的组织机构设置如图 3-1、图 3-2 所示。

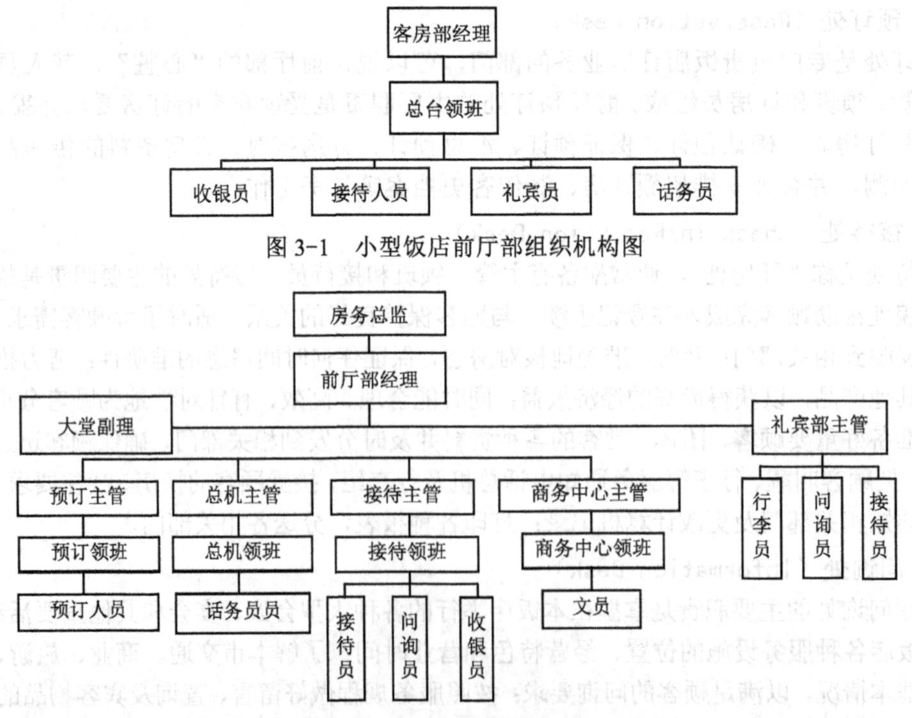

图 3-1 小型饭店前厅部组织机构图

图 3-2 大型饭店前厅部组织机构图

三、饭店前厅业务管理

（一）预订业务管理

1．客房预订的种类与方式

（1）**临时类预订（Advanced Reservation）** 临时类预订一般是指顾客即将抵达饭店前很短时间或在抵达饭店时联系预订，只能予以口头确认。

（2）**确认类预订（Confirmed Reservation）** 确认类预订是指饭店通过书面方式答应为预订的顾客保留房间至某一事先声明的时间，但如到这一时间，顾客仍未抵店，也无任何声明，饭店在用房期间紧张情况下，可取消。

（3）**保证类预订（Guaranteed Reservation）** 保证类预订是指顾客通过预付定金或签订合同等方式来保证自己的订房要求。

（4）**等待类预订（Waiting Reservation）** 等待类预订是指在顾客预订已满的情况下再将一定数量的订量客人列入“等待名单”中，饭店给予优先安排顾客提出订房要求，查看客房预订情况，能够满足便接受订房。

2．客房预订业务的内容及程序

（1）**客房预订业务的内容**

1）负责饭店预订业务，受理并确认各种来源的预订，处理预订的更改取消。

2）密切与接待处联系，提供最新的预订信息，确保预订系统的准确性，完善预订记录和档案程序。

3）前厅部预订业务的谈判及合同签订，制订预订报表，参与制作全年预订表。

4）参与客房预订政策的制定，对预订时常出现的问题进行处理。

（2）**客房预订业务的程序** 客房预订程序可分为5个阶段：

1）通信联系。

2）明确顾客要求。

3）受理预订或委托预订。订房员接受顾客预订时，首先要查阅预订登记表或计算机系统，如有空房，则立即填写“预订单”。预订单通常印有顾客姓名、抵离店日期及时间、房间类型、价格、结算方式以及餐食标准、种类等项内容。

4）确认预订：预订员在接到顾客的预订要求后，要立即将顾客的预订要求与饭店未来时期客房的利用情况进行对照，决定是否能够接受顾客的预订，如果可以接受，就要对顾客的预订加以确认。确认预订（Confirmation）的方式通常有两种，即口头确认（包括电话确认）和书面确认。

5）预订资料核对修改和取消。为了提高预订的准确性和饭店的开房率，并做好接待准备，在顾客到店前（尤其是在旅游旺季），预订人员要通过书信或电话等方式与顾客进行多次核对（Reconfirming，即再确认），问清顾客是否能够如期抵店，住宿人数、时间和要求等是否有变化。

核对工作通常要进行三次，第一次是在顾客预订抵店前一个月进行，具体操作是由预订部文员每天核对下月同一天到店的顾客或订房数；第二次是在顾客到店前一周，第三次是在顾客抵店前一天。

3．客房预订出现的问题及处理

（1）**预订变更或取消** 从顾客的订房要求被饭店确认到顾客抵店前这段时间，仍有可能出现预订变更甚至取消订房情况，如客人在抵达饭店之前因某种原因要求临时改变预订的日期、房间数量和类型以及其他要求等，甚至取消原来的预订，饭店有关人员应作以下工作：

1）预订员接到预订变更或取消预订通知时，要问清顾客或联系人姓名、单位、电话。

2）迅速查看计算机，看是否能够满足顾客的变更要求。

3）填写预订变更通知单或预订取消通知单。

4）从存档资料中找出原来的预订单，注明“变更”或注明“取消”。

5）向相关部门发送“变更”或“取消”通知单。

6）尽量简化手续，用热情而耐心的态度对待顾客，希望今后有机会再为顾客服务。正确处理订房的取消或变更，对于饭店巩固自己的客源市场具有重要意义。在国外，取消订房的顾客中有90%以上还会来预订。

（2）**超额预订的处理方法** 如果出现超额预订的情况，饭店有关人员应作以下工作：

1）诚恳地解释原因并致歉意，请求谅解。

2）立即与其他同级饭店联系请求帮助或向稍高级饭店求援。

3）免费提供交通工具，将顾客送到联系好的饭店。

4）免费提供长途电话或传真，临时保管顾客的有关信息。

（3）**客房预订中的错订或漏订** 由于客房预订处对预订政策的了解不够，或由于预订处与接待处、营销部等部门的沟通不畅，以及预订人员未真正领会宾客的预订要求，或预订人员工作不细致等诸方面原因，可能造成预订工作的错误。因此，饭店应注重对预订人员的培训、督导，加强其责任心，提高业务素质。

（二）接待业务管理

1．顾客抵达饭店前的准备工作

预订部提前一周或数周，将饭店的主要客情（如重点贵宾、大型团队、会议接待，饭店客满等信息）通知各部门。分送客情预报表、接待计划，建议召开总经理主持的协调会等。在顾客抵店前，预订部应将具体接待安排通知有关部门。通知单包括贵宾接待规格呈报表，房价折扣申请表，派车申请单，次日抵店客人名单，贵宾名单，鲜花、水果、礼品申请单等。为了做好顾客入住登记，保证顾客高效率、高质量快速登记，还应做好总台接待前的准备工作，包括以下几个方面：①熟悉情况：了解当天的订房数量，房间状态和顾客的情况等。②预先分配房间：根据确认书中的订房要求，制订客房预订方案。③预订员或开房员还需提前做好顾客的登记表和钥匙信封，并按顾客姓氏字母顺序排列清楚。

2．顾客抵达饭店时的接待服务工作

（1）**顾客迎送服务** 顾客迎送服务工作主要由门童、行李员、饭店代表等负责，一般迎送服务工作可分为店内迎送和店外迎送。

1）店内迎接顾客。店内迎接顾客服务工作主要由门童负责。门童一般由英俊、精神饱满的青年男性担任。门童服务有一定的规程及要求，通常站在大门的一侧或台阶下、车道边，要求门童当顾客到达饭店时，主动热情、面带微笑，为顾客拉开大门。开门时原则上先女宾后男宾，先外宾后内宾，先老人后小孩，先行动不便或残疾顾客；除此之外，门童还应负责大门环境卫生工作和安全工作，回答顾客问询，疏导门前交通。

2）店外迎宾服务。店外迎宾服务主要由饭店代表负责，在机场、车站、码头等地方，向顾客提供高效的迎接和送行服务。

（2）**行李服务** 行李服务由前厅部的行李处负责，行李服务设在位于大堂进门处，很容易让人发现，同时能够使行李员便于观察到顾客抵店、离店的进出情况，便于与总台协调关系。

（3）**入住接待程序** 对于大多数顾客来说，在前台办理入住登记是本人第一次与饭店员工面对面的接触。对饭店前厅部来说，入住登记是对客服务全过程的一个关键阶段，这一阶段的工作效果将直接影响到前厅的销售客房、提供信息、协调对客服务、建立客账与客史档案等各项功能的发挥。办理入住登记手续也是饭店与客人之间建立正式的、合法关系的最根本一步。

（4）**入住登记程序** 顾客到店前准备、填写入住登记表、排房、确认付款方式、发放钥匙及带客上房、制作有关表格。

注意事项：换房、离店日期变更、顾客不愿翔实登记、重房、押金数额不足、成年男女同住、加床、离店带走客房内物品等各种情况。

（5）**问询留言服务** 问询留言服务是为了让饭店成为顾客的“家外之家”，使顾客感到方便，随时提供客人所关心的问题，渴望得到帮助而设置的服务，问询服务包括查询信息和留言服务问询员可以通过计算机和各种资料查询，回答顾客提出的各种问题，如顾客是否在本饭店、饭店活动查询、店外情况查询等；顾客留言服务一般分为两类，即访问留言和住宿留言。

（6）**结账服务** 由总台收银处负责，其主要包括客账管理、外币兑换、贵重物品保管等内容。

（7）**电话总机服务** 它包括转接电话及留言服务、查询服务、“免电话打扰（DND）”服务、长话服务、叫醒服务。

（8）**商务中心服务** 包括打字、复印、传真、会议服务、翻译、票务、互联网服务、委托代办（接车、接机、传呼找人、转交物品、订出租车、订票、旅游、代订客房、订餐服务、雨具提供及保管服务）、办公设备出租等内容。

（9）**商务楼层管理服务** 高档饭店一般设有商务楼层，也叫做行政楼层，专门接待商务顾客等高消费客人，为顾客提供优质服务，称为“饭店中的豪华饭店”。

3．售后服务管理

前厅部对离开饭店的顾客应进行结账及行李护送等服务工作，顾客离开饭店并不是前厅部对客服务工作的终止，对长期固定的客源，应建立客史档案，以便对顾客进行跟踪调查，及时了解到在对客服务中存在的不足，以及对出现的问题进行后补处理。

（1）**客史档案** 客史档案的建立是饭店对客服务中对顾客的分类情况、消费行为、信用状况、癖好和期望等做历史记录。

（2）**客史档案类型和内容** 客史档案类型包括个人档案和团队档案。其内容主要有顾客的个人情况、消费情况、入住时间、特殊信息、投诉资料、宴会客史、团队客史等。它是通过总台服务、大堂经理、客房、餐饮、娱乐等服务部门和其他渠道来建立的客史档案资料，以档案卡或计算机存储的形式来建立。

四、前厅部主要管理岗位职责

前厅部的管理工作要靠高素质的管理者去完成。前厅部的管理者主要包括前厅经理、大堂副理及前厅主管和领班。他们在工作中各自扮演着不同的角色，担任着不同的岗位职责。

1. 前厅部经理

前厅部经理是饭店的中层管理者，而中层管理者在饭店中处于至关重要的地位。一家饭店能持续发展，实现理想的业绩，关键在于饭店中是否拥有一批具有市场意识、竞争意识和责任意识的精干高效的中层管理者。

前厅部经理是前厅运转的指挥者，全面负责前厅部的经营管理工作，其主要职责为：

1）听从饭店总经理或客务总监的指挥，贯彻执行他们所下达的指令，提供有关信息，协助领导决策。

2）根据饭店的经理管理目标，编制本部门的经营管理工作计划，并组织、监督下属员工切实完成。

3）主持制定本部门的管理规章制度、工作流程、服务质量标准和安全保障措施，并监督下属员工认真贯彻执行。

4）参加饭店部门经理例会，主持部门部务会议，认真贯彻执行总经理的指示，及时沟通上下级信息。

5）每天审阅有关报表，掌握客房的预订、销售情况，并直接参与预订管理及客源预测等项工作，使客房销售达到最佳状态。

6）经常巡视检查总台及各服务岗位，确保各部位高效运行、规范服务，保证大堂卫生与秩序处于良好状态。

7）督导下属员工（特别是主管和领班）的工作，负责前厅部员工的挑选、培训、评估、调动及提升等事宜。

8）协调、联络其他部门，进行良好的沟通，保证前厅部各项工作的顺利进行。

9）掌握每天顾客的抵离数量及类别，负责迎送重要顾客（VIP）并安排其住宿。亲自指挥大型活动，重要团队与客人的接待工作。

10）批阅大堂副理处理投诉的记录和工作建议，亲自处理重要顾客的投诉和疑难问题。

11）与饭店销售部门合作，保持与客源单位的经常性联系。

12）负责本部门的安全、消防工作。

2. 大堂副理

大堂副理，也称大堂值班经理。其工作岗位设在前厅，直属前厅部经理领导。在不设客务关系部的饭店，大堂副理负责协调饭店对客服务、维护饭店应有的水准，代表总经理全权处理顾客投诉、顾客生命安全及财产安全等复杂事项。

大堂副理的主要职责是：

1）协助前厅部经理，对与大堂有关的各项事宜进行管理，并协调与大堂有关的各部门工作。

2）代表总经理接待团队和VIP顾客等顾客，筹办重要活动、重要会议。

3）接受顾客投诉，与相关部门合作沟通解决，并尽可能地采取措施，保证使顾客投诉逐渐减少。

4）负责维护前厅的环境卫生、秩序，确保前厅整洁、卫生、美观、舒适，并始终保持前厅对客服务的良好状态。

5）每天有计划地联系VIP客人，沟通感情、征求意见，掌握服务动态、保证服务。

6）代表饭店维护、照顾住店顾客利益，在顾客利益受到损害时，与有关部门及店外有关单位联系，解决问题。

7）处理各种突发事件。如停电、火警、财产遗失、偷盗或损坏、客人逃账、伤病等。

8）定期向前厅部经理和饭店总经理提供工作报告。

3．前厅部主管（领班）

在饭店中，主管和领班是人数较多的第一线管理人员。他们处于工作第一线，直接指挥员工的操作，因而，又称为操作管理层。前厅部各班组的主管或领班，直接指挥、督促、控制并参与前厅服务和客房销售工作，是前厅部正常运转，保证服务质量的直接责任者。

（1）**前台接待主管的岗位职责**

1）向前厅部经理负责，对接待处进行管理。

2）制订接待处年度工作计划，报有关部门审批。

3）协助制订接待处的岗位责任制、操作规程和其他各项规章制度，并监督执行。

4）阅读有关报表，了解当日房态，当日预订情况、VIP客户情况等事宜，亲自参与VIP客户等重大活动的排房和接待工作。

5）做好下属的思想工作，帮助下属员工解决工作与生活中的难题，调动员工的工作积极性。

6）协调与销售客房和接待工作相关的班组和部门之间的关系。

7）对下属员工进行有效的培训和考核，提高其业务水平和素质。

（2）**礼宾主管的岗位职责**

1）向前厅部经理负责，对礼宾部进行管理。

2）制订礼宾部年度工作计划，报有关部门审批。

3）协助制订礼宾部的岗位责任制、操作规程和其他各项规章制度，并监督执行。

4）阅读有关报表，了解当日离店的顾客数量、旅行团数、VIP客户、接送机情况，亲自参与VIP客户等重大活动的迎送及相关工作。

5）做好下属员工的思想工作，调动员工的工作积极性。

6）对下属员工进行有效的培训和考核，提高其业务水平和素质。

第二节 饭店客房管理

客房部又称为房务部、房口部、管家部，是专门负责顾客住宿服务、客房卫生、安全服务、物品管理的一个专业管理部门。客房部一般由楼层客房、公共卫生、客房服务中心、洗衣房或布巾室等部门组成，是现代饭店的一个重要业务管理部门。

每个饭店通常都会有各式客房，以满足顾客对客房的选择要求，保证客房的出租率，提高客房的销售收入。

一、客房部的地位和作用

饭店是以夜为时间单位向顾客提供配有餐饮及其他相关服务的住宿设施。客房是饭店的核心产品，是饭店的主要组成部门，在饭店中占有重要地位。

1．客房是饭店存在的基础

饭店是向顾客提供生活需要的综合服务设施，它必须能向顾客提供住宿服务，而要住宿必须有客房，从这个意义上来说，有客房便能成为饭店，所以说客房是饭店存在的基础。

2．客房是饭店组成的主体

按客房和餐位的一般比例，在饭店建筑面积中，客房占70%～80%；饭店的固定资产，也绝大部分在客房；饭店经营活动所必需的各种设备和物料用品，也大部分在客房，所以说客房是饭店的主要组成部分。

3．客房收入是饭店经济收入的主要来源

饭店的经济收入主要来源于三部分——客房收入、餐饮收入和综合服务设施收入。其中，客房收入是饭店收入的主要来源，客房收入一般占饭店总收入的50%左右。从利润来分析，因客房经营成本比饮食部、商场部等都小，所以其利润是饭店利润的主要来源。

4．客房服务质量是饭店服务质量的重要标志

客房是顾客在饭店中逗留时间最长的地方，顾客对客房更有“家”的感觉。因此，客房的卫生是否清洁，服务人员的服务态度是否热情、周到，服务项目是否周全、丰富等，对顾客有着直接影响，是顾客衡量“价”与“值”是否相符的主要依据，所以客房服务质量是衡量整个饭店服务质量，维护饭店声誉的重要标志，也是饭店等级水平的重要标志。

5．客房是带动饭店一切经济活动的枢纽

饭店作为一种现代化食宿购物场所，只有在客房入住率高的情况下，饭店的一切设施才能发挥作用，饭店的一切组织机构才能运转，才能带动整个饭店的经营管理。顾客住进客房，要到前台办理入住手续、交房租；要到饮食部用餐、宴请；要到商务中心进行商务活动，还要健身、购物、娱乐，因而客房服务带动了饭店的各种综合服务设施。

二、客房部的工作任务

1．生产客房商品，满足客人需要

客房是饭店出售的最重要的商品。完整的客房商品包含房间、设备设施、用品和客房综合服务。客房属高级消费品，因此，布置要高雅、美观，设施设备要完备、舒适、耐用，日用品方便安全，服务项目全面周到，顾客财务和人身安全有保障。总之要为顾客提供清洁、美观、舒适、安全的暂住空间。

2．为饭店创造清洁优雅的环境

客房部负责饭店所有客房及公共区域的清洁卫生工作，清洁卫生是保证客房服务质量和体现客房价值的重要组成部分。饭店的良好气氛，舒适、美观、清洁、优雅的住宿环境，都要靠客房服务员的辛勤劳动来实现。

3．为各部门提供洁净美观的棉织品

客房部设有布件房和洗衣房，负责整个饭店各部门的布件（如窗帘、沙发套等）和员工制服的选购、洗涤、保管发放、缝补熨烫等，为全饭店的对客服务提供保障。

4．维护和保养客房及设备

客房部还担负着维护和保养客房和公共区域设施设备的任务，使之完好无损，正常运转，并和工程部密切合作，保持设施设备的有效运行，提高使用效率。

三、客房部的组织机构

1．客房部的岗位设置

客房部的组织结构模式因饭店的性质、规模、管理和机制不同而各不相同。客房部分工复杂，人员繁多，建立科学、合理的组织机构是客房部顺利开展各项服务工作、提高管理效率的保证。下面以大中型饭店客房部组织机构设置为例说明：

（1）**经理办公室**　客房部设经理、经理助理各一名，另有秘书一名，早晚两班工作人员若干名。主要负责客房部的日常性事务及与其他部门联络、协调等事宜。

（2）**客房楼层服务组**　设主管一名，早、中、晚班领班若干名，负责所有住客楼层的客房、楼道、电梯口的清洁卫生和接待服务工作。大型饭店往往分设卫生班、台班和服务班。

（3）**公共区域服务组**　设主管一名，早、中、晚班领班各一名，负责饭店除厨房外的所有公共区域的清洁卫生。

（4）**布件房**　布件房设主管、领班各一名，另有缝补工、布件及制服服务员若干名。主要负责饭店的布件和员工制服的收发、送洗、缝补和保管。

（5）**客房服务中心**　设主管一名，值班员若干名。下设早、中、晚三个班次。其主要负责处理客房部信息，包括向顾客提供服务信息和内部工作信息的传递调度；调度调节对客服务；控制员工出勤；管理工作钥匙；处理顾客失物和遗留物品。

（6）**洗衣房**　通常设主管一名，早、中领班若干名，下设客衣组、湿洗组、干洗组、熨衣组。洗衣房主要负责洗涤客衣和饭店所有布件与员工制服。

2．客房部的组织机构

大中型饭店客房组织机构图如图 3-3 所示。

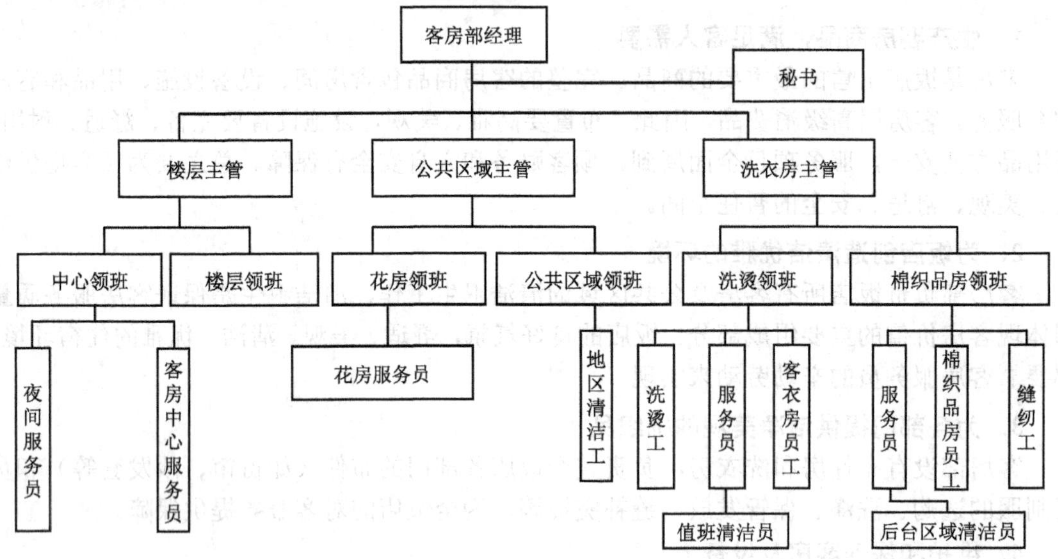

图 3-3 大中型饭店客房组织机构图

四、客房部主要管理岗位职责

客房部管理者包括客房部经理和各部门的主管、领班。在饭店，作为中层管理者，客房部经理是饭店的中坚之一；在部门，客房部经理是最高指挥者，全面负责客房部的各项工作。在客房部经理领导下的各部主管和领班，工作在对客服务的第一线，直接指挥、督导和控制并参与客房服务的各项工作，是客房部正常运转、保证服务质量的直接责任者。

1．客房部经理

客房部经理全权负责客房部的运行与管理，负责计划、组织、指挥、协调和控制所有房务事宜，督导下属管理人员的日常工作，确保为住店客人提供热情、周到、舒适、方便、卫生、快捷、安全的客房服务。其主要职责包括：

1）全面主持客房部工作，对总经理或房务总监负责。

2）根据饭店的经营管理目标，编制本部门的经营管理工作计划，并组织、监督下属员工切实完成。

3）主持制定本部门的管理规章制度、工作流程、服务质量标准、安全保障措施，并督导下属员工认真贯彻执行。

4）维护客房部正常工作秩序，控制卫生质量和服务质量，保证设施设备完好无损。

5）制定房务预算，控制支出，降低客房成本，提高获利水平。

6）参加饭店部门经理例会，主持部门部务会议，认真贯彻执行总经理的指示，及时沟通上下级信息。

7）负责建立合理的客房劳动组织，制订劳动定额和定员。

8）计划并安排客房部主管、领班及员工的培训，发现并培养优秀员工，选拔管理人才。

9）制订部门绩效管理考核机制，对部门主管、领班工作进行考核，激励员工的工作积极性，不断提高管理效能。

10）巡视客房部管辖范围，检查卫生、绿化、服务质量和设施设备的运行情况，及时发现问题并改进。

11）提出客房更新改造计划和陈设布置方案，确定客房物品、劳动用品、用具的配备选购，提出采购方案。

12）加强与饭店各部门的协调，建立部门之间良好的沟通和合作关系，保证客房部工作顺利开展。

13）建立良好的客户关系，广泛听取和搜集顾客意见、处理顾客投诉及意外事件。

14）参与重要接待任务，检查 VIP 房间的卫生、备品和设备情况。

15）与安保部密切配合，做好安全教育，消除安全隐患，确保客房与顾客的人身财产安全。

2．楼层主管

1）根据饭店及部门的工作程序和制度，管理督导整个客房楼层的日常工作。

2）安排员工班次及休假，做好员工请假记录，并根据接待任务安排和调动人员。

3）监督评估楼层领班、员工的工作表现，公正、合理地处理员工之间的人际关系。

4）协助客房部经理计划并安排有关员工服务意识、业务操作技能、程序及饭店规章制度方面的培训。

5）坚持在第一服务现场进行督导和管理，每日抽查房间不少于总房间数的 20%，做好记录、发现问题及时进行指导和纠正，确保客房的清洁和物品摆放符合标准及设备运转正常。

6）协助经理处理顾客投诉，定期拜访顾客，做好物品遗失或损坏的记录。

7）与其他相关岗位进行必要的沟通，尤其是保持与前厅部和工程部的联络、沟通，保证客房的正常出租。

8）严格控制成本费用，负责楼层内服务设备和清洁用品的正确使用，指导和督促员工按操作标准使用各类设施设备。做到各类物料的领用手续完备，无责任事故发生。

9）严格控制房间及其他房门的钥匙，按时做好更换工作。

10）出席饭店和部门的有关会议，并做好记录，主持楼层班前例会。

3．公共区域主管

1）对客房部经理负责，执行其工作指令，负责饭店内公共区域的清洁卫生管理。

2）严格控制成本费用，负责饭店清洁设备和清洁用品的正确使用，指导和督促员工按操作标准使用设施设备，做到各类物料的领用手续完备。

3）坚持在第一服务现场进行督导和管理，每日抽查公共区域的清洁卫生状况，发现问题及时进行指导和纠正。

4）落实部门安全管理制度，确保楼层内客人和饭店财产的安全。

5）做好与其他楼层的协调管理工作。

6）了解员工思想状况，关心员工生活和工作，对违纪员工有处理权和建议权。

4．洗衣房主管

1）负责安排好洗熨员工的工作，协调好各工种之间的关系。

2）负责洗熨质量检查工作，认真办理交接手续。

3）定期向客房部经理报告洗涤用品的耗用量，按时做好各类用品报表，负责领取各类工作用品。

4）督促员工保质、保量、按时完成洗熨工作。

5）每天下班前，认真检查洗熨设施设备的使用和工作场所的安全与卫生情况。

6）督导洗熨员工严格遵守饭店与部门的各项规章制度。

7）了解员工思想状况，关心员工的生活和工作。

五、客房部的管理特点

1．随机性

客房部所涉及的工作内容繁多，工作空间广泛，在对客服务过程中具有很大的不可控性。在这种情况下，为了保证服务质量，客房管理除了按照传统的管理模式外，还需有自己的管理特色，即管理的随机性。但在管理过程中，管理的随机性应该避免突击抽查的形式以免造成员工的抵触情绪。

2．复杂性

客房部的工作范围广，涉及内容复杂，除了要保持客房的清洁安全外，还要对整个饭店的环境卫生、装饰绿化、设备保养、布件制服的洗涤保管及式样设计负责。客房部拥有的员工数量、管理的物质设备，开支的成本费也比饭店其他部门高，因此管理起来也相当复杂。另外客房的服务对象是来自世界各地的千差万别的顾客，要使他们在住店的简短的时间内保持满意，困难相当大，因此，客房管理是一件相当复杂的事情。

3．不易控制性

客房部管辖的人、财、物及工作岗位之多在饭店是位居首位的。首先，大多数工作人员的工作环境具有相对的独立性，不利于管理人员的督察；其次，客房物资用品皆为日常生活用品，如果管理不善，极易流失。所以客房部加强对员工素质和自我管理的培训尤为重要。

第三节　饭店餐饮管理

餐饮部作为现代饭店的一个重要部门，不仅要满足顾客对顾客产品和服务的要求，为饭店创造良好的经济效益，同时也是饭店对外形象的一个窗口和社交场所；餐饮产品作为饮食文化的载体之一，成为所在城市和区域旅游资源的重要组成部分。饭店餐饮部是一个服务部门，是饭店生产和销售饮食产品，为顾客提供相应服务的部门。

一、餐饮部在饭店中的地位

1. 餐饮部是饭店满足顾客基本生活需求的主要服务部门

饭店作为旅游者离家以后的“家”，其餐饮场所是他们主要的膳食消费地点。现代饭店的餐饮部不仅拥有众多的餐厅、宴会厅，还有酒吧、音乐茶座、KTV包房、房内用餐服务等餐饮设施与服务项目，这些都为饭店所在地的各行各业、各种阶层、各种消费层次的人们提供了良好的餐饮消费环境。因此，拥有一个完善的、与饭店经营定位和顾客消费要求相适应的餐饮部，是搞好饭店经营的基本要求。

2. 餐饮收入是饭店收入的重要组成部分

餐饮部是饭店获得经济收益的重要部门之一。餐饮部的收入在饭店总收入中所占的比重因地、因饭店状况而异，受到饭店本身主、客观条件的影响，如饭店的经营思想、经营传统、饭店的位置、内部的设计、档次等。就目前国内星级饭店而言，餐饮部的营业收入约占整个饭店营业收入的38%～40%，少数地区的饭店，餐饮收入已大大超过饭店的客房收入，占整个饭店营业收入的1/2以上。

3. 餐饮部的管理和服务水平直接影响饭店声誉

餐饮服务水平的高低是种表象，是顾客能够直接感受和体会到的，而决定服务水平高低的因素则是餐饮管理水平的高低，服务水平的高低是管理水平的最终表现。饭店餐厅的服务人员与顾客直接接触，其言行举止会在顾客心目中留下深刻的印象。顾客可以根据餐饮部为他们提供的食品、饮料的种类、质量和分量，服务态度及方式来判断一个饭店服务质量的优劣和管理水平的高低。所以，餐饮管理与服务水平的好坏直接关系到饭店的声誉和形象。

4. 餐饮部的经营活动是饭店营销活动的重要组成部分

在日趋激烈的饭店市场竞争中，餐饮部占有极其重要的地位，一直充当饭店营销的先锋。相对于饭店的其他营业部门来说，餐饮部在竞争中更具有灵活性、多变性和可塑性。现代饭店如果是同星级的，其客房设施标准相对比较接近，而餐饮和其他服务设施常被顾客作为挑选饭店的重要因素。因此，饭店餐饮部可以根据自身的优势和环境的状况，举办各种食品节等餐饮推广、义卖活动等，树立饭店的市场形象，增加饭店的餐饮收入。

5. 餐饮部是平衡饭店经营中季节性差异的重要手段之一

旅游饭店在经营中，往往带有一定的季节性特点，旅游旺季，饭店超负荷运转，而在淡季，设施设备、人员等闲置较多，而餐饮的季节性变化没有这样明显。

二、餐饮部的任务

饭店餐饮部主要承担着向国内外顾客提供优质菜肴、饮料、点心和优良服务的重任，并通过满足用餐者的各种需求，为饭店创造更多的营业收入。

1. 提供满足顾客需要的优质食品和饮料

这是餐饮部的最基本的任务，也是首要任务。餐饮部是饭店唯一生产实物产品的部门。

各种档次、各种风格的饭店，依据自己的市场定位和经营策略，组织餐饮部提供满足顾客所需的优质产品。

2．向顾客提供满足需要的、恰到好处的服务

餐饮部是饭店唯一生产、提供实物产品的部门，但这些实物产品价值的实现还取决于饭店餐饮服务人员向就餐者提供令人满意的服务。在用餐过程中，顾客更多注意的是烹饪技艺、服务态度与技巧、用餐的环境与气氛等无形产品。就餐者在购买餐饮产品的同时，更期望得到与有形产品同时销售的服务，并期望获得方便、周到、舒适、友好、愉快等精神方面的享受。这种服务和精神享受必须是恰如其分和恰到好处的，唯有如此，服务才是有效的。优质的服务必须是恰到好处的服务，必须是及时根据顾客的需求来提供服务。所谓及时服务是要掌握好服务的时间，如顾客到达后何时点菜。同时要根据不同的服务对象，提供针对性的服务。

3．扩大营业收入提高创利水平

增加餐饮收入与餐饮利润是饭店餐饮部的主要目标。餐饮部应依据饭店所在地的市场变化情况以及饭店本身的状况，设定经营范围、服务项目和产品品种。充分利用各种节日、会议、重大活动等进行推销。通过举办各种食品节、推广新颖的餐饮产品和用餐方式等，加强食品饮料的销售；也可以采用扩大用餐场所，增加餐饮接待能力，用外卖、上门服务等方法扩大餐饮服务的外延，来提高餐饮销售量，以达到增加餐饮收入的目标。

4．为饭店树立良好的社会形象

餐饮部与顾客的接触面广、量大，且又是直接接触，面对面服务时间长，从而给顾客留下的印象最深，并直接影响顾客对整个饭店的评价。从餐饮角度为饭店树立良好的社会形象，必须加强餐饮部自身形象建设。形象建设主要通过硬件和软件建设两个方面体现出来。就硬件建设而言，首先应从餐饮设施的功能着手，确定各类餐厅、宴会厅、酒吧及餐饮与娱乐相结合的设施是否齐全；其次要看这些设施的档次高低、先进与否；再次是看这些硬件设施的风格与整个饭店的经营目标是否一致。餐饮部的软件质量主要体现在管理水平、服务质量和员工素质等方面。

三、餐饮部的组织机构

餐饮部组织结构的具体形式主要受饭店规模、接待能力、餐厅类型等因素的影响。

大型饭店，有 5～8 个以上餐厅，多的可达十几个、几十个餐厅，中西餐、宴会、酒吧、客房送餐等各类餐厅齐全。厨房与各种类型的餐厅配套，内部分工十分精细，组织结构专业化程度高。在餐厅管理的具体组织形式上又分为两种：一种与中型饭店基本类似，每个餐厅都设与之配套的厨房，各个厨房分别负责自己食品的原材料加工；另一种是厨房实行专业化管理。全店设立中心厨房，各个餐厅设立卫星厨房。中心厨房统一为各卫星厨房加工食品原材料，按量装袋，供各卫星厨房使用，各卫星厨房主要负责菜点的炉灶烹制。只有需要现场加工的特殊产品才在卫星厨房现场加工烹制，由此形成专业化组织结构模式，具体形式可参见大型饭店餐饮部组织结构图如图 3-4 所示。

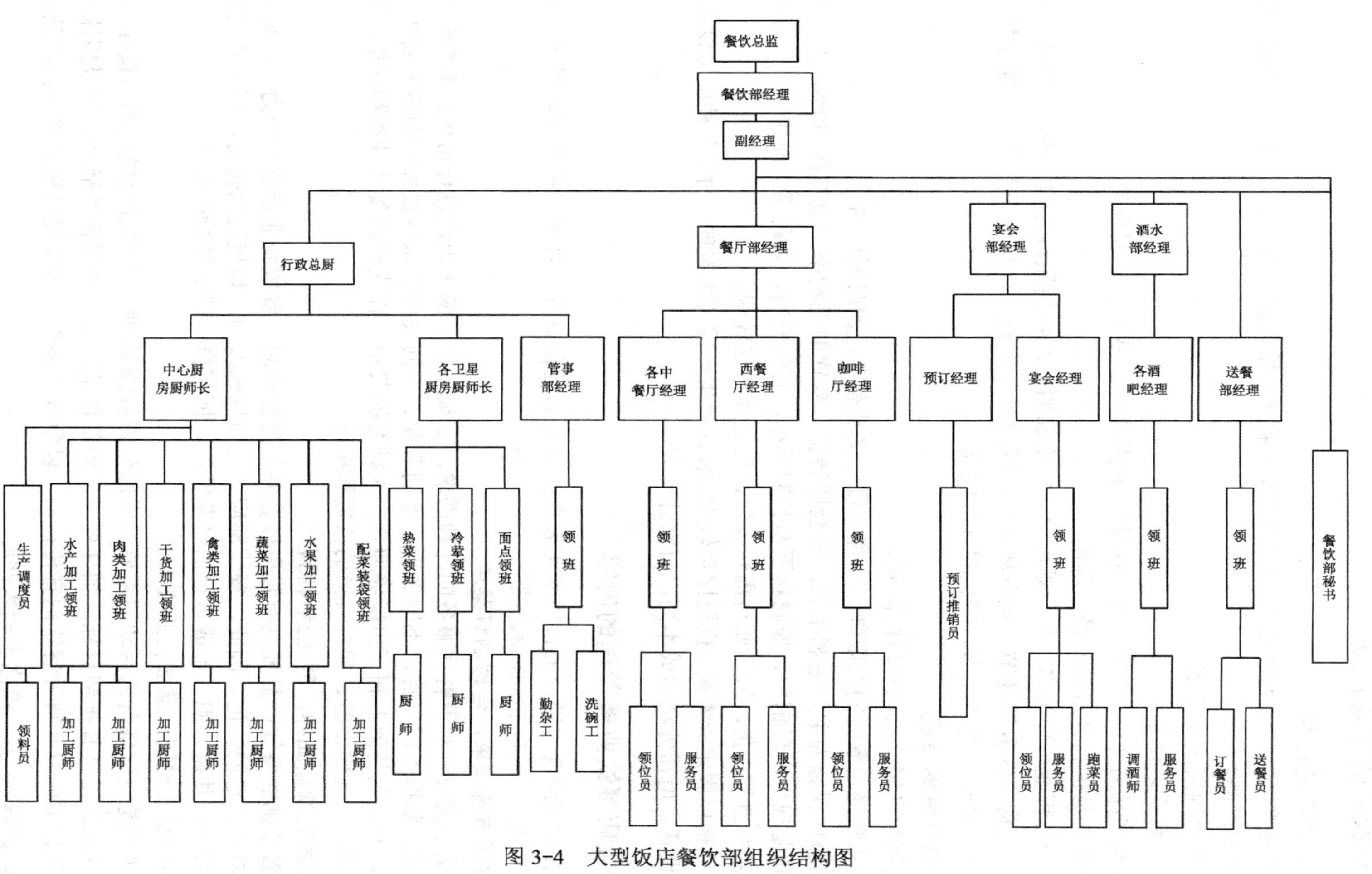

图 3-4　大型饭店餐饮部组织结构图

四、餐饮部的经营特点

1. 餐饮生产的特点

1）餐饮生产属于个别订制生产。餐厅销售的菜肴是顾客进入餐厅后，由顾客个别订菜，然后将其制成产品。

2）生产过程所用时间短。

3）生产量难以预测。

4）餐饮产品易变质、腐烂。食品原料一般易腐烂、变质，不易保存。

5）餐饮产品的口味难以有统一标准。

6）生产过程业务环节多，管理难度大。餐饮部的生产包括原料采购、验收、储存、发放、生产、销售和服务等环节，业务环节多，管理难度也较大，任何一个环节出现差错，都会影响产品质量，提高成本，降低餐厅的收益。

2. 餐饮销售的特点

1）销售量受餐饮活动场所的限制。

2）销售量受用餐时间的限制。顾客一日三餐是有一定的时间性的。

3）销售以现金为主，毛利率高，资金周转快。餐饮的毛利率一般都在 50%以上，而且其产品都是现生产现销售，原材料不易长期保存，有的原料，如蔬菜、面包、牛奶、鲜活鱼虾等需要当天进货，所以原料周转较快，资金周转也较快。

4）餐饮部门固定成本高，投资比重较大。餐饮业生产需要大量的硬件，各种厨房设备，各种储存设备，所需劳动力成本高，日常开支大。

五、饭店餐饮业务管理的内容

饭店餐饮部经营与管理的目的是实施企业制订的经营方针和计划，满足顾客对于餐饮服务的各种需求，获取利润，激发职工工作兴趣。

1. 掌握市场需求，合理制订菜单

要满足不同顾客对于餐饮服务的各种需求，必须首先了解本饭店目标市场的消费特点和餐饮要求，掌握不同年龄、不同性别、不同职业、不同民族和宗教信仰的顾客的餐饮习惯和需求，并在此基础上制订出能够迎合广大顾客的菜单，作为确定餐厅种类和规格、餐饮内容和特色、选购设备、配备人员的依据和指南。

2. 开发餐饮新品种，创造经营特色

饭店餐饮部的餐饮产品要具有吸引顾客并与其他饭店、餐饮企业竞争的能力，最重要的是必须具有自己的特色。因此，餐饮部应该努力挖掘潜力，积极继承传统，研究开发新品种、新项目，独树一帜，形成自己的经营特色，拥有自己鲜明独特的形象。

3. 加强餐饮推销，增加营业收入

餐饮推销是餐饮部营销活动的重要组成部分。餐饮部经理应在企业营销计划的指导下，研究顾客的需求，选择推销目标，制订外部和内部推销计划，开展促销活动，积极招徕各种宴会，抓好节假日和特种餐饮的宣传推销，以争取更多的顾客和提高顾客平均消费额。

4. 合理组织人力，提高劳动生产率

餐饮部应作好营销量预测，并据此制订厨房生产计划和餐厅接待计划，根据劳动定额

指标合理组织人力和安排职工工作时间，在保证食品质量和服务质量的前提下，最经济地使用人力，以降低人工费用，提高盈利。

5．保持并不断提高食品质量和服务质量

能否保持并不断提高食品质量是餐饮部经营管理成败的关键之一。因此，餐饮管理部门可以考虑以岗位责任制为中心，建立相应的规章制度，制定各岗位的操作规程和质量标准，严格检查制度。仓库应抓好采购、验收、储藏、发放过程中的原料质量检查，以保证原料符合食品加工烹调的要求；厨房应抓好原料粗加工、细加工和烹调的质量技术，督促厨师严格按照菜谱要求操作，并努力改进加工烹调技术，不断提高食品质量；餐厅服务应坚持按照服务规程进行，不断改善服务细节，提高餐饮产品的质量。

6．控制餐饮成本，增加盈利

餐饮成本控制是降低食品成本，增加企业盈利的必要措施，是餐饮管理的重要内容。成本控制涉及一系列的业务环节，因此，餐饮部门的管理者应根据制订的标准成本率确定合理的食品销售价格；控制食品原料采购价格；加强原料验收、储藏、发放管理以避免和降低原料损耗浪费；抓好原料粗加工关，控制原料加工损耗率；厨房要严格按照标准菜谱要求操作，并作好成本核算和成本分析，以在保证食品质量、数量符合标准的前提下，尽量减少损耗、降低成本，使企业增加盈利。

7．确保食品卫生和饮食安全

餐饮卫生安全质量是餐饮服务质量的重要指标。餐饮部的餐饮设施是为广大宾客服务的公共场所，负有相当大的社会责任，因而餐饮卫生和安全是否符合标准直接影响到饭店的声誉和经济利益。因此，必须加强食品卫生和饮食安全管理，强化预防措施，确保食品卫生、环境卫生和职工个人卫生都符合标准要求，以杜绝食品污染、食物中毒等事故发生。

8．组织员工培训，提高职业素养和技术水平

餐饮部门应根据本部门的具体情况，制订员工发展计划和培训计划，配合人事部门对员工进行思想品德、职业道德和科学文化的教育，并开展有针对性的技术培训，以不断提高员工的职业素养和业务水平，形成稳定的、训练有素的员工队伍。事实上，加强对员工的培训是饭店克服服务质量水平不稳定，保持和不断提高服务质量水平的唯一有效途径。

第四节　饭店康乐管理

康乐部是为住店顾客提供娱乐、体育、健身、声像、文艺、美容等活动场所的部门；是饭店增加功能，方便顾客，满足顾客多种消费需求，吸引顾客，提高饭店声誉和营业收入的一个重要部门。因此康乐部是现代饭店不可缺少的一个重要组成部分。饭店给顾客提供活动的项目有：音乐厅、音乐茶座、卡拉OK歌舞厅、家庭影院、电子游戏室、保龄球室、台球室、网球场、高尔夫球练习场、游泳池、机械健身室、桑拿浴、芬兰浴、美容、美发、化妆等。

一、康乐部的地位与作用

1．康乐部的地位

按照中华人民共和国《旅游饭店星级的划分及评定》GB/T14308—2010标准规定，三星级及三星级以上的饭店应具备会议康乐设施设备，并提供相应服务。

目前我国大多涉外大饭店都设立了康乐中心或成立了康乐部。如上海的希尔顿饭店、新锦江饭店、喜来登饭店、华亭宾馆，北京的长城饭店、丽都假日饭店，广州的白天鹅宾馆、中国大饭店等四星、五星级宾馆、饭店都具有较完备的康乐设施，其他一些涉外饭店也不同程度地有自己的康乐设施。为顾客增加了服务项目，也增加了饭店收入。有些饭店的康乐部可以每年为饭店带来上千万元的收入，其利润率甚至可高达60%。

按照旅游饭店星级评定标准来看，康乐是涉外饭店不可缺少的先决条件，不具备较好、较完备的康乐设施的旅游饭店，无论在其他方面如何优越都不是较完善的涉外饭店，或不予评定等级。由此可见，康乐部是涉外饭店不可缺少的一个部门。

2. 康乐部的作用

由于现代意识日益被人们所接受，无论是旅游者和旅游饭店对康乐的意义都有了深刻的认识，因此，它的重要作用也日益显示出来。

（1）**康乐设施是很多顾客选择饭店的重要考虑因素** 不少旅游者常常就是选择某饭店的康乐设施，或对某一次活动感兴趣而投宿的。康乐设施的完善与否，康乐器械的现代化程度和先进性，都会吸引着众多的顾客，越来越受到旅游者和公众的青睐。因此，康乐设施是影响顾客选择饭店的重要因素之一。

（2）**康乐收入是饭店收入的组成部分** 据不完全统计，旅游饭店所在地区有70%的年轻人喜欢到这些饭店的康乐中心去玩乐。而对于那些住宿的顾客来说，康乐也是必不可少的活动之一。不少旅游者在旅游的日程中，不管严寒酷暑总是把参加饭店的康乐活动列入自己的日程安排，这是一种新的生活观念，体现了顾客对康乐项目的强烈欲望，这无疑促进了饭店效益的提高。

（3）**康乐设施是饭店竞争市场的重要手段** 康乐部的设置已不单是为评星级而设的，康乐在整个旅游饭店中的作用越来越显示出来了。在饭店业日趋激烈的市场竞争中，康乐设施是否完善，已成为饭店竞争力强弱的重要标志。

二、康乐部的组织机构

康乐部作为饭店的一个部门，职务的设置与其他各部门一样，实行经理负责制的垂直领导的管理体制，并各自向上级领导负责。大型饭店康乐部组织结构图如图3-5所示。

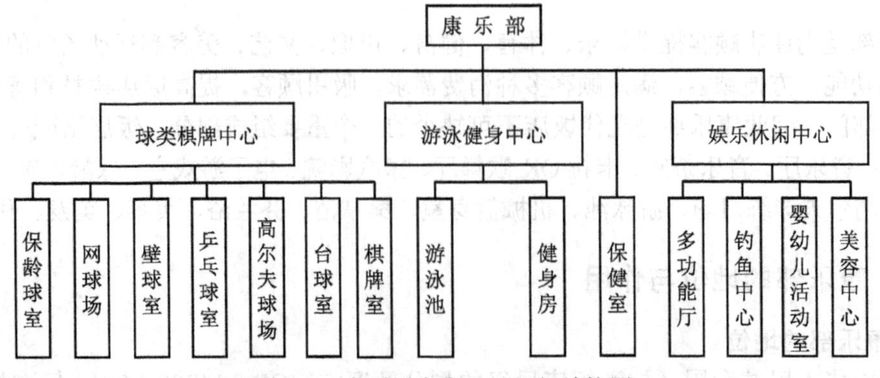

图3-5 大型饭店康乐部组织结构图

三、康乐部的基本任务

1. 满足客人体育锻炼

体育锻炼有一般运动与重点运动之分。一般运动是指活动筋骨、做操、跑步等；重点运动是指举重、骑自行车、打球、锻炼各种肌肉等运动。根据客人需求，应开辟专门的健身房，游泳池等设施设备齐全的场所。

2. 满足客人健美运动

健美是现代文明的心理表现。它表现为体形健美、脸形健美、发型健美。体形健美可以在健身房得以实现，脸形、发型健美可在按摩、美容美发过程中得以实现。

3. 满足客人的娱乐需要

顾客在饭店除了住房和就餐外，还希望在住店期间得到娱乐享受。因此，康乐部要在项目设置上做到丰富多彩，以满足不同客人的娱乐需求，但一定要符合我国国情与法律规定。

4. 做好运动、康乐器械、设施、场所的卫生工作

运动场所、康乐场所是一个高雅、洁净的场所，客流量大，使用频繁，尤其是康乐的设备与器械经过多数客人的使用，清洁卫生工作十分重要。运动、康乐的器械、设施和场所的洁净高雅，不但会给顾客带来舒心愉快的情趣，而且也给客人带来宾至如归的感受。

5. 做好娱乐设施、运动器械及其场所的安全保养

健身运动器械具有“冲撞性”，而且易于损坏，存在着安全问题，潜伏着一定的“危险”性。所以，每天必须在顾客使用之前做一次检查，并对设施、运动器械、场地进行安全保养，对存在“不安全”隐患的器械要随时更换。

6. 为客人提供运动技能技巧服务

康乐的健身器械种类较多，有国产的，也有进口的，特别是先进设备以及带有计算机显示的体育器材，需要经过服务员提供正确、耐心的指导性服务，以便一些不会使用的顾客能正确使用。

四、康乐部主要管理岗位职责

1. 康乐部经理

1）在总经理领导下，全面负责和管理部门的日常工作。贯彻落实饭店各项规章制度，按上级的工作指令，保证各项工作顺利进行。

2）制订部门工作计划，建立和健全部门管理制度，各岗位具体工作内容、职责规范、服务质量标准，并监督贯彻实施。

3）分析经营状况及市场发展趋势，组织各中心完成营业指标，抓好财产管理及核算，控制各项开支，提高经济效益。

4）充分发挥领班的工作积极性。通过领班检查监督部门服务人员的工作态度、服务质量。不定期地抽查各岗位的工作情况，做到奖勤罚懒，职责分明。

5）抓好下属员工的思想教育工作，制订培训计划，安排对下属员工进行各类业务培训使之达到专业水平。

6）收集和征求顾客意见，处理顾客投诉，分析服务质量管理中的问题并提出整改措施。

7）参加饭店例会及其他有关会议。主持部门例会，听取领班汇报，研究问题，布置任务。

8）搞好与其他部门的协调配合工作。

2．康乐中心领班

1）认真落实部门经理下达的工作指令，贯彻饭店及本部门的各项规章制度，监督各岗位实施正确的服务操作程序，保证管辖范围的业务工作正常进行。

2）巡视检查下属的出勤、工作态度、服务质量及对客关系，坚持现场督导，执行奖罚制度，随时向经理汇报工作情况并提出整改方法及处理意见。

3）制订排班表，科学合理地安排人力，最大限度地提高工作效率。

4）观察考核下属员工工作情况，按时向部门提供评估报表。

5）制订培训计划，按照岗位服务标准及工作技能要求培训下属员工，使之尽快了解和掌握各项技能，提高员工素质。

6)根据本管区服务项目的特点和经营活动中的情况进行客源客情分析，收集顾客意见，改进工作方法，了解专业技术新动向及发展，努力完成部门下达的营业指标。

7）负责安全检查工作，为顾客活动提供优良的设备及良好的环境。

8）按时参加部门例会，及时汇报工作，向下传达会议精神，并认真落实。

本章小结

饭店业务是饭店工作的主要内容，是饭店存在和运行的基础，对饭店业务的管理也就构成了饭店管理的主要内容。饭店业务管理工作主要包括前厅管理、客房管理、餐饮管理和康乐设施管理。不同规模和管理模式的饭店其业务管理组织结构和模式不同。本章主要介绍了饭店四大核心部门，即前厅部、客房部、餐饮部和康乐部的业务运行与管理。通过本章的学习，学生应能够对饭店各业务部门有个比较清晰的认识，并掌握其中某些重要岗位的管理职责。

思考与练习

1．简述饭店前厅部的主要职能。

2．饭店客房部具有什么样的地位？

3．客房部的管理有何特点？

4．简述饭店餐饮部的作用。

5．饭店餐饮业务管理的内容是什么？

6．饭店康乐部的基本任务是什么？

7．案例分析

一副假牙的命运

在某宾馆的客房，一位中国香港客人坐在沙发上。服务小姐在做清理卫生工作。客人客气地说："小姐辛苦了，今天我不出去，您就简单整理一下就行了。"服务小姐对客人报以微笑，服务小姐收拾完客房，便来到卫生间进行清理。在卫生间，服务小姐擦浴缸、揩墙面。当清理到洗面盆时，她转身随手将洗面盆台上一个杯子中的水倒入马桶。然后清擦地面。最后，抽掉马桶里的水，再对马桶进行洗刷。打扫完卫生间，服务小姐退出了客房。大约半小时后，客人发现卫生间洗面盆台上茶杯中的一副假牙不见了，便匆忙找到服务员小姐询问。"小姐，你刚才整理卫生间时，看没看到茶杯中的假牙？""没看见。"小姐答道。"杯子里面的水你倒在哪里了？"客人问。"可能倒在马桶里。"小姐想了想说。"我的上帝，你把我的假牙倒入了马桶！"客人和服务小姐一起来到客房卫生间查看马桶，已经没有假牙的踪影。客人来回踱步，急汗涔涔。小姐立于一旁，手足无措。客人拿起电话，向大堂副理投诉。大堂副理闻讯赶到。"请你们看看我的牙齿。我真是有假牙的，在中国香港几经周折才装好的。"客人指着自己的嘴，急不可耐地申诉。"先生会不会放在了别的地方？"大堂副理问。"绝对不会，没有一点可能性，每晚睡觉前我都是摘下来放在卫生间里，这是我多年的习惯。"客人口气坚决。大堂副理从卫生间查看到客房，没有发现客人的假牙。"先生，这件事情您看如何解决为妥？"大堂副理诚恳地问。"我要我的假牙齿，你们要想方设法。"客人答。"我们充分相信先生的投诉，只是没有见到这副假牙前，我们难以处理。请先生不要误解，我们没有不相信先生的意思……"大堂副理感到十分棘手。"我的意思，你们把马桶挖开来，就可以证实。但我有言在先，进了马桶的假牙，我是不会再用的。"客人说道。大堂副理考虑了一会儿，说："这样好吗？我与有关部门商量一下，尽快给先生一个圆满的处理答复。"大堂副理来到宾馆工程部，请示工程部派员挖开马桶。工程部经理说："挖开马桶，瞎子点灯白费蜡。挖开之后找到了假牙，客人会再用吗？还有可能就是已经被水冲走，即使挖开也无法找到。"大堂副理说："没有别的选择。我们谁也没有见到这副假牙，单凭客人的一面之辞，不足为据，就是赔偿也没有尺度。挖开马桶一来为了取证，二来也是向客人表示我们的诚意。工程部派出了两名工人，开始了拆马桶的工作。客人怏怏不乐，坐在客房内等待。大堂副理走进客房，对客人说："先生，这间客房的马桶拆卸之后重新安装，要等固定底座的水泥干，这样起码两天之后才能使用。因此，我们已经为先生安排好了隔壁的房间。""那好嘛，遵从你的安排。"港客同意换房。终于，在拆卸下马桶之后找到了假牙。看到失而复得的假牙，客人一时语塞。大堂副理说："发生了这样不愉快的事情，我们非常抱歉。对属于客人的东西，只能稍加清理，不能随便移位，更不能想当然丢弃。发生今天这样的事，责任全在我们，服务小姐没有严格按照规范操作，粗枝大叶，我们一定改进。我们愿意全额赔偿。""没有了假牙我吃东西很不方便。但看在副理的面子上，我只有克服。你们的善后工作做得还是很认真的。"客人苦涩地笑着说。大堂副理取出手帕将这副假牙包了起来，装进了自己的口袋，并说："这是一次教训，我们将把它作为今后对员工教育的实物教具，尽管它的代价太大了，但是也值得。"

思考：

（1）案例中服务员的做法是否正确？

（2）大堂副理的处理是否正确？

饭店服务质量管理

学习目标

1. 了解饭店服务质量管理的含义、构成和特点；
2. 掌握饭店全面质量管理的含义、内容和原则；
3. 能初步应用本章知识解决饭店服务质量管理中的问题。

饭店是服务性行业，服务质量是饭店的生命线，也是饭店的中心工作和饭店生存与发展的基础，饭店之间的竞争，本质上是服务质量的竞争，因此，不断提高饭店服务质量，以质量求效益是每一家饭店发展的必经之路，也是所有饭店管理者共同努力的目标和日常管理的核心。

第一节 饭店服务质量概述

随着饭店业竞争的日趋激烈，顾客对饭店服务质量的要求越来越高，饭店必须不断探索提高和完善自身服务质量的途径和方法，以取得良好的经济效益和社会效益。而对饭店服务质量与管理的含义、特点、内容的正确理解和把握则是进行饭店质量管理最基本的前提。

一、饭店服务质量的含义

1. 服务的定义

1）1960 年，美国营销学会（AMA）的定义为：服务为销售商品或在商品销售中所提供的活动、利益和满足。

2）质量管理和质量保证标准 ISO8402：1994 中的定义：服务为满足顾客的需要，供方和顾客之间接触的活动以及供方内部活动所产生的结果。

3）对 AMA（1960）定义的补充完善：服务是可被区分界定的，主要为不可感知、却可使欲望获得满足的活动，而这种活动并不需要与其他产品或服务出售联系在一起。生产服务时可能会或不会利用实物，而且即使需要借助某些实物协助生产服务，这些实物的所有权也将不涉及转移问题。

4）西方国家的饭店认为服务就是 SERVICE（本意也是服务），而每个字母都有着丰富的含义：

S—— Smile（微笑）　E——Excellent（出色）　R——Ready（准备好）
V——Viewing（看待）　I——Inviting（邀请）　C——Creating（创造）
E——Eye（眼光）

以上各种定义都有一定的片面性，这不仅是因为服务难以为人们所感知从而无法准确地进行研究，而且随着服务在国民经济生活中的地位越来越重要，其范围也越来越广，使得研究人员无法从整体上予以概括。

2．服务质量的概念

（1）质量的概念　质量是指产品或服务满足规定或潜在需要的特征和特性的总和。它既包括有形产品，也包括无形产品；既包括产品内在的特性，也包括产品外在的特性。

（2）服务质量的定义　服务质量是服务的客观现实和客人的主观感觉融为一体的产物。

3．饭店服务质量

关于饭店服务质量的理解通常有两种。一种是狭义上的服务质量，是指饭店服务的质量，它纯粹是指由服务员的服务劳动所提供的，不包括提供的实物形态的使用价值。另一种是广义上的饭店服务质量，它包含组成饭店服务的三要素：即设施设备、实物产品和服务的质量，是一个完整的服务质量的概念，整体来说，包括有形产品质量和无形产品质量两个方面。本书所指的服务质量主要是指广义的服务质量，即饭店以其所拥有的设施设备为依托为顾客所提供的服务。

二、饭店服务质量的构成

饭店服务质量是有形产品质量和无形产品质量的有机组合。饭店服务质量主要包括：设施设备质量、服务产品质量、实物产品质量、环境氛围质量和安全卫生质量 5 个部分。

1．设施设备质量

饭店设施设备既是饭店提供的服务质量的物质基础，也是饭店星级档次的基础。它包括房屋建筑、所有设备及低值易耗品等。它不但指前台顾客使用的设施设备，也包括后台供应使用的设施设备，还包括服务员使用的设施设备。它要求功能齐全，设施可靠、安全，外形美观。不仅要有达到水准的使用价值，同时还要具有高雅、舒适的魅力价值，以及美感和风格特色。

2．服务产品质量

服务产品质量是指饭店提供的服务水平的质量，它是检查饭店服务质量的重要内容，包括以下几个方面：

（1）**礼节礼貌**　礼节礼貌是整个饭店服务中最重要的部分，在饭店管理中备受重视，因为它直接关系着顾客满意度，是饭店提供优质服务的基本点。饭店礼节礼貌要求服务人员具有端庄的仪表仪容，文雅的语言谈吐，得体的行为举止等。

（2）**职业道德**　饭店服务过程中，服务是否到位实际上取决于员工的事业心和责任感。

因此遵守职业道德也是饭店服务质量的最基本构成之一。作为饭店员工应遵循“热情友好、真诚公道，信誉第一、文明礼貌，不卑不亢、一视同仁，团结协作、顾全大局，遵纪守法、廉洁奉公，钻研业务、提高技能”的旅游职业道德规范，真正做到敬业、乐业和勤业。

（3）**服务态度** 服务态度是指饭店服务人员在对客服务中所体现出来的主观意向和心理状态。饭店员工服务态度的好坏是很多顾客关注的焦点，顾客往往不能忍受饭店服务人员恶劣的服务态度。因此，服务态度是服务质量的基础和关键所在，直接影响饭店服务质量。

（4）**服务技能** 服务技能是饭店提高饭店服务质量的技术保证，要求其员工掌握丰富的专业知识，具备娴熟的操作技术，并能根据具体情况灵活运用，从而达到给顾客以美感和艺术享受的服务效果。同时也只有掌握好服务技能，才能使饭店服务达到标准，保证饭店服务质量。

（5）**服务效率** 服务效率是指员工在其服务过程中提供服务的时限，是饭店员工素质的综合反映。服务人员要力求做到服务不乱，既迅速又敏捷，而且准确无误。提高效率、保证效率是饭店永远的目标。

（6）**服务项目** 饭店被誉为“城中之城”、“家外之家”、体现了饭店服务项目的多样性。管理者对服务项目的设立应以满足顾客需求和方便为宗旨，同时，要加强市场调查，对顾客的兴趣、爱好、消费水平、新的需求进行了解，千方百计地满足顾客的要求，这样才能在激烈的市场竞争中始终处于优势地位。

3. 实物产品质量

实物产品可直接满足顾客的物质消费需要，其质量也是饭店服务质量的重要组成部分之一。它通常包括：

（1）**饮食质量** 饮食是一种民族文化的反映，旅游者旅游的目的之一就是探求异地文化，因此，饮食文化在现代旅游中占有很重要的位置。饮食质量主要有饮食质量标准、饮食特色、饮食样式等。

（2）**客用品质量** 客用品是饭店实物产品的一个组成部分，是指饭店直接供顾客消费的各种生活用品。客用品质量应与饭店星级相适应，避免提供劣质品；客用品数量应充裕，不仅要满足客人需求，而且供应要及时。

（3）**商品质量** 为满足顾客购物需要，饭店通常都设有商场部，其商品质量的优劣也会影响饭店服务质量。饭店商品应做到花色品种齐全、商品结构适当、商品陈列美观、价格合理等，更为重要的是要注重信誉，杜绝假冒伪劣商品。

（4）**服务用品质量** 服务用品质量是指饭店在提供服务过程中供服务人员使用的各种用品。它是提供优质服务的必要条件。服务用品质量要求品种齐全、数量充裕、性能优良、使用方便、安全卫生等。

4. 环境氛围质量

环境氛围由饭店的建筑、装饰、陈设、设施、灯光、声音、颜色以及员工的仪容仪表等因素构成。这种视觉和听觉印象对顾客的情绪影响很大，顾客往往把这种感受作为评价饭店质量优劣的依据，它能影响顾客是否再次来饭店下榻。因此，管理者必须十分注意环境的布局和气氛的烘托，让顾客感到舒适、愉快、安全、方便。

5. 安全卫生质量

安全是顾客的第一需要，保证每一位顾客的生命和财产安全是服务质量的重要环节。在环境气氛上，饭店要制造出一种安全的气氛，在心理上给顾客以安全感，但不要戒备森严，否则，会令顾客感到不安。在日常服务中贯彻以防为主的原则，建立严格的安全保卫组织和制度，制订饭店的安全措施，做好防火、防盗，避免食物中毒、侵犯骚扰等事件的发生，切实搞好安全保卫工作。同时，在接待顾客过程中，要严格执行会客制度，无关人员和闲杂人员严禁进入饭店公共区域和客房。服务人员要尊重客人隐私，保守顾客的秘密，不在公共场合谈论顾客姓名、房号及顾客的私事，以免引起不必要的麻烦。

清洁卫生也是饭店业务工作中的重点和服务质量的重要内容。卫生状况不仅直接影响到顾客的健康和顾客旅居生活的质量，也反映了饭店管理水平和企业素质。

综上所述，饭店服务质量的内容和要求是：有形设施要让顾客感到实用、方便、舒适；无形服务要让顾客感到热情、亲切、友谊。突出“暖”、“快”、“物有所值”，这是服务质量的集中表现，也是进行科学的服务质量管理的基本出发点。

三、饭店服务质量的特点

1. 饭店服务质量构成的综合性

饭店服务质量是由饭店的多种因素构成的，每一个因素又都有很多具体内容，并体现在饭店对客服务的各个方面，贯穿在从顾客进店到离店的饭店业务管理过程的始终。因此，饭店服务质量的构成具有很强的综合性。

饭店服务质量构成的综合性的特点要求饭店管理者树立系统的观念，把饭店服务质量管理作为一项系统工程来抓，多方收集饭店服务质量信息，分析影响质量的各种因素，特别是可控因素，既要抓好有形产品的质量，又要抓好无形服务的质量，更好地督导员工严格遵守各种服务或操作规程，从而提高饭店的整体服务质量。

2. 饭店服务质量评价的主观情感性

饭店服务质量的高低主要是由顾客享受到各种服务后的物质和心理的满足程度决定的，其质量评价取决于两个方面：一是顾客实际得到的满意程度。他们的满意程度越高，对饭店服务质量的评价也就越高。二是顾客与饭店，包括服务人员的关系。关系融洽，顾客对服务质量的评价就相对较高，对饭店服务的不足与难处也比较容易谅解。这两个方面，前者的质量评价带有较强的主观性，后者的质量评价带有感情色彩。为此，饭店要做好质量管理，提高顾客满意程度，必须做到：第一，要定期做好服务质量的顾客反馈调查。第二，要正确对待顾客对服务质量的主观评价。第三，要建立与顾客、客户的良好关系。

3. 饭店服务质量显现的短暂性

饭店服务质量是由一次一次的内容不同的具体服务组成的，而每一次具体服务的使用价值均只有短暂的显现时间，即使用价值的一次性。不像实物产品那样可以返工、返修或退换，如要进行服务后调整，也只能是另一次的具体服务。因此，饭店管理者应督导员工做好每一次服务工作，争取使每一次服务都能让顾客感到非常满意，从而提高饭店整体服务质量。

4. 饭店服务质量内容的关联性

饭店服务质量的具体内容包括有形服务质量和无形服务质量。每一个方面又由很多具体因素构成。这些因素互相关联、互相依存、互为条件。为此要做好饭店服务质量管理，就要要求饭店各部门、各服务过程、各服务环节之间协作配合，并做好充分的服务准备，确保每项服务的优质、高效，确保饭店服务全过程和全方位的“零缺点”。

5. 饭店服务质量对员工素质的依赖性

饭店服务质量是在有形产品的基础上通过员工的即席表现的劳务创造出来的，而这种表现又很容易受到员工个人素质和情绪好坏的影响，具有很大的不稳定性。所以要求饭店管理者应合理配备、培训、激励员工，努力提高他们的素质，发挥他们的服务主动性、积极性和创造性，同时提高自身素质及管理能力，从而创造出满意的员工。而满意的员工是满意的顾客的基础，是不断地提高饭店服务质量的前提。

6. 饭店服务质量的情感性

饭店服务质量还取决于顾客与饭店之间的关系，关系融洽，顾客就比较容易谅解饭店的难处和过错；关系不和谐，则很容易致使顾客的小题大做或借题发挥。因此，饭店与顾客间关系的融洽程度直接影响着顾客对饭店服务质量的评价。

第二节 饭店服务设计

饭店质量管理是围绕着质量管理的目标展开的。饭店质量管理的基本目标是：贯彻饭店服务质量等级标准，提供适合顾客需要的服务劳动使用价值，维护和保障顾客的合法权益，不断提高饭店的服务质量。而要达到这一目标，首先必须抓好饭店服务设计。也就是根据饭店的性质、档次及服务提供的内容，设计服务功能，制定服务规范，确定服务质量要求和标准。

一、服务功能设计

饭店服务是一种感知服务，要把顾客感知服务与饭店所提供的服务协调起来，饭店必须站在客人的角度，从三个层次来理解服务功能：核心功能、辅助功能和延伸功能。服务功能的三个层次的全部意义在于提供一个具有质量保证和一定灵活性并且有竞争优势的服务产品。

1. 核心功能的设计

核心功能是指顾客购买饭店服务的基本收益，与顾客期望紧密相关。

2. 辅助功能的设计

辅助功能是顾客自己并不直接需要，但要得到核心服务所需经历的过程，即辅助服务过程。

3. 延伸功能的设计

延伸功能是为了满足个别顾客的特殊需求而提供的特殊和临时性的功能，通常超越了顾客的辅助期望和预料，是额外提供的功能。

二、服务产品设计

1. 服务产品组合

服务产品的设计，主要是服务产品组合的设计。饭店产品组合由饭店产品的广度、长度、深度和一致性所决定。

2. 服务产品设计准则

服务产品的设计需要考虑以下准则：

（1）**适应需求**　顾客的需求是饭店服务的基础，也是饭店经营活动的起点。研究顾客需求的目的是为了确定科学的服务结构。顾客需求结构一般包括 4 个方面：①功能需求。②形式需求。③价格需求。④外延需求。

（2）**顾及成本**　对消费者而言，在获得某项服务时，其付出的成本主要包括：①货币成本。②时间成本。③体力成本。④精神成本。饭店应该对顾客的这些成本进行分析，根据饭店实际，降低顾客成本，提高服务质量。

（3）**保证品质**　品质是指品味和质量，饭店产品必须保证有品位和高质量。要达到这一要求，饭店服务必须做到“三个凡是”的“黄金标准”，即

1）凡是顾客看到的必须是整洁、美观的。

2）凡是提供给顾客使用的必须是安全、有效的。

3）凡是饭店员工，对待顾客必须是亲切、礼貌的。

服务标准是饭店服务产品品质的保证之一，许多饭店都在这方面设计了许多保证品质的工作标准。

（4）**注重特色**　求新是人们普遍具有的一种心理，饭店服务产品的设计人员应注意和利用这种求新心理，使服务产品因其“新奇”、“独特”而对顾客具有吸引力。

三、质量标准设计

1. 标准的含义

标准就是对重复性事物和概念所作的统一规定，以科学、技术和实践经验的成果为基础，经有关方面协商一致，由主管机构批准，以特定的形式发布，作为共同遵守的准则和依据。

2. 饭店服务标准类别

饭店服务标准化，要求饭店根据质量标准，并结合本饭店的实际，制订自己企业内部的标准体系。饭店内部的质量标准一般分为 3 个方面：①工作标准。②技术标准。③管理标准。

3. 标准的制订

制订标准要注意以下几点：

1）以顾客的需求为中心。

2）标准要简单、明确、可操作，易于员工理解。

3）定性和定量相结合，尽量使用定量标准。

4）标准必须配套，相互协调，自成体系。

5）标准的实施要坚持检查和考核，并不断加以修订完善。

第三节 饭店服务质量评估

饭店服务质量管理的效果，最终主要表现为两点：是否符合饭店服务质量的等级标准；是否满足顾客的物质需要和精神需要。

一、饭店服务质量衡量标准

受各种主、客观因素的影响，顾客对饭店服务质量的衡量标准带有明显的随意性、即时性、主观性。国内外大量关于饭店服务质量衡量标准的研究结果表明：顾客感觉中的服务质量是由可靠性、反应性、可信性、移情性、有形证据等5类服务属性决定的。

1．可靠性

可靠性对顾客感觉中的服务质量影响最大。饭店必须不断提高服务质量，尽力为顾客提供正确、可靠、无差错的服务，才能提高顾客的满意程度。如果饭店不重视服务细节，服务工作经常出现差错，就必然会失去顾客的信任，损害自己的市场声誉。消费者要求100%可靠的服务。美国著名服务营销学家贝里、潘拉索拉曼和隋塞莫尔都认为，可靠性是服务质量的关键和核心属性。提高服务的可靠性，减少服务差错，可提高饭店的经营效率。在激烈的市场竞争中，只有那些以100%可靠性为奋斗目标的饭店，才能取得市场竞争优势。

2．反应性

反应性也称敏感性，是指服务人员愿意帮助顾客，并及时地为顾客服务。它考查的是服务人员对于顾客需求的反应速度，顾客的需求包括现实和潜在两个方面。反应性高的服务人员，具有较强的应变能力，它能使顾客感受到自己正受到关注和尊重，顾客会认为服务人员一直在为自己工作。

3．可信性

可信性是指服务人员的知识、技能和礼节能使顾客产生安全感和信任感。增强饭店服务的可信性至少具备两个方面的要求：一是饭店为顾客提供的有形产品与无形服务是安全、可靠的；二是饭店员工拥有较丰富的饭店服务、顾客需求知识，具备传达信赖和信心的能力。

4．移情性

移情性是指服务人员设身处地为顾客着想，关心顾客，为顾客提供个性化服务。对顾客需求的反应速度快慢是建立在服务人员服务意识与服务技能综合基础上，只有具有较强的服务意识，才能“想顾客之所想，急顾客之所急”，才能愿意花时间去研究顾客的需求并让顾客满足。同时只有具备了较高的服务技能，才能快速、及时地完成顾客所交代的任务。

5．可感知性

可感知性即有形证据，是指顾客能够感受到的服务人员的服装和仪表、服务设施、服务设备、促销资料等有形证据。服务人员端庄的服饰、甜美的微笑、礼貌的用语以及大方的行为举止都是服务质量重要的有形证据。饭店的所有有形事物和人物都为无形服务提供有形证据。服务设施、服务设备、服务人员和顾客的仪态仪表，都是服务环境的重要组成部分。

除以上 5 类属性之外，有人认为补救性措施也是一个重要属性。服务工作出现差错或出现无法预见的问题之后，饭店应尽快采取补救性措施，找出顾客可以接受的解决方法。在这 5 类属性中，“可靠”显然与技术性质量有关。

二、饭店服务质量评价体系

做好饭店服务质量与服务业绩的评价、考核工作，是饭店落实经济责任制，调动员工做好服务工作积极性的重要举措。而服务业绩的评价工作如果能真正地起到奖勤罚懒、扶优治劣的作用，就必须避免长官意志和感情用事的倾向，较好地体现客观性、合理性，即要对服务业绩、服务质量进行公平、公正和公开的评价，并构建科学、合理的服务质量评价体系。

1．饭店服务质量评价体系的构成要素

饭店服务质量评价体系包括以下三大要素：

（1）**评价主体**　评价主体是指由谁来进行评价，目前充当评价主体的主要有顾客、饭店组织和第三方机构。

（2）**评价客体**　评价客体包括两个方面的内容，即由设施、设备等构成的硬件服务质量；由服务项目、服务水平等构成的软件服务质量。

（3）**评价媒体**　评价媒体即评价的表现形式、各评价主体反映评价结果的渠道。评价媒体是指评价主体通过何种形式来表现其评价的过程和结果。

2．饭店服务质量的三方评价

（1）**顾客评价**　顾客评价直接指向服务的对象，体现了以“顾客为中心”的服务宗旨，因而获得普遍的欢迎。但顾客服务质量评价标准中的期望服务指标、感知服务指标以及服务质量的可靠性、反应性、可信性、移情性、有形性等指标涉及许多主观心理因素，因此较难确定，这使其带有浓厚的主观性、模糊性、差异性以及不公平性色彩。顾客评价的形式有以下几种：

1）顾客意见调查表。这是饭店广泛采用的一种顾客评价的方式。其具体做法是先设计好有关饭店服务质量具体问题的意见征求表格，并将其放置于易于被客人取到的客房内或其他营业场所，由客人自行填写并投入饭店设置的意见收集箱内或交至大堂副理处。这种评价方式涉及范围广，客观性较强。当前国际上许多饭店还利用互联网和其他一些在线服务进行顾客意见的调查，这种方式快速而及时，因而很受欢迎。

2）电话访问。可以单独使用，也可以结合销售电话同时使用。访问时可以根据设计好的问题进行，也可以没有固定问题，因此自由度与随意性比较大。

3）现场访问。现场访问又称突击访问，其做法是抓住与顾客会面的短暂机会尽可能多地获取顾客对本店服务的看法与评价。现场访问应充分利用时机，如对特殊 VIP 顾客在迎来送往中的现场访问，对消费大户的现场访问，对偶然遇到的老朋友、老顾客的现场访问等。

4）小组座谈。小组座谈是指饭店邀请一定数量的有代表性的顾客，采用一种取舍的形式就有关饭店服务质量方面的问题进行意见征询、探讨与座谈，小组座谈可结合饭店其他

公关活动同时进行，向被邀请的顾客赠送礼物或纪念品。

5）常客拜访。商家向潜在顾客推销产品的成功率是 15%，而向现有常客推销产品的成功率则达 50%。饭店管理者应把常客作为主要目标和服务项目对常客进行专程拜访，显示饭店对常客的重视与关心。

（2）**自我组织评价**　饭店作为饭店服务的提供者，有义务对其所提供的服务进行考查与评判，尽量减少提供不合格服务。其评价形式如下：

1）饭店统一评价。饭店统一评价由饭店服务质量管理的最高管理机关组织进行定期或不定期实施。这种形式应注重以下几方面内容：①注意对不同部门的重点考核，关注各部门服务质量的差异性。②注意评价的均衡性，除了应做好前台服务质量的评判工作外，还应对后台工作进行考查。③重视评价的严肃性，对于不达标、有问题的当事人和责任人必须依照饭店有关管理条例作出处理。

2）部门自评。部门自评就是按照饭店服务质量的统一标准，各个部门、各个班组自己对自己的考核与评价。部门自评大致可分为饭店级，部门级和班组、岗位级三个层次。部门自评是建立在饭店统一的服务质量标准基础上的，饭店服务质量管理机构应对部门自评结果进行考核与监督，对于存在较大差异的情况应引起重视，找出原因并加以解决。

3）饭店外请专家进行考评。饭店内部的各层次考评十分重要。因此，应聘请相关专家协助饭店进行自我服务质量评价，使考评结果更具有专业性。

4）随时随地的评价。该种评价由饭店中、高层管理者来实施，饭店管理者的每一次随时考评都应作为对饭店服务质量的一次考评，对这一过程中发现的每一个问题都应及时纠正。

5）专项质评。专项质评是指饭店针对特定的服务内容、服务规范进行检查与评估。饭店通常对自己的优势服务项目或在特定时间内开展专项质评，并以服务承诺或服务保证的方式向顾客显示质评后的服务效果。饭店通常会对服务基本质量保证、服务时限、服务附加值、服务满意度等作出承诺，并通过制订更高的服务质量标准、较高的服务质量补偿金、简化顾客申诉程序等措施来贯彻饭店服务质量承诺。

（3）**饭店服务质量的第三方评价**　第三方是独立于饭店服务供应方和需求方的评价主体，是从“旁观者”的角度利用各项标准来评价服务质量的。较为客观、公正，其评价的结果较能让大众信服。其评价形式有以下几种：

1）资格认定。在我国，旅游业以定点方式确定涉外与不涉外资格。比如，旅游涉外定点餐馆、定点商店、涉外饭店、涉外娱乐场所等。它们均表示一种资格，即可接待外国人，华侨，中国香港、澳门、台湾同胞的能力。

2）等级认定。目前，在我国餐馆业存在两大认定体系：星级饭店与等级饭店。星级饭店以中高档饭店为对象，以五角星的多寡作为等级标志，星级越高等级越高；等级饭店以餐饮业为主要认定对象，以文字反映被评对象的档次如特级饭店、一级饭店、二级饭店等。

3）质量体系认证。质量认证是指由可以充分信任的第三方证实某一鉴定的产品或服务符合特定标准或其他技术规范的活动，目前主要有两大类。我国已参加国际标准化组织并取得认证资格，因而我国企业获得的质量认证证书是国际通行的。

4）行业组织、报纸、杂志、社团组织的评比。利用饭店行业组织、社团组织、民意调查表、市场研究公司、报纸、杂志等对饭店的服务质量进行评价的方式。例如，我国举办饭店“百优五十佳”评比，国外最知名的《公共机构投资人》 杂志，每年以打分方式评出全球最佳饭店。其他如美国质量协会、餐旅协会的五星钻石奖，日本旅业公会的“最佳休闲度假场所”等。

三种评价各有其优缺点。为了构建更加科学、合理、操作性强的服务质量评价体系，要求饭店业应将顾客评价、饭店组织评价以及第三方评价有机地结合起来，深入、细致地权衡三种评价的优缺点，并对三种评价因子作出合理的选择，对因子权重作系统、全面和客观的考察。

三、饭店服务质量分析方法

1. PDCA 循环法

PDCA 循环是一种科学的工作程序，是质量管理的基本工作方法。PDCA 是英语 Plan（计划）、Do（实施）、Check（检查）、Action（处理）4 个词首字母的组合。它反映了做工作必须经过 4 个阶段。这 4 个阶段循环不停地进行下去，所以称为 PDCA 循环。

第一阶段——计划：提出一定时期内服务质量活动的主要任务与目标，并制订相应的标准。

第二阶段——实施：根据任务与标准，提出完成计划的各项具体措施并予以落实。

第三阶段——检查：包括自查、互查、抽查与暗查等多种方式。

第四阶段——处理：对发现的服务质量问题予以纠正，对饭店服务质量的改进提出建议。

2. ABC 分析法

ABC 分析法是意大利经济学家巴雷特分析社会人口和社会财富的占有关系时采用的方法。美国质量管理学家朱兰把这一方法运用于质量管理。运用 ABC 分析法，可以找出饭店存在的主要质量问题。

3. 因果分析法

用 ABC 分析法虽然找出了饭店的主要质量问题，但是却不知道这些主要质量问题是怎样产生的。对产生这些质量问题的原因有必要进行进一步分析。因果分析法是分析质量问题产生原因的简单而有效的方法。

因果分析法是利用因果分析图对产生质量问题的原因进行分析的图解法。因为因果分析图形同鱼刺、树枝，因此，又称为鱼刺图、树枝图。

因果分析图对影响质量（结果）的各种因素（原因）之间的关系进行整理分析，并且把原因与结果之间的关系用带管线（鱼刺图）表示出来，因果分析图如图 4-1 所示。

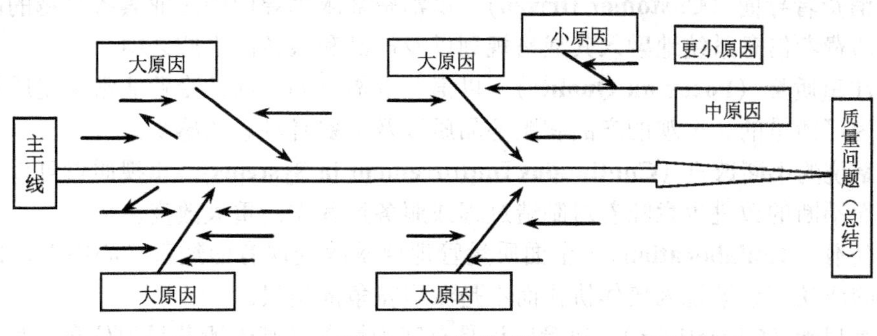

图 4-1　因果分析图

第四节 饭店全面质量管理

一、质量管理理论的演变

1．事后检验阶段

科学管理公认的首创者是美国的泰罗。1911 年他发表了经典著作《科学管理原理》，在该著作中，他主张把产品的检查从制造中分离出来，成为一道独立的工序。这促成了质量管理的第一阶段——事后检验阶段。

2．统计质量检查阶段

第二次世界大战初期，美国大批生产民用品的公司转为生产各种军需品。当时面临的一个严重的问题是由于事先没有办法控制废品的产生。1941 年和 1942 年，美国制定了一系列战时质量管理标准。相对于检验把关的传统管理来说，统计质量管理是概念的更新、检查职能的更新，是质量管理方法上的一次飞跃。但这一阶段的质量管理侧重于制造过程，在实践中难免过分强调数理方法的运用，而对有关的组织管理工作有所忽视。

3．全面质量管理阶段

这一阶段从 20 世纪 60 年代开始一直延续至今。

全面质量管理的雏形首先出现于 20 世纪 60 年代的日本，它对当时日本经济的发展起到了极大的促进作用。20 世纪 70 年代这种质量管理方法引入美国，80 年代得到普及。应该说，全面质量管理是一个组织以质量为中心，以全员参与为基础，目的在于通过让顾客满意和本组织所有成员及社会受益而达到长期成功的管理途径。

"全面质量管理"显然并不是一种单一的实体，而是一种整体的管理哲学。自从阿曼德·费根堡在 1956 年《哈佛商业评论》首次使用"全面质量管理"一词以来，这一管理哲学一直受到众多学者和产业人士的影响。几十年来，众多的人士为"全面质量管理运动"做出了贡献，但对全面质量管理却很难准确地定义，就全面质量管理的核心理念而言，各类学术文献的观点各不相同。似乎每个人信奉一套不同于他人的全面质量管理基本原理。人们提出各种各样的"核心理念"以试图描述全面质量管理的实践。以下各要点（根据马奎斯，1991 年）可以帮助读者对这些核心理念有大致的了解。

（1）**消费者导向（Customer Driven）** 以消费需求为导向的企业具备卓越的品质，因为它们将消费者信息系统地融入其战略规划以及产品和服务的供应之中。

（2）**注重质量（Focus on Quality）** 以消费者需求为导向的企业非常重视质量并且将质量定义为可衡量的、客观的产品和服务品质以及消费者满意的感受。

（3）**系统的不断改进（Continuous Improvement in Systems）** 重视质量可以带来不断的改进，而不断的改进也意味着对制造过程或服务过程作出重大改变。

（4）**协作（Collaboration）** 全面质量管理要求改变现有的经营"心态"，即企业和员工个人的成功应该被视为集体协作而不是激烈竞争的结果。

（5）**客观性（Objectivity）** 决策应该具有客观性并且基于所获得的信息。对于以前的经验应该系统地加以记录和分析以便获得持续的改进。

（6）**团队合作（Teamwork）** 团队合作就是实际进行协作。为了获得良好效果，应该向各团队传授具有创造性、分析性和能够解决问题的技巧。

（7）**授权（Empowerment）** 应该对员工授权，即员工应该对影响到他们的岗位设定和企业政策有话语权和决策权。

（8）**教育与培训（Education and Training）** 教育与培训是必不可少的。石川磬认为，全面质量管理实际上是以教育开始并以教育结束的。

（9）**共同的理念（Shared Vision）** 所有的员工和经理都应该清楚和相信同一理念。这是企业统一行动、避免重复浪费和内耗的关键。

（10）**领导方式（Leadership）** 只有领导者有效地以身作则，企业才有可能发生变化。空洞的许诺和演讲只能使现有的问题变得更加糟糕。

其他一些学者和专家倾向于使用不同的词语来表达全面质量管理的"核心理念"，因此上述要点绝对不是质量管理的全部内容。但是这些要点确实可以展示面貌一新的全面质量管理的基本理念。

二、饭店全面质量管理的含义

全面质量管理，起源于20世纪60年代的美国，其概念是由美国质量管理专家费根堡与朱兰等人提出的。先在工业中运用，后推广到服务行业。

我国饭店业自1978年开始引进并推行全面质量管理，它运用科学的质量管理思想，改变了传统的事后检查方法，把质量管理的重点放在预防为主上，将质量管理由传统的检查服务质量的结果转变为控制服务质量问题产生的因素；通过对质量的检查和管理，找出改进服务的方法和途径，从而提高饭店质量。其基本点是：顾客需求便是服务质量标准，顾客满意就是服务质量标准。以专业技术和各种灵活的科学方法为手段，以饭店全体员工参加为保证，以获得最大的社会效益和经济效益为目的，以实际效果为最终的评价点。其特点是：以无形服务为中心；以顾客满意为目的；重视人的作用和强调环境因素的影响。由此可知：饭店全面质量管理是以提高服务质量为宗旨，组织全店员工共同参与，综合运用现代管理手段，建立完善的服务质量标准和体系，在全过程中控制影响服务质量的各种因素而开展的系统的质量管理活动。

三、饭店全面质量管理的内容

饭店全面质量管理的主要内容包括以下5个方面：

1. 全方位管理

饭店全面服务质量的构成因素众多，涉及范围广泛。因而，其全面质量管理必然是全方位的质量管理。既包括有形产品质量管理，又包括无形服务的质量管理；既包括饭店前台的各种质量管理，又包括饭店后台的各种质量管理。

2. 全过程管理

饭店全面质量管理是为顾客服务的。而影响对客服务质量水平的各种因素又十分庞杂。它们体现在饭店服务的各个方面，体现在饭店业务管理过程的始终。从顾客消费的角度来看，从顾客进店到顾客离店，是一个完整的服务过程，饭店中的每项业务活动，从开始到结束，都会形成一系列的服务过程。为此，饭店全面服务质量管理，既要做好事前质量管理，又要做好事中和事后的质量管理，因而必然是全过程的管理。

3．全员性管理

饭店服务质量是由广大员工共同创造的。它贯穿于饭店各层次人员执行饭店质量计划、完成质量目标的过程之中。前台人员直接为顾客提供各种服务，后台人员通过为一线人员的工作服务而间接为顾客服务，管理人员则组织前台和后台人员共同为顾客服务。所以，必须把饭店全体员工的积极性和创造性充分调动起来，不断提高员工的素质，人人关心服务质量，人人参与服务质量管理，共同把服务质量提高。

4．全方法管理

饭店全方法质量管理是多种多样管理方法的有机结合，是在有机统一的前提下，根据实际需要，采用灵活多样的各种方法和措施，提供优质服务。

5．全效益管理

饭店服务既要讲究经济效益，同时又要讲究社会效益和生态效益，它是三者的统一。饭店作为企业，它所进行的经营管理活动属于市场行为，只有在获得一定经济效益的基础上，饭店才能生存和发展。同时作为社会的重要一员，饭店又必须兼顾社会效益和生态效益。从本质上说，创造社会效益和生态效益，既有利于社会发展和生态环境保护，同时又有利于提高饭店的知名度和美誉度，创造口碑，为饭店带来长远利益。

四、饭店全面质量管理的原则

1．要坚持“以人为本，员工第一”的原则

饭店各级、各部门、各环节、各岗位的优质服务及其服务质量，都是广大员工创造的。为此，在饭店服务质量管理的全过程中，必须始终坚持“以人为本，员工第一”的原则。要始终把人的因素放在第一位，关心爱护员工，要运用行为科学理论和方法，运用各种激励手段充分调动广大员工，特别是一线员工的主动性、积极性和主人翁责任感，才能提供优质服务，做好全面质量管理工作。

2．贯彻“宾客至上，服务第一”的原则

要贯彻“宾客至上，服务第一”的原则，饭店必须以顾客的活动规律为主线，以满足顾客的消费需求为中心，认真贯彻质量标准，将标准化、程序化、制度化和规范化管理结合起来，加强服务的针对性，切实提高服务质量。

3．坚持预防为主，防范结合的原则

饭店服务质量是由一次一次的具体服务所创造的使用价值来决定的，具有显现时间短和一锤定音的特点，事后难于返工和修补。因此，全面质量管理必须坚持预防为主、防管结合。其具体要求是：①必须根据各项服务的实际需要，把质量管理的重点放在事先做好准备排除各种影响服务质量的因素上面。②必须重视饭店服务质量的现场管理、动态管理和优质服务的现场发挥，从而确保提高服务质量。

4．坚持“共性管理和个性服务相结合”的原则

饭店服务质量管理既有共性问题，又有个性问题。从全面质量管理的角度来看，主要是要抓住那些带有共性的、全局性的问题，同时又要重视那些影响服务质量的个性问题。另外，还要特别提倡广大服务人员的应变能力和个性化、感情化服务，要赞扬那些超越程度和标准的优质服务人员和事迹，以便切实提高服务质量，做好质量管理。

5．坚持定性管理和定量管理相结合的原则

饭店服务是以劳动的直接形式，即活动本身来满足顾客的消费需求的。这种服务的质量标准很难用数量标准来界定，大多只能用定性说明的方法来确定其质量程度和水平。但也有些部门的质量问题和标准可以用数量来反映。因此饭店全面质量管理可以将定性管理和定量管理结合起来，以定性管理为主。能够定量的质量问题、质量标准尽可能定量。特别是在质量检查、考核评估中，要尽量运用质量统计数据来说明问题以此来提高饭店质量管理的客观性和科学性。

本章小结

饭店服务质量是有形产品质量和无形产品质量的有机组合。它主要包括：设施设备质量、服务产品质量、实物产品质量、环境氛围质量、安全卫生质量5个部分。饭店质量管理的基本目标是贯彻饭店服务质量等级标准，提供适合顾客需要的服务劳动使用价值，维护和保障顾客的合法权益，不断提高饭店的服务质量。饭店全面质量管理是以提高服务质量为宗旨，组织全店员工共同参与，综合运用现代管理手段，建立完善的服务质量标准和体系，在全过程中控制影响服务质量的各种因素而开展的系统的质量管理活动。

思考与练习

1．与其他服务行业相比较，饭店服务质量的特点有哪些？

2．简述饭店服务质量的衡量标准。

3．饭店服务质量分析方法有哪些？

4．举例说明饭店服务质量管理的重要性。

5．案例分析

某饭店为提高服务质量，专门成立了质检小组，负责每日的巡视检查工作。一天中午，当质检员小洪巡视到前厅区域，一位客人正在与总台服务员交谈着，其余的员工也在忙碌着。但是，当小洪出现在他们的视野范围之内时，所有的员工不约而同地停下正在做的事情，异口同声地向小洪问好，同时面带令人愉悦的微笑。正与员工交谈的客人困惑地看着小洪，不知道他凭什么可以得到这样的关注。

在此案例中，饭店的质量检查工作明显地偏离了“以客人为中心”的核心观念，变成了“以质检人员为中心”。这是在饭店的服务质量管理中应特别注意的问题。

思考：

（1）如何建立饭店服务质量检查体系？

（2）如何避免及防范饭店质检工作以“以质检人员为中心”的现象？

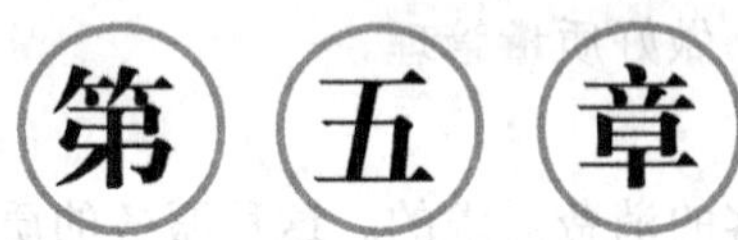

饭店人力资源管理

学习目标

1. 了解饭店人力资源管理的含义、特征、基本原理及内容框架；
2. 熟悉工作分析、员工招聘及培训的基本内容；
3. 掌握绩效考评的程序与方法；
4. 领会薪酬管理的含义和员工激励的方式；
5. 能初步应用本章知识解决人力资源管理中的问题。

饭店属于劳动密集型企业，饭店提供的服务与管理活动都需要员工来完成，人力资源不仅是饭店最重要的资源，也是饭店有效运行的关键因素。对饭店的人力资源进行有效的整合和管理，有利于提高员工的素质，充分调动员工的积极性，增强企业内部凝聚力，提高饭店适应环境变化的能力，为饭店可持续发展奠定良好的基础。

第一节　饭店人力资源管理概述

一、人力资源与人力资源管理

1. 人力资源的概念

对人力资源概念的界定，中外学者观点不尽一致。彼得·德鲁克认为，人力资源是指存在于劳动人口之中的从事经济及社会活动并能创造价值的能力。伊凡·伯格（Ivan Berg）认为，人力资源是人类可用于生产产品或提供各种服务的活力、技能和知识。雷西斯·列科（Rensis Lakere）认为，人力资源是企业人力结构的生产力和顾客商誉的价值。内贝尔·埃利斯（Nabil Elisa）认为，人力资源是企业内部成员及外部的人可提供潜在服务及有利于企业预期经营的总和。我国一般认为，人力资源是指能够推动整个经济和社会发展、具有劳动能力的人口总和。上述定义从不同侧面、不同角度揭示了人力资源的内涵，其至少包括劳动者的体质、智力、知识、经验和技能等方面的内容。

人力资源是指在一定时间、空间条件下，现实和潜在的劳动力的数量和质量的总和。

从时间序列上看，包括现有劳动力和未来潜在劳动力；从空间范围上看，可区分为某个国家（地区）、某区域、某产业或某企业乃至家庭和个人的劳动力，它既包括劳动力的数量，还包括劳动力的质量，更包括劳动力的结构。一般来说，从事劳动密集型岗位的劳动者对人力资源的体能要求较高，从事技术和智力密集型岗位的劳动者对其智力、情感和经验等要素要求较高。为更全面理解人力资源的概念，应从以下几个方面把握人力资源的特点：

（1）**人力资源具有自有性** 人力资源属于人自身所有，具有不可剥夺性。虽然在从事雇佣劳动中，人力资源会阶段性地被雇主所使用，但劳动者仍拥有其终极所有权，这是区别于其他任何资源的根本特征。

（2）**人力资源具有再生性** 人力资源属于生物性资源，是一种“活”的资源和可再生资源，与人的生命特征、基因遗传等紧密相关。人力资源不仅不会因为使用而减少，而且还会因为使用而提高水平，增强活力。所以，对人力资源可以进行多次开发。当然，人力资源的再生性不同于一般生物资源的再生性，除了遵守一般生物学规律外，它还受人类意识的支配和人类活动的影响。

（3）**人力资源具有时效性** 从个体的角度看，人是有生命周期的。人力资源的形成、开发、配置、使用和培训均与人的生命周期有关。人的一生中都存在着人力资源的积累过程，但开发而被利用则仅是一生的中间阶段。在这一阶段中，不同类型、不同层次的劳动者，其发挥作用的最佳年龄段也不同。即使同为高级人才，社科类人才与技术类人才发挥作用的最佳期也不同。进一步分析，即使同为管理人才，饭店管理人才与一般企业管理人才的最佳期也不尽一致。再次，人力资源只有在使用中才能发挥其作用，它不能像物质财富那样储存起来。如果是体力型的人力资源，不使用不仅会造成浪费还要消耗其他资源来维持它。作为智力型的人力资源，如果长期得不到开发使用，不仅会造成浪费，还可能因跟不上时代步伐而贬值。因而要求我们通过有效的管理和合理使用，使人的不同阶段的潜能得到最大限度发挥。

（4）**人力资源具有创造性** 人力资源区别于其他资源的最本质特征在于它是“有意识的”。通过其智力活动，具有巨大的创造力，它不仅丰富了人们的生产和生活资料，而且不断增强着人自身的能力。人力资源的这种创造性特征，从社会角度要求给予科学的制度安排和制度创新来调动人的积极性和有效地配置资源；从企业角度要求给予恰当的激励以提高人力资源使用效益；从个人角度要求增加智力投资，选择最适合自己的专业，以使人力资本投资收益最大化。人力资源作为一种经济资源具有稀缺性与有用性，是经过一定时期而形成的体力、智力等生产要素资源形式，强调人力作为生产要素在生产过程中的创造能力。

（5）**人力资源具有能动性** 从人力资源开发的角度看，作为主体的人既是被开发、被管理的对象，又是自我开发、自我管理的主体。作为被开发的对象，人力资源开发的广度和深度，取决于一定社会的外部制度性环境条件。劳动者的劳动力是被开发的对象，而开发的主体是社会、企业和单位。作为自我开发的主体，劳动者个人的主观能动性对于人力资源开发的效果具有重要的影响。在此，劳动者个人成为开发的主体，劳动者的能力成为开发对象。在一定条件下，人力资源开发程度和效果，取决于个人的家庭影响和个人因素。可见劳动者的自我开发与被开发是相互联系不可分割的整体。人力资源的能动性常从自我强化、选择专业和职业、劳动态度和敬业精神等三方面表现出来。

（6）**人力资源具有社会性** 人力资源处于特定的社会和时代中，它既是人类社会活动的结果，又是构成人类社会活动的前提，因此，人力资源具有社会性特征，不同的社会或不同的时代，人力资源的性质不同。人力资源的社会性特征具体表现为两个方面：一方面是人力资源的形成要依赖社会；另一方面是人类劳动是群体性劳动，不同的人分别属于社会的不同组织或群体。

2．人力资源管理的概念

人力资源管理是指运用现代管理措施和手段，对人力资源进行有效的开发、利用和激励，充分发挥人的主观能动性，以实现组织既定的目标的一系列活动。人力资源管理具有综合性特点，需要综合考虑多方面的因素，系统性的观点、科学的方法、用整体的眼光对整个组织的人力资源进行动态性管理。因此，人力资源管理的主要任务就是以人为中心，以人力资源投资为主线，研究人与人、人与组织、人与事的相互关系，掌握其基本理念和管理的内在规律，为充分开发、利用人力资源，发挥人的主动性和创造性，促进管理效益的提高和管理目标的实现。

二、人力资源管理的基本原理

1．战略目标原理

战略目标原理是指组织的最高决策层根据组织面临的外部环境和内部条件，制订出组织一定时期所要达到的总体目标，然后层层分解和落实，要求下属各部门及其主管人员根据组织总目标分别制订出各自的目标、任务以及相应的保证措施，形成一个目标体系，并将目标完成状况作为各部门考核的依据。

人力资源管理是实现组织目标的重要途径，要服从和服务于组织战略目标的实现，促使组织运转和循环的高效和有序。一般人力资源管理虽然比人事管理在管理广度和深度方面都有很大突破和深入，但比较而言仍与组织战略目标结合不够紧密，还没有真正从战略角度重视人力资源开发与管理对于组织目标实现的战略性作用。将人力资源管理纳入饭店战略目标管理系统，有利于更有效地实施管理控制，防止出现战略性和方向性偏差，有利于提高饭店各有关环节的管理水平和调动人们的积极性，也有利于改进管理过程中的缺陷。同时，人力资源管理也由其自身的战略目标系统构成，其具体管理措施和手段也要服从和服务于人力资源战略目标。

2．系统优化原理

系统是由若干个相互联系、相互作用的要素组成的具有特定结构和功能的有机体。其具有目的性、整体性、相关性和有序性等特征。系统优化原理是指从饭店的整体出发，按照系统特征的要求从整体上把握系统运行的规律，对管理过程中各个方面出现的问题进行系统的分析和优化，并按照外部环境的变化和组织内部条件，及时调整和控制组织系统的运行，最终达到实现组织的整体目标。

作为饭店管理系统中的关键环节，人力资源管理强调管理者诸要素之间互动以及管理活动与内外部环境间的互动。人力资源管理部门在进行具体的组织结构设计时，应该使得各部门的设置配合产生系统优化效果，使得饭店的管理成本低、效益好。此外，人力资源管理自身的各项管理功能，如职位设计、招聘、测评、培训、考核、薪酬、激励和劳动关系等方面也是一个相互联系的子系统，必须相互配合才能产生系统整体大于局部之和的效应。

3．结构优化原理

管理系统的结构是指管理的基本要素和层次之间的有机联系网络或组合方式。结构优化原理是指通过对人员的合理配备，实现人与工作的最佳组合，使组织各要素发挥最好功能，实现最优目标，即导致管理系统结构质变的良性效应。系统要素不同的组合，会产生不同的功能。管理活动需要良好的个体智力，更需要良好的集体智力。人力资源管理要建立一个优化的智力结构以提高系统的功能，这些结构包括合理的动态年龄结构、切合实际的文化知识结构、多种类型的智能结构、和谐的心理素质结构等。

4．能级对应原理

能级是指根据做功本领的大小划分的等级，能级对应原理就是建立一个与组织要素对应的具有不同层次及能量的合理结构体系，使组织的各要素动态地纳入相应的能级中，形成稳定的组织形态。饭店各级管理岗位的目标和任务是不同的，因此，对不同级别的管理人员的要求也就不同。员工的能级也是有差别的，管理者的能力必须同他们各自管理级别相对应。管理者的责任就在于，正确地认识和区别不同能力与特长的人，并尽可能使相应才能的人处于相应的岗位上，真正做到人尽其才。

5．管理动力原理

管理动力原理是指管理活动必须具有强大的动力，尤其要求管理者要最优地组合、正确地运用管理动力，从而使管理活动能持续、有效地发展下去，并取向组织整体优化功能和目标优化。管理动力包括物质动力、精神动力、信息动力。饭店人力资源管理要重视各种动力的协同作用，通过物质鼓励，以满足人类对基本物质需要和物质享受的追求，可以达到激发员工的工作热情的目的；通过精神鼓励表达组织的友爱、信任和对其能力、工作业绩的肯定，达到激励饭店员工内在的工作动力和热情；通过信息获取和交流完善和壮大自身，也找到自身的不足，发奋图强，奋起直追，朝着预定的期望目标努力。

三、饭店人力资源管理的主要内容

1．制订人力资源规划

人力资源规划是根据饭店的发展战略和目标，对饭店现在和将来所需人力资源进行分析预测，优化资源配置，实现人力资源供求平衡的过程。饭店人力资源的需求量由饭店计划、职位的数量和类型来确定的，在分析影响人力资源需求的内部、外部因素的基础上，预测饭店未来人力资源的供给与需求，根据旅游人力资源的供求关系来确定人力资源管理的重点，确定是人员选拔、调配、提升，还是分流、提前退休；此外，员工的报酬、福利等也是依据人力资源规划中规定的政策实施。因此，人力资源规划处于整个人力资源管理活动的统筹阶段。

2．选配合适的人员

饭店所需的员工数量和质量随着内外部环境的不断变化、饭店目标的修正和计划的变化而变动，为了确保担任职务的人员具备职务所要求的基本知识和技能，必须采取科学的人力资源管理方法对饭店内外的候选人进行筛选，使饭店所需的各类人才得到及时补充和调整。

3．员工培训与教育

员工能否胜任工作、快速适应工作环境的变化，是人力资源管理是否有效的重要标准。为提高员工素质和工作能力，必须有计划、有重点、有针对地对员工进行全面培训，实现员工个人生涯发展，以达到个人与饭店共同发展的目的。

4．工作绩效考核与评估

饭店通过选拔活动配备了适当的人员，并不意味着万事大吉，还要通过对员工工作表现、潜质和工作绩效进行考核和评估，分析占据职位的人员是否符合要求，并通过相应的奖惩、升降和去留等管理活动，保持饭店员工稳定和有效工作的积极性，以增强其满意感，从而安心和满意地工作。

5．薪酬与福利管理

员工在饭店工作的主要目的之一就是通过自己的劳动投入，获取合理的报酬，薪酬福利对员工基本生活需要的满足至关重要，它不仅是员工生活的保障，也是员工社会地位和实现自我价值的主要体现。饭店设计合理的薪酬与福利制度，并选用适当的工资形式，对员工工作积极性的发挥具有重要的激励作用。

第二节　饭店人力资源开发与利用

一、饭店工作分析

1．工作分析的概念与意义

工作分析就是要通过一系列科学的方法，确定职位的工作内容和职位对员工的素质要求的过程。工作分析是人力资源科学管理的前提和基础，其主要目的在于弄清楚饭店中每个职位应该做些什么工作，明确这些职位对员工有什么具体的从业要求，从而为制订出科学的人力资源计划、选拔合格人才、进行成功的职业生涯管理、开展针对性的培训活动、有效激励员工、实行科学的绩效评估提供依据。外国的人事心理学家从人力资源管理的角度出发提出了一个非常容易记忆的5W1H工作分析公式，从6个方面工作对职务进行分析：即 Who——谁来完成这项工作；What——这项工作具体做什么事情；When——工作时间的安排；Where——工作地点在哪里；Why——他为什么工作；How——他是如何工作的。

工作分析是人力资源管理的最基本的工具。具体的讲，工作分析有如下几个方面的意义：

（1）为应聘者提供了真实的、可靠的需求职位信息　员工在加入饭店工作之初，他们对自己的岗位有着强烈的个人认识，如果这些认识与实际工作不符，将会影响他们未来的工作。工作分析对各岗位的工作职责、工作内容、工作要求和人员的资格要求等都有清晰的说明，应聘者可以根据自己的能力和兴趣选择相应的职位。

（2）为选拔应聘者提供了客观的选择依据　工作分析明确了选拔员工的标准，避免了就业中存在的重男轻女、地域歧视和任人唯亲等不良现象，提高了选择的可信度和有效度，降低了人力资源的选择成本。

（3）为绩效考评标准的建立和实施提供了依据　工作分析使员工明确了饭店对其工作的要求目标，为工资的发放提供了可参考的标准，保证了薪酬的内部公平，减少了因考评引起的员工冲突，降低了员工间的不公平感。

（4）**为提高工作效率提供了保障**　明确了上级与下级的隶属关系，明晰了工作流程，提高组织的工作效率。

（5）**有利于员工发展**　工作分析使员工清楚了工作的发展方向，便于员工制订自己的职业发展计划，使员工发现、发挥和发展自己的潜能，获得有创造性的成果。

在人力资源管理的各个环节中，工作分析应该说是一个比较有难度的工作。它不仅要求对分析的实施者有一定的专业素质要求，还需要饭店各部门，甚至每位员工的配合。

2. 工作分析的步骤

工作分析的有效性依赖于一定的分析程序，一般来讲，工作分析可以分为5个阶段：计划阶段、设计阶段、信息收集阶段、信息分析阶段和结果表达阶段。

（1）**计划阶段**　计划阶段是工作分析的第一阶段。在计划阶段中，应该明确工作分析的目的和意义、方法和步骤；确定工作分析的方法；限定工作分析的范围，并选择具有代表性的职位作为样本；明确工作分析的步骤，制订详细的工作分析实施时间表；编写“工作分析计划”，并对有关人员进行工作分析方面的宣传。在工作计划书得到批准后，即可组建工作分析小组，进入工作分析的设计阶段。

（2）**设计阶段**　在设计阶段要设计出具体的工作分析实施内容。设计阶段的工作主要包括选择信息来源，选择工作分析人员，选择收集信息的方法和系统，编制各种调查问卷和提纲等。工作分析调查表和提纲要能够比较全面地反映出该项工作的工作内容、工作职责、职位任职资格等内容。

（3）**信息收集阶段**　工作分析的信息可以通过问卷调查、面谈、直接观察收集相关数据，也可以由工作执行者自己记录信息。这些方法既可单独使用，也可结合使用。由于每种方法都有自身的优点和缺点，所以每个饭店应该根据本企业的具体情况进行选择。

（4）**信息分析阶段**　信息分析阶段是将各种收集信息方法所收集到的信息进行统计、分析、研究、归类的一个过程。在信息分析阶段最好参照饭店以前的职务分析资料和同行业、同职位其他饭店的相关工作分析的资料，以提高信息分析的可靠性。信息分析阶段需要分析以下几方面的内容：

1）基本信息，如岗位名称、岗位编号、所属部门、职位等级等。

2）工作活动和工作程序，如工作摘要、工作范围、职责范围、工作设备及工具、工作流程、人际交往、管理状态等。

3）工作环境，如工作场所、工作环境的危险、职业病、工作时间、工作环境的舒适程度等。

4）任职资格，如年龄要求、学历要求、工作经验要求、性格要求等。

5）基本素质，如学历要求、专长领域、工作经验、接受的培训教育、特殊才能等。

6）生理素质，如体能要求、健康状况、感觉器官的灵敏性等。

7）综合素质，如语言表达能力、合作能力、进取心、职业道德素质、人际交往能力、团队合作能力、性格、气质、兴趣等。

（5）**结果表达阶段**　结果表达阶段的主要任务是编写工作描述和职位资格要求。工作描述规定了对“事”的要求，如任务、责任、职责等；职位资格要求规定了对“人”的要求，如知识、技术、能力、职业素质等。工作描述和职位资格要求将成为进行人力资源管理其他工作的重要依据，人力资源部门应通过工作说明和职位资格要求来指导人力资源管理工作。

3．工作设计

工作设计是指为了有效地达到组织目标，合理、有效地处理员工与工作的关系，规定每个工作岗位的任务、责任、权力以及组织中与其他岗位关系的过程。它是把工作内容、工作职能和报酬结合起来，对于激发员工的积极性，增强员工的满意感以及提高工作绩效都有重大影响。激励理论认为，在员工需求向高层次发展时，他们的积极性主要来自与工作本身相关的因素，工作设计得当就能满足员工的内在需要。因此，从激励理论的角度看，工作设计是对内在激励的设计。

工作设计的主要内容包括工作内容、工作职责、工作关系和工作环境设计4个方面。

（1）**工作内容** 工作内容包括工作广度、深度、工作的自主性程度、工作的完整性以及工作的反馈五个方面。

（2）**工作职能** 工作职能是指每项工作的基本要求和方法，包括工作责任、工作权限、工作方法以及沟通和协作等要求。

（3）**工作关系** 工作关系是指个人在工作中所发生的人与人之间的联系，谁是他的上级，谁是他的下级，他应与哪些人进行信息沟通等。

（4）**工作环境** 工作环境主要包括工作活动所处的环境特点、最佳环境条件及环境安排等。科学工作环境可以使员工的脑力、体力处于最佳工作状态，人心情舒畅，不易发生疲劳，工作效率提高，不易发生事故，并能保持身体的健康状态。

4．工作再设计

工作再设计是指饭店为了提高工作效率，而采取的修改工作描述和职位资格要求的行为。工作分析是一项连续性的工作，当饭店任何一个职位发生变化时，就要对这个职位重新进行职务分析，调整该职位的工作描述和职位资格要求。否则，工作描述和职位资格要求就会成为一纸空文，发挥不了任何作用。常见的工作再设计的形式有以下三种：

（1）**工作轮换** 工作轮换是指在不同的时间阶段，员工会在不同的岗位上进行工作。比如，人力资源部门的“招聘专员”工作和“薪酬专员”工作。从事该项工作的员工可以一年进行一次工作轮换。工作轮换的优点在于给员工创造更多的发展机会，让员工感受到工作的新鲜感和工作的刺激；使员工掌握更多的技能；增进不同工种之间员工的理解，提高协作效率。但它也有一定的局限性，首先，它只能限于少部分的工作轮换，大多数的工作是无法进行轮换的，因为很难找到双方恰好都能适合对方职位资格要求的例子；另外，轮换后由于需要熟悉工作，可能会使工作效率降低。

（2）**工作丰富化** 工作丰富化是指在工作内容和责任层次上的基本改变，并且使得员工对计划、组织、控制及个体评价承担更多的责任。充实工作内容主要是让员工更加完整、有责任心地去进行工作，使员工得到工作本身的激励和成就感。

（3）**工作扩大化** 工作扩大化是指工作的范围扩大，旨在向工人提供更多的工作，即让员工完成更多的工作。当员工对某项职务更加熟练时，提高他的工作量（相应地也提高待遇），会让员工感到更加充实。

二、饭店员工招聘

1．员工招聘的途径

招聘是寻找、吸引符合要求的工作候选人以满足组织的人力资源需求的过程。选拔是在最能胜任空缺职位的候选人中进行挑选的过程，是员工招聘的最后阶段。饭店追求一系列特殊和敏感的目标，其经营状况取决于员工的工作技能和工作态度，选拔合适的人来完成每项工作任务是极其重要的。员工招聘的途径有两个方面，即从饭店内部招聘和从饭店外部招聘，饭店内部招聘包括内部员工提升和内部职位调整两种方式。

（1）**内部员工提升或内部职位调整**　内部员工提升是饭店内部成员的能力和素质得到充分确认后，被委以比原来责任更大、职位更高的职位，以填充饭店由于发展和其他原因而空缺的职位。内部职位调整是将员工从原来的岗位调往同一层次的空缺岗位。内部招聘特别是内部提升的优点：由于事先对员工能力全面了解，有利于选拔工作的正确性；员工职业前景好而士气高、忠诚度高，避免有才能的人员怀才不遇而离职，有利于激发员工内在积极性；选择费用低，应聘者可更快适应工作，使组织培训投资得到回报。但内部提升也存在一些缺点，主要是一人提拔后所空出来的职位必须由其他人补充，引起不断的调动；可能会因为操作不公或员工心理原因，挫伤落选者的积极性；当选者不易建立威望等。

（2）**外部招聘**　外部招聘是根据组织制订的标准和要求从组织外部选拔符合空缺职位要求的员工。其优点是人员来源广，选择余地大，有利于招聘到优秀人才；能为饭店带来新观念、新技能；是树立饭店形象的良好机会；招聘经过培训的专业人员避免过度使用不成熟人才。其缺点是饭店对应聘者缺乏深入了解，甄选合适的员工比较困难；外聘者对饭店不了解，需要较长时期的适应、调整；内部员工得不到提升而士气低落。

2．员工招聘的程序与方法

通过各种招聘手段，大量的应聘者会前来竞争组织空缺的职位，要想甄选出最合适的人选，应按照一定的程序进行。员工招聘一般包括以下具体步骤：

1）根据职位的要求制订选聘标准。

2）应聘者填写申请表。

3）通过初步筛选确定比较有希望的人选。

4）进行测试以获得候选人的进一步信息。

5）由未来的上级主管及其他人员对候选人进行正式面试。

6）对候选人的各种信息进行查对和核实。

7）根据上述步骤的结果决定是否录用。

三、饭店人力资源培训

饭店招聘到员工后，就要对他们进行必要的培训和开发。通过实施有计划的、专业的人力资源培训和开发方案，保证员工掌握目前和未来工作所需要的知识和技能，从而改善整体工作质量。

1．培训的目标

培训是指通过各种方式使员工具备现在或将来工作需要的知识、技能并改变其工作态度，从而提高工作绩效的计划性和连续性活动。随着知识经济时代的到来，培训在促进组织发展和个人发展中的作用越来越大，培训工作必须坚持自始至终地开展，无论是工作伊始，还是工作过程中都必须对员工进行培训。培训的根本目的是使受训者在知识、技能、态度等各方面得到明显改善，由此带来工作效能和效率的提高，产生明显的经济效益和组织文化效应。具体目标包括以下几个方面：

（1）**补充新知识** 随着科学技术进步速度的加快，需要对员工的知识进行更新，培训使员工掌握与工作有关的新知识，可以丰富员工知识、提高员工技能。

（2）**提炼新技能** 随着饭店工作的日益复杂化和非个人行为化，组织对员工的能力要求越来越高，为了提高员工的竞争力，需要对员工进行培训，使员工的能力得以提升。

（3）**转变观念** 每个组织都有自己的文化、价值观念。培训的主要目标是使员工能够根据环境和组织的要求转变观念，逐步了解并融入组织文化之中，形成统一的价值观念。

（4）**开拓思维** 科学的思维方式是创新的基础，通过培训使传统的思维定势得以打破，提高员工的综合素质和创新能力。

（5）**加强协作** 通过培训，加强员工之间的信息交流和沟通，使员工了解饭店一定时期的政策、方针以及经营环境，正确认识自我，加强与其他员工的协作。

2. 培训的内容

（1）**饭店管理人员的培训** 饭店管理人员在饭店发展中起着至关重要的作用。培训既要重视对饭店管理人员创新意识的培养，以保持饭店发展的超前性；又要重视对饭店管理人员管理能力、管理方法和管理技巧的培养，使饭店管理达到科学性与艺术性的统一，使饭店得到较大的发展。

（2）**饭店专业技术人员的培训** 饭店专业技术人员培训的目的在于不断接受新知识、新技能，全面提高专业技术人员的素质，培养适应新环境的饭店高级专门人才，直接、有效地为饭店的发展服务。专业技术人员的培训根据专业性质不同，培训的深度和广度应有区别。

（3）**饭店员工的岗位培训** 饭店员工岗位培训一般以专业技能训练为重点。通过实际技能训练，提高饭店员工的实际操作能力和应变能力。提高专业技能，必须建立在掌握基础理论知识的基础上，因此，专业理论知识培训是饭店员工岗位培训的基础。岗位培训既是基础性培训，又是长久的培训，要持久开展饭店员工岗位培训应引入外部激励机制，通过严格管理和持证上岗制度，以及精神激励和物质激励双管齐下的政策，可有效促进饭店员工基本素质及专业技能的提高。

3. 培训的方法

随着科技与各种学习理论的发展，人力资源开发的新方法也不断出现。不同的培训方法各有优劣，饭店需要根据培训目的、培训内容、培训对象进行选择以达到令人满意的培训效果，下面介绍一些主要的培训方法。

（1）**讲授法** 讲授法是针对了解专业基础知识和发展动态，提高实际操作技能和管理人员的管理水平和理论水平的培训方法。实际中，尽管管理人员具备了一定的理论知识，但还需要在深度和广度上接受进一步培训，常采用灌输式、启发式、发现式、开放式等多种形式。采用讲授方法，时间集中，传授的知识系统、全面；但学员主动投入部分很小，注意力容易分散。为提高讲授法的培训效果，应尽量采取现代教学工具，使教学内容形象化、立体化，并提高学员的参与程度。

（2）**案例分析法**　案例分析法是把现实中一些真实的情景或问题加以典型化处理，形成案例供受训者讨论、分析和思考，以提高其分析问题和解决问题能力的一种培训方法。案例分析法在当今世界的各类培训特别是管理培训中受到普遍重视和欢迎，应用非常广泛。与灌输式讲授相比，案例分析法具有生动直观、双向交流、能调动受训者主动性、重能力培训等优点，如果案例与所从事的职业紧密联系，这也许是强调学习的绝佳方法。但这种方法耗时较长、对培训教师和受训者要求较高、案例难以完全反映真实情况等。案例一般由说明、正文、附件和思考题等 4 部分组成。其中说明由包括案例的目的、适用范围、使用建议、内容梗概及掩饰处理。正文和思考题则由培训教师根据培训目的和培训对象的情况而定。有的案例还需要一些附件，如有关数据、图表等。

（3）**研讨培训法**　研讨培训法也是现代培训中应用非常广泛的一种方法，它主要适用于概念性或原理性知识的学习和把握，其形式是在受训者事先调查的基础上，然后通过报告、研讨等形式，与他人进行信息交流和问题研究。开放、深入的研讨不仅可以促进受训者进一步理解有关知识，树立探求科学的精神，还可以训练其思维方式，帮助其及时发现自己的优势和不足。研讨培训法有助于引导受训者进行积极的思考，发表自己独特的见解，而且形式非常灵活，适用于各个层次的培训。但是研讨培训比较难以组织，特别是对主持人的要求较高。

（4）**角色扮演法**　角色扮演就是在预先设定的某种情境中，要求一些受训者担任其中的各个角色并进行当众表演，其他人在观看表演时要注意与培训目标有关的行为。表演结束后进行情况汇报，扮演者、观看者和教师共同对扮演情况进行讨论。角色扮演的目的是为了给学员提供不同的待人处事的观点和练习处理各种人际关系的技巧，寻求在情绪激动下解决问题的可能方法。角色扮演法主要用于受训者职业能力和职业态度的养成，有利于促进受训者的换位思考和对职业角色的深刻理解，从而更好地处理组织中可能出现的各类问题。

（5）**拓展训练法**　拓展训练法是一种以体验、经验分享为教学形式的培训方法，它起源于第二次世界大战期间英国海员学校对于海员生存能力和生存技巧的训练，后来逐渐扩大到军人、学生、工商业人员等，训练内容也由单纯的体能和生存训练扩展到心理训练、人格训练、管理训练等。现在的拓展训练是一种现代人和现代组织全新的学习方法和训练方式。它利用崇山峻岭、浩瀚大海等自然环境，在解决问题、应对挑战的过程中，达到“激发潜能、熔炼团队”的培训目的。

（6）**头脑风暴法**　头脑风暴法就是指让学员在不受任何限制的情况下，针对某一特殊问题提出所有能想象到的意见以提高管理人员创新能力的培训方法。头脑风暴法主要用于帮助学员尝试解决问题的新措施或新办法，可以让学员在公众环境中提升自己，用以启发学员的思考能力和开阔其想象力。培训时首先要把来自饭店不同部门的参训精英分子进行分组，学员在组内平起平坐，没有职级之分，学习内容、形式及时间由饭店根据需要决定。

（7）**行动学习法**　行动学习法是由英国曼彻斯特大学雷文斯教授首先提出的一种培训方法，现在广泛应用于国际上许多知名企业的培训工作中，它和传统方法有着很大的区别。行动学习法是一个双重的过程，它要求达到理论与实践的紧密结合；同时又是一个循环的过程，可表述为：学习 =首次质疑+相应运用的程序化知识+再次质疑。行动学习法的一个重要特征是以学员为中心，学员共同讨论研究解决方案，教师只担任主持人、顾问的角色，并不传授系统的知识。行动学习法的核心是广泛的小组活动，使每个学员都参与进去，充分发挥其主观能动性。通过小组活动，开发学员彼此的内在潜力，掌握更有效的学习技巧，达到了解自我、相互促进、学用结合、集思广益的效果，以提高对实际问题的解决能力，并对个人学习和发展进行调整。

四、饭店人力资源利用

1. 科学配置人力资源

饭店员工经录用、培训后，需要把最合适的人安排到合理的岗位上，为不同的工作配备相应工种、技术等级和数量的员工，保证事（岗位）得其人，人尽其才，人事相宜。经常了解人才使用的情况，对安排不当、学非所用或大材小用的要进行必要的调整，允许人才的合理流动，达到最佳的人员结构。要运用知识互补、能力互补与性格互补的原则，以便互相取长补短，共同提高。

2. 完善用人制度

人才使用不仅要求管理者能够知人善任，还要更新用人观念，要有识才的慧眼，用才的气概、爱才的感情、聚才的方法，善于用事业留人、用感情留人、用适当的待遇留人，要建立有利于留住人才，人尽其才、人尽其用，使人的聪明才智得到充分发挥的竞争机制、激励机制。对有开拓创新精神、外语好、业务能力强的年轻优秀人才，要放手使用，交给他们富有挑战性的工作，为其成长和发展创造条件。

3. 加强团队建设

团队是为了实现某一目标而由相互协作的个体组成的正式群体。团队的成员之间要相互帮助和支持，以团队的方式展开工作，促进成员之间的合作并提高员工的士气。团队建设是一个有效的沟通过程，使参与者和推进者都会彼此增进信任，坦诚相对，对工作和单位的主人公意识更加强烈。高效的工作团队对提高饭店绩效、员工满意度等方面有重要作用。

第三节　绩效考核与评估

一、绩效考评的概念与作用

1. 员工绩效考评的概念

绩效考评是人力资源管理的一项重要活动，即考评者在一定的目的与思想指导下，运用科学的技术方法，依据一定的考评标准，对员工在工作岗位上的工作行为表现和工作结果进行收集、分析、评价和反馈，以便形成客观、公正的人事决策过程。绩效考评是一项经常性的、持续性的工作，其目的在于为组织提供一个持续的信息反馈，增强组织的灵敏度，及时发现问题，主动把握机会以提高员工工作的积极性、主动性、创造性和工作效率。

2. 员工绩效考评的作用

（1）**为员工培训与开发提供依据**　绩效考核的结果是员工工作成绩的体现，合理、有效、准确的绩效考核可以清晰地了解员工在德、能、勤、绩等各方面的优点和不足。饭店根据绩效考核的结果，对员工有计划、有目标、有目的地开展培训，避免产生一些不必要的人员培训上的浪费。对考核成绩优秀的人员，可以通过职位提升和换岗培训给予更大的发展空间；对于考核成绩不理想的人员，通过素质提升培训以提高工作业绩。

（2）**为确定员工的工作报酬提供依据** 实际工作报酬与员工的工作能力和贡献相结合，是组织分配制度的一项基本原则，为鼓励员工提高业绩，必须在充分考虑饭店员工的岗位职责、工作成果、综合素质和发展潜力的基础上，以考核结果来决定分配，对富有成效的员工和小组给予明确的加薪奖励。

（3）**为员工的职业发展规划提供指导** 职业发展规划是指员工根据自己的能力与兴趣，通过规划职业目标以及实现目标的手段，使自己在人生的各个不同阶段得到不断发展。只有帮助员工从广义的个人角度进行自我发展的组织，才能通过员工的努力成为业绩最好的组织。绩效评估使员工有机会了解自己的优缺点以及其他人对自己工作的评价，饭店可以根据绩效评估结果和员工的特点进行指导和职业生涯管理，帮助他们设计在组织内的发展目标；员工在上级的帮助和指导下，顺利地执行自己的职业生涯发展规划。

（4）**为员工职位的变动提供参考信息** 绩效评估不仅考察员工在一定时间内的工作业绩，也评估员工的综合素质和发展潜力，看其是否符合现任职务所具备的素质和能力要求，是否具有担任更重要工作的潜能。饭店必须根据员工的工作成果和能力对相应的人事安排进行必要的调整。对能力较强的员工应提供更多的晋升机会，对能力较为平衡的员工则可保持其现在的职位，而对能力不足的员工应进行岗位调整或降级。

（5）**绩效考核是激励的最有效的手段** 绩效考核的结果不仅与员工的收入密切相关，也与提升、降级、调整岗位、辞退等密切相关，所以，绩效考核处理的结果将对员工的积极性产生很大的影响，加强绩效考核的管理和控制，能使考核与员工的发展有机地结合起来，把员工低层次的需求和高层次的需求连接起来，最大限度地激发员工的创造性，从而提高饭店的整体绩效。

此外，绩效考核为人力资源管理的其他环节提供确切的基础信息，为其他职能部门的决策提供参考依据。

二、绩效考评的程序

1．确定绩效考评目标

考评的最终目的是改善员工的工作表现，以实现组织的经营目标，但在不同的阶段又有具体的目标。有些考评是为了确定中层员工的潜能，有些考评是为了报酬管理、对一般员工进行工资调整，另一些考评是为了工作改进。因此，首先要有针对性地选择并确定绩效考评的目标，然后根据不同目标确定考评责任人和考评制度。

2．制订绩效考评标准

在不同的管理层级和工作岗位上，每个员工所具备的能力和提供的贡献是不同的，人力资源管理部门在同员工合作的情况下，根据岗位的工作性质设计和选择合理的考评指标。考评指标应该定量和定性相结合，建立多层次、多维度的绩效考核体系。

3．评价工作业绩

在确定了考评目标和考评标准后，应当通过绩效考评系统根据特定的评估目标内容对员工进行正确的考评，在综合各考评表得分的基础上得出考评结论，并对考评结论的主要内容进行分析，检验考评结论的有效性。

4．绩效考评反馈

反馈考评结果的主要方式是面谈，进行绩效反馈面谈应主要达到两个目标，一是通过直接的交流与员工就考评结果达成共识；二是在肯定员工前期工作的基础上，通过反馈对考评结果进行分析，帮助员工提升业绩。绩效考评是为了改进和提高工作绩效，不是为考核而考核。为了共同的责任，每一个员工都应当在能够培养自我激励、自我评价和自信的气氛中工作。

5．考评结论备案及应用

根据最终的考评结论，组织可以识别那些具有较高发展潜力的员工，并根据员工的成长特点确定其发展方向，同时将绩效考评结果进行备案，为员工今后的培训、调整提供充分的依据。

三、绩效考评的方法

1．书面描述法

书面描述法是指考评者以书面报告形式描述一个员工的优点和缺点，过去的绩效和潜能，并提出改进建议的一种绩效评估方法。书面描述法可以提供一些其他方法所不能提供的描述性信息，使考评者有机会指出员工独有的特征，适用于高层管理人员。书面描述法带有主观性，描述的重点不一定能满足绩效管理相关方面的要求。

2．关键事件法

关键事件法是指考评者通过分析和评价员工在工作中成功或失败的关键事件，利用关键事件作为衡量尺度评定一个员工工作绩效的方法。考评者要记录和观察这些关键事件，描述员工的工作行为以及工作行为发生的具体情境，经归纳、整理，便可得出可信的考评结论。关键事件法针对性强，对事不对人，结论不易受主观因素的影响，适用于较长时期内的工作绩效考评。

3．评分表法

评分表法是指列出一系列绩效因素，然后考评者逐一针对表中的每一项因素，按增量尺度对员工进行评分，以总分作为员工绩效依据的考评方法。这是一种古老而又常用的绩效评估方法，适用范围广，简便实用。需要对尺度（等级）和标准精确定义，以降低主观偏见产生的可能性。评分的尺度通常采用 5 分制。

4．行为定位评分法

行为定位评分法是近年来日益得到重视的一种绩效评估方法。这种方法综合了关键事件法和评分表法的主要成分，由考评者按序数值尺度对各项指标作出评分，评分项目是以某人从事某项职位的具体行为为事例，而不是一般的个人特质描述。

5．多人比较法

多人比较法是将一个组织的工作绩效与一个或多个其他组织作比较，以比较结果作为绩效考评依据的方法。这是一种相对的而不是绝对的衡量方法。该类方法最常用的形式有三种：分组排序法、个体排序法和配对比较法。

为了使饭店不同工作岗位之间的绩效考评具有可比性，可以运用岗位绩效指数化法来反映饭店外部环境中各种条件的变化、宏观政策的调整、饭店企业组织体制、人事制度的变更等不确定和不可控因素对工作绩效的影响，使考评结果更加客观、公正，并与相应的激励措施结合，推动员工努力创造更高的业绩，从而成功地实现饭店的战略目标。

饭店员工绩效评价可以从直接主管、同事、下属、顾客及被评价者个人的角度进行，评价内容包括工作数量、工作质量、工作效率、工作效益、工作态度等多个方面。在具体实施过程中，首先要界定工作本身的要求，建立切实可行的绩效评价规则和指标体系，然后才用科学、合理的评价方法衡量实际工作绩效并进行动态反馈，不断修正目标。

第四节　薪酬管理与激励

一、薪酬与福利的含义

1．薪酬的概念

广义的薪酬是指饭店为吸引、保留和激励员工而给予的各种形式的报酬以及其他相关支出。它既包括职工工资、奖金、津贴和补贴等直接报酬，职工福利、社会保险费、工会经费和职工教育经费等间接报酬，也包括工作本身、工作环境、身份标志、组织特征等能带来的心理效应的非货币报酬。

狭义的薪酬是指员工向其所在单位提供所需要的劳动而获得的各种形式的报偿，它包括基本薪酬、奖金、津贴和补贴等具体形式。狭义的薪酬一般是与个人或群体的劳动量相联系的劳动报酬，不论是以货币支付还是以非货币支付，它都具有很强的目的性。

2．福利的概念

福利就是用人单位为了吸引人才或稳定员工而对员工采取的福利措施。它包括养老保险、医疗保险、失业保险、伤残保险、生育保险、住房公积金等法律规定的福利；它还包括用于改善职工生活条件的内部设施，如医疗、饭堂、浴室等舒适的工作环境、弹性工作时间、带薪假期、较多地参与决策、较好的个人成长机会、动听的头衔、较为引人注目的名片等用人自主福利。福利是不与劳动者的个别劳动量或群体劳动量相联系的，每个人都有权利享受，它强调长期性和整体性。

现代企业的薪酬设计中，福利已占有越来越重要的位置，很多企业的福利越来越呈现出个性化和灵活性。狭义的薪酬与福利的界限有时也比较模糊，而且两者可以相互转化，都是全面薪酬的重要组成部分。

二、薪酬管理的概念

薪酬管理是饭店对其薪酬战略，薪酬政策，薪酬水平，薪酬支付依据，薪酬构成的确定、分配和调整的过程。员工对薪酬的满意程度是衡量薪酬管理水平高低的最主要标准。让员工对薪酬满意，使其能更好地为饭店工作，是薪酬管理的根本目的。

薪酬管理包括薪酬体系设计、薪酬日常管理两个方面。 薪酬体系设计是薪酬管理的基础工作，包括薪酬水平设计、薪酬结构设计和薪酬构成设计。如果薪酬水平、薪酬结构、薪酬构成合理，员工对薪酬管理的满意程度越高，薪酬的激励效果就越明显，员工的工作积极性高，工作业绩好，就会得到更高的薪酬，于是形成正向循环；否则会陷入负向循环，饭店薪酬管理的目标难以实现。薪酬日常管理是由薪酬预算、薪酬支付、薪酬调整组成的循环，是薪酬管理的重点工作。

薪酬体系建立起来后，应密切关注薪酬日常管理中存在的问题，及时调整公司薪酬策略，调整薪酬水平、薪酬结构以及薪酬构成以实现效率、公平、合法的薪酬目标，从而保证饭店发展战略的实现。

三、薪酬支付依据

1. 依据岗位付酬

依据岗位付酬是指依据任职者在饭店中的岗位确定工资等级和工资标准的一种薪酬制度。不同的岗位将创造不同的价值，因此不同的岗位将给予不同的工资报酬；对于超过岗位任职要求的能力不给予额外报酬，鼓励员工通过岗位晋升来获得更多的报酬。

2. 依据职务付酬

依据职务付酬是依据岗位付酬的简化。职务和岗位的区别在于，岗位不仅体现层级还要体现工作性质，如人事部部长、前厅经理等；而职务一般只表达出层级，不能体现工作性质因素，如部长、经理、主管等。依据职务付酬仅仅体现层级，不能体现同一职务不同岗位的差别，是典型的等级制薪酬制度。依据岗位付酬综合反映了岗位层级、岗位工作性质、岗位责任、岗位贡献等多方面因素，是市场导向的薪酬制度。

3. 依据技能（能力）付酬

依据技能（能力）付酬是指根据员工具备的与工作有关的技能和能力的高低来确定其报酬水平。真正体现“以人为本”理念，给予员工足够的发展空间，如果员工技能或能力大大超过目前岗位工作要求，而又没有更高层次空缺岗位提供，就将对员工超出岗位要求的技能和能力给予额外报酬。依据技能付酬和依据能力付酬在概念上是有区别的，根据能力冰山模型，个人绩效行为能力由知识、技能、自我认知、品质和动机五大要素构成，技能是能力的一个组成要素。在饭店薪酬实践中，一般对工人习惯以技能付酬，对管理人员习惯以能力付酬。

4. 依据业绩付酬

依据业绩付酬是指依据个人、部门、组织的绩效进行付酬。依据业绩付酬给予员工一定的压力和动力，同时通过上级主管对下属不断进行绩效辅导和资源支持，促进个人绩效和组织绩效的提升，尤其在业务部门使用最普遍。其核心在于建立公平、合理的绩效评估系统。

5. 依据岗位技能付酬

依据岗位技能付酬是指依据岗位、职务对劳动技能的要求和员工个人所具备的劳动技能水平确定薪酬，是以岗位和技能两个因素为依据的薪酬制度。相同岗位上确定不同的技能等级，采取一岗多薪的方式，充分发挥两种薪酬制度的优点。

6. 依据岗位绩效付酬

依据岗位绩效付酬是指依据员工按聘用岗位获得相应的岗位工资和饭店的经营业绩获得绩效工资来确定薪酬，是以岗位和绩效两个因素为依据的薪酬制度。其具体方法一般是上级主管部门核定绩效工资总量，各单位自主制订绩效工资分配方案，采取灵活多样的分配形式和办法。

四、薪酬构成设计

薪酬构成设计是确定员工薪酬的各组成部分在薪酬总额中的组合方式与比例关系。薪酬可以分为固定薪酬和浮动薪酬，固定薪酬包括基本薪酬、津贴、补贴和福利等；浮动薪酬包括绩效工资和奖金等，构成员工薪酬的各个成分均有其自身的特点、形式和作用，只有将它们有机地组合，确定恰当的比例关系，才能取得最佳效果。

1. 稳定薪酬模式

稳定薪酬模式是指薪酬主要根据员工工龄与饭店的经营状况确定，与个人的绩效关系不大，员工收入相对稳定。薪酬固定部分如基本工资、津贴补贴、保险、福利等所占比例较大；薪酬浮动部分如绩效工资、奖金等所占比例较小，适合于稳定经营的饭店。稳定薪酬模式员工工作压力小，有较强的安全感，但激励效应差，员工的主动性、积极性一般不是很高。

2. 弹性薪酬模式

弹性薪酬模式是指薪酬主要根据员工绩效确定。薪酬固定部分如基本工资、津贴和补贴、保险、福利等所占比例较小，薪酬浮动部分如绩效工资、奖金等所占比例较大。弹性薪酬通常采取计件或提成工资制，是激励效应比较强的薪酬方式，能提高员工的主动性、积极性，但员工会感觉到工作压力较大，缺乏职业安全感，员工忠诚度一般较低，流动性比较大。

3. 折衷薪酬模式

弹性薪酬模式和稳定薪酬模式是比较极端的情况，一般情况下，饭店会采取折衷薪酬模式，即薪酬主要取决于员工的岗位以及绩效状况，与团队与个人的绩效有一定关联，员工大部分收入相对稳定。薪酬固定部分与浮动部分比例比较适中。折衷薪酬模式兼顾了弹性薪酬与稳定薪酬的优点，员工具有一定的压力，员工的工作主动性、积极性能得到促进，员工的忠诚度也比较高。

五、饭店员工激励

1. 激励的概念

激励是激发个人的内在动力和需求，使个人努力工作去实现组织目标的过程。根据绩效管理模型，激励效应、技能因素、外部环境、内部条件是影响绩效的 4 个主要因素，其中，激励因素是最具主动性、积极性的因素。美国哈佛大学威廉·詹姆士博士的一项研究表明，员工在受到充分激励时，其能力发挥为 80%～90%；在保住饭碗不被解雇的低水平激励状态下，仅发挥其能力的 20%～30%。由此可见，采取有效的激励措施，个人绩效和组织绩效才能得以提升，组织目标的实现才更有保证。

2．饭店员工激励的原则

（1）**整体需求原则** 员工的需求是多层次、多方面的，不同工种、不同层次、不同职位、不同年龄的员工需求不同。管理者必须深入地进行调查研究，不断了解员工需要层次和需要结构的变化趋势，结合饭店的实际情况，从饭店经营管理的整体需要出发，尽可能地满足员工的要求，使他们发挥应有的潜力，提高工作效率。

（2）**目标一致原则** 激励员工要有明确的目标，目标设置必须同时体现组织目标和员工需要的目标，要把整体目标按指挥链进行分解，使员工个人、班组、部门、群体与饭店有关各方的需求统一起来，有针对性地采取激励措施，才能使员工激励取得良好的效果。

（3）**积极引导原则** 外激励是基础，内激励是根本，外激励措施只有转化为被激励者的自觉意愿，才能取得激励效果。因此，要引导员工树立正确的价值观，认识到自己潜在的能力和追求更高的发展，在外激励和内激励相结合的基础上逐步过渡到以内激励为主。

（4）**公平合理原则** 激励的起点是满足员工的需要，但员工的需要因人而异、因时而异，并且只有满足主导需要的措施，其效价才高，其激励强度才大。因此，激励措施要适度，要根据所实现目标本身的价值大小确定适当的激励量。

3．激励的基本方式

（1）**物质激励** 饭店管理者针对每一位员工不同层次的需求，选用适合的激励方式。绩效工资、奖金等报酬具有比较强的激励作用，因此在激励内容上，一方面，应该详细分析固定收入与浮动收入的比例关系，在固定收入满足员工生活基本需要的前提下，应加大绩效工资、奖金等激励薪酬的比重；另一方面，在重视物质激励作用的同时，不能忽视精神激励的重要作用。必须反对平均主义，改革的办法是根据工作的难度、重要性、业绩大小来决定工资和奖金的分配。

（2）**目标激励** 目标激励主要是在工作中引导员工个人目标与饭店目标同向，使员工的个人切身利益与饭店的集体利益一致；启发和引导饭店员工对更高目标的追求，使其在实现自身奋斗目标的过程中，为饭店的发展做出重大的贡献。确定目标时，应注意目标难度与期望值，目标不要定的太高，要让员工觉得通过一定努力就可以实现；同时目标还应该是多层次、多方面的，使员工感到切实感，并将该目标转化为工作压力和动力。

（3）**情感激励** 情感激励是对人的行为最直接的激励方式。情感激励的正效应可以焕发出惊人的力量，使员工自觉努力工作。情感激励要求饭店上下建立开诚布公、互相尊重、关心、协作的工作环境，以此形成饭店的高凝聚力。

（4）**参与激励** 饭店管理者和人力资源工作者要善于给员工参与管理、参与决策和发表意见的机会。要倾听下属的心声，因为决策的最终执行者还是下属员工。要求创造和提供一切机会让员工参与管理，调动其工作的积极性。此外，通过丰富饭店工作内容，增加工作的挑战性和创造性，按照员工的专长与爱好调整岗位，使员工更加热爱本职工作。

（5）**晋升和发展机会激励** 利用人们的上进心理，给予员工职位上的晋升，无疑是一种极为有效的方法。为了满足饭店员工自我实现的需要，并使之与饭店的发展目标相融合，应及时给表现优秀且可塑的人才晋升机会，让员工感受到工作的价值和发展前景，促使其有更出色的表现和贡献。

（6）**奖惩激励** 在管理工作中奖励是正激励，惩罚就是负激励。只有正激励没有负激励的模式不能保证任务目标的完成；而只有负激励没有正激励会引起员工严重不满，两者相结合的激励方式其效果更佳。不论是奖励还是惩罚，都要实事求是、恰如其分、力求准确，要根据不同对象的心理特点采用不同方式。

本章小结

人力资源是饭店最重要的资源，人力资源管理的目的是留住和合理使用它所需要的人才。现代人力资源管理是超越传统人事管理的全新的管理模式，通过招聘、选择、培训、考评和薪酬等管理形式对组织内外相关人力资源进行有效运用。就其任务和内容而言，人力资源管理首先制订出科学的人力资源计划，在工作进行分析的基础上选配合格的人员、开展针对性的培训活动，然后实行科学的绩效评估、合理设计薪酬与福利以有效激励员工，提高员工积极性和工作效率，保证组织目标的实现与组织成员发展的最大化。

思考与练习

1．人力资源的基本特征是什么？
2．人力资源管理的基本原理有哪些？
3．人力资源管理工作包括哪些内容？
4．进行工作分析有哪些基本步骤？
5．员工招聘的途径与方法有哪些？
6．人力资源培训的内容与方法有哪些？
7．进行绩效考评有哪些程序？
8．如何进行薪酬构成设计？
9．饭店员工激励有哪些方式？
10．案例分析

中国饭店业人力资源调查分析

2009 年 4 月 6 日，中国旅游饭店业协会发布了《中国饭店业人力资源调查分析报告》，该调查是在 2008 年 11 月～2009 年 1 月进行的。调查覆盖全国近 160 家星级饭店，内容涉及员工招聘与流失、培训与发展、绩效与薪酬等问题。调查采用问卷的形式进行，每份问卷均由饭店人力资源部专人填写，数据真实。

饭店业人力资源报告的调查显示，在对“饭店招聘难的主要原因”问题的调查中，饭店行业的吸引力下降和求职者期望值过高是困扰饭店招聘难的两大因素，分别占 30.1%和 29.4%。同时，调查还显示，员工流动率比管理层流动率大；高星级饭店比低星级饭店流动率大；有经验的一线员工流失率大；89%的流失员工工作年限不到一年。

导致员工流失的原因有自身因素、工作因素和社会因素。在社会因素中，41%的受访对象认为，饭店行业竞争地位的下降导致员工流失，30%的受访对象认为，饭店行业工作的“青春饭现象”导致员工流失。报告指出，这给管理者传达了一个信息：增强行业竞争地位、改善饭店工作条件，是否会有效解决饭店员工的流失呢？

在培训需求方面，调查表明，2009年饭店倾向于对营业部门的培训，受访的管理者认为，重点培训部门集中在三大营业部门：前厅部，客房部，餐饮部，这体现了管理者务实的一面。此外，培训将倾向于短期培训、内训，对培训师资的需求倾向于“实战派”，培训内容以经验分享为主等。

在饭店薪酬和奖励机制调查中，在“饭店员工最关心的问题”中，“稳定并逐步提高的收入”位居第一，在对不满意薪酬的人员调查中发现，越是基层员工对薪酬越不满、越是新入职员工对薪酬越不满。

2009年，饭店该采取何种手段尽可能降低劳动力成本？调查显示：众多人力资源管理者把降低劳动力成本的筹码压在增加实习生比例和增加熟练临时工上。

思考：

（1）你认为调查结果能反映我国饭店人力资源管理现状吗？饭店员工流失的主要原因有哪些？

（2）如果你是饭店总经理，你将如何改善饭店人力资源管理现状？

第六章

饭店市场营销管理

学习目标

1. 了解饭店市场营销的概念；
2. 熟悉饭店市场营销管理的任务；
3. 掌握饭店市场营销组合策略；
4. 能够在实践中应用新的饭店营销理念。

第一节　饭店市场营销概述

一、饭店市场营销的定义

1. 饭店市场的含义

市场作为商品交换关系的总和，是随着社会分工和商品生产的发展而发展起来的。当代营销学家菲利普·科特勒指出："市场由一切具有特定的欲望或需求并且愿意和能够以交换满足此欲望和需求的顾客组成。"

饭店市场是指饭店产品或服务的现实购买者与潜在购买者需求的总和。它包含 3 个要素：一是有某种需要的人；二是为满足这种需要而具有的购买能力；三是为满足这种需要而拥有的购买欲望。即：饭店市场=人口+购买能力+购买欲望。

2. 饭店市场营销的定义

对于市场营销，从它产生到现在，国内外学者从各自的研究视角出发有上百种定义，企业对它的理解也各不相同。其中美国营销协会对市场营销的定义是："营销是计划和执行关于商品、服务和创意的观念、定价、促销和分销，以创造符合个人和组织目标的交换的一种过程。"根据以上定义可以看出营销包括以下 3 个含义：一是营销的最终目标是满足需求与欲望。二是营销的核心是交换。三是交换过程能否顺利进行取决于营销者创造产品和价值满足顾客需求的程度以及营销人员的营销能力。

饭店市场营销是为了让目标顾客满意，并实现饭店经营目标而展开的一系列有计划、有步骤、有组织的活动。它是一个根据顾客的需要和要求而展开的产品、价格、销售渠道及促销策划和实施的全过程。

二、饭店市场营销的过程

饭店市场营销过程如图 6-1 所示。

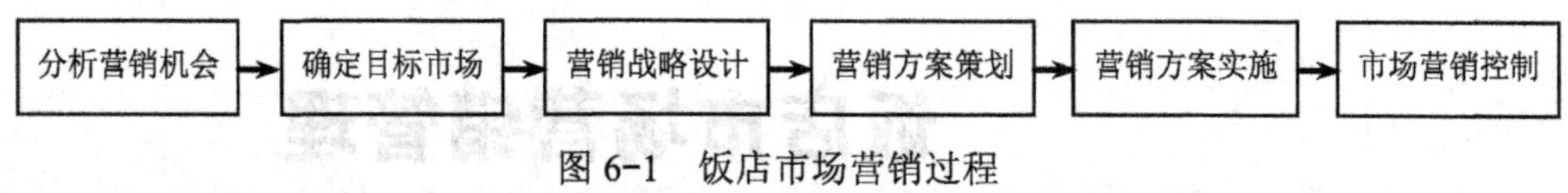

图 6-1　饭店市场营销过程

1. 分析营销机会

饭店市场营销的第一个环节是全面分析饭店市场营销环境，通过分析饭店所处的宏观环境和微观环境，明确自己的优势和劣势，避开威胁因素，找到有吸引力的市场营销机会，同时向饭店其他部门及时提供信息反馈。

2. 确定目标市场

通过分析市场机会，掌握总体市场需求状况。不同顾客有不同需求，饭店应该根据顾客的群体特征进行饭店市场细分，选择对本企业最有吸引力、而饭店可为之提供有效服务的细分市场为目标市场，实行目标市场营销。

3. 营销战略设计

确定目标市场后，为进入这一市场设计营销战略。进行市场定位，就是在这一市场的所有竞争对手中间确定自己饭店的独特地位，树立本企业的独特形象。

4. 营销方案策划

营销方案涉及营销费用、营销组合和营销资源的分配。营销组合就是综合地、动态地把各种营销策略有机地组合运用，在营销方案中应使各种营销策略具体化。

5. 营销方案实施

一项好的营销策划方案如果得不到正确的实施，就毫无意义。成功的营销方案实施取决于企业是否将行动方案、组织结构、决策和奖励制度、人力资源和企业文化这五大因素有效地组成一个协调的整体。

6. 市场营销控制

在市场营销方案实施的过程中，可能由于企业营销人员缺乏必要的能力，或者高层主管人员管理幅度过大造成管理失控，或者企业所面临的营销环境发生了变化等原因，导致方案在实施过程中所取得的实际成果与原定目标间存在一定的差异。为了保证营销方案的实施效果，企业必须对方案的实施过程进行控制，及时发现方案制订和实施中的偏差，以便采取有效的措施，对方案实施进行修正、补充和完善。

三、饭店市场营销环境分析

1. 饭店市场营销宏观环境分析

饭店市场营销宏观环境是指饭店企业或饭店业运行的外部大环境。市场营销人员必须根据外部环境中的各种因素及其变化趋势制定自己的营销策略，以达到市场经营目的。在饭店市场营销中，宏观环境因素主要包括政治法律环境因素、社会文化环境因素、人口环境因素、经济环境因素、自然环境因素及科技环境因素、交通运输环境因素等几个方面：

（1）**政治法律环境** 政治法律环境是强制和约束企业市场营销活动的各种社会力量的总和，包括一个国家的政治形势、经济政策、贸易立法和消费者利益保护组织等。

政治环境是指企业市场营销的外部政治形势。

法律环境是指国家或地方政府颁布的各项法规、法令和条例。

一个国家或地区，总是要运用自己的法律行政手段，干预社会经济生活。因而政府的法令条例，特别是关于饭店业的立法，对饭店市场需求的形成和实现具有不可忽视的调节作用，而这些法律、法规都在饭店企业的控制范围之外。

一国政府对饭店业影响最大的是其态度，积极的扶持态度会使饭店业得到快速的发展。诸如对饭店的资助、关税减免、长期低息贷款、信誉担保、免除收入及不动产、公共事业费减免、实行特殊的饭店者兑汇率，以及积极地提供各种优惠条件及鼓励投资者向饭店投资。

（2）**社会文化环境** 社会文化环境是指一个国家、地区的民族特征、价值观念、生活方式、风俗习惯、宗教信仰、伦理道德、教育水平、语言文字等的总和，文化对企业营销的影响是多层次、全方位、渗透性的。

文化影响造就和支配着人们的生活方式、消费结构、主导需求以及消费方式。

人类的某种社会生活，久而久之，必然会形成某种特定的文化，包括教育水平、宗教信仰、审美观念、价值观念、道德规范以及世代相传的风俗习惯等。

文化因素对消费者的需求和购买行为的影响是很重要的。个人爱好不同，消费习惯不同，从而导致不同需求饭店市场经营受教育水平、宗教信仰、传统习惯等文化因素的影响很大。

就文化而言，饭店市场营销人员应当具备两类知识。一类是关于某种文化的具体知识，另一类是抽象知识。抽象知识要求具有一定深度的洞察力，要站在饭店者角度上考虑到底什么样的饭店才是受欢迎的。

（3）**人口环境** 人口环境包括人口数量和增长速度，人口的地区分布和流动，人口的年龄结构，人口的性别结构和人口的家庭规模。

（4）**经济环境** 经济环境是影响和制约社会购买力形成的主要环境力量。其主要环境力量是社会购买力。社会购买力是一系列经济因素的函数，取决于国民经济的发展水平以及由此决定的国民平均收入的水平，并直接或间接地受消费者收入、价格水平、消费者支出状况、储蓄和消费者信贷等经济因素的影响。

（5）**自然环境** 饭店产品所处的自然地理位置影响价格的高低；饭店者出游的目的就是观赏、体验各地不同的自然景观；自然环境保护问题已成为全世界关注的重要问题。

（6）**科技环境** 科技化和智能化将普遍进入生产、管理和社会生活的各个领域；生命科学将获得新的突破；保护生态环境，发展节约资源的技术，已成为人们的共识；科学技术将全面而深入地发展，互相渗透，综合交叉。

（7）**交通运输环境** 交通运输环境是指交通的安全性、便捷性、舒适性以及饭店景点的可进入性、通畅性。

2. 饭店市场营销微观市场环境分析

（1）**微观市场营销环境** 它是指与企业市场营销活动关系密切，并有直接影响的企业外部因素的总和。微观营销环境的变动对企业营销的影响往往是具体的，其影响范围也比较小，时间比较短，企业在一定的程度上可以控制。

（2）**饭店营销渠道企业** 饭店中间商是指处于饭店生产者与饭店者之间，参与饭店产品流通业务，促使买卖行为发生和实现的集体和个人，包括经销商、代理商、批发商、零售商、交通运输公司、营销服务机构和金融中间商等。

（3）**顾客** 顾客包括饭店消费者和机构购买者。饭店购买者是指最终饭店消费购买者；机构购买者是指为开展业务而购买饭店产品的各种企业或机关团体等组织。

（4）**竞争者** 竞争者包括行业竞争者、替代品生产者、潜在加入者、原材料供应者和购买者。

（5）**公众** 公众包括媒介公众、金融公众、政府公众、民间团体、地方公众、一般公众和内部公众。

第二节 饭店 4P 营销组合策略

饭店营销组合策略就是：饭店对自己的可控制的各种营销因素进行分析，本着扬长避短的原则进行优化组合和综合运用，使各个因素协调配合，发挥整体功效，最终实现营销目标。

传统营销策略主要包括产品策略（Product）、价格策略（Price）、渠道策略（Place）和促销策略（Promotion）。

一、饭店产品策略

1. 产品及饭店产品的含义

产品是企业生存和发展的基础，是营销活动的载体，通过它才能使生产者和消费者双方达到交换的目的。企业没有合适的产品，则满足顾客需求就成为一句空话。因此产品策略是企业营销策略的基础。为了制定有效的产品策略，向市场提供适销对路的产品，首先必须对产品的基本含义有清楚的理解。产品是指具有某种特定物质形状和用途的物体，即实体的产品。这是就生产观点而言的传统看法。从市场营销的观点看，任何能以满足人类某种需要或欲望的东西都是产品（引自菲利普·科特勒《营销管理》)。产品的这种概念就称为整体产品的概念。

产品整体概念把产品理解为由核心产品、形式产品、期望产品、延伸产品和潜在产品 5 个层次组成的一个整体。核心产品是指向购买者提供的基本效用或利益。形式产品是指核心产品借以实现的形式，在市场上它表现为 5 个特点，即质量水平、特色、式样、品牌和包装。即使劳务商品也具备相似的特点，如金融保险业，通常以豪华大厦和华丽的服务厅堂及彬彬有礼的专业服务人员等形式来提供顾客所需要的各种服务商品，并增加顾客对企业的依赖度。延伸产品是指顾客购买形式产品时所能得到的全部利益，即形式产品所提供的基本效用或利益和随同形式产品而提供的附带服务的总额，如安装、维修、保证、运送，以及其他售后服务。期望产品是指购买者购买产品时通常希望和默认的一组属性和条件。潜在产品是该产品最终可能会实现的全部附加部分和新转换部分。如果延伸产品包含着产品的今天，潜在产品则指出了它可能演变的明天。

饭店产品是指饭店企业向顾客提供的所有的物质产品和服务产品的总和。饭店产品的实质性特征有综合性、不可储存性、非均质性和有效性。

2. 饭店产品寿命周期分析

产品在市场上的销售情况及获利能力随着时间的推移而变化。这种变化的规律正像生物界的各种生命一样，从诞生、成长到成熟，并走向衰亡的过程，这个过程在市场营销中是指产品从进入市场开始，直到最后在市场中被淘汰的过程，产品的这一规律，被称为产品的生命周期（Product Life Cycle，PLC）

一般情况下，根据产品销售量变化的情况把整个产品生命周期划分成 4 个阶段，即导入期、增长期、成熟期、衰退期。

导入期是指产品刚刚进入市场，处于向市场推广介绍的阶段。

增长期是指产品已为市场的消费者所接受，销售量迅速增加的阶段。

成熟期是指产品在市场上已经普及，市场容量基本达到饱和，销售量变动较少的阶段。

衰退期是指产品已过时，为新的更受市场欢迎的产品所代替，销售量迅速下降的阶段。

3. 饭店产品组合设计

产品组合是由产品线组成的。而产品线是由使用功能相同，但规格不同的一组产品项目所构成。产品组合的宽度，说明企业经营多少产品类别，有多少条产品线。产品组合的深度，说明企业经营的各种产品线内的平均项目的多少。产品组合的关联程度是指各种产品线在最终用途、生产条件、分销渠道及其他方面相互联系的程度。

饭店产品是由多种利益所组成的组合型产品，从而提供的多种经营项目，如餐饮、客房、娱乐及各种服务等。

饭店产品组合可概括为饭店提供给市场的全部产品线和产品项目的组合和搭配，即经营范围和结构。饭店产品线是指相互关联的或相似的一组产品，如饭店的餐饮产品线包括自助餐、快餐、零点、多功能宴会厅及早茶等。

4. 饭店新产品的开发

新产品是指对企业老产品而言的产品。对于新产品，各个地区和各个国家都有不同的规定，通常将已经正式投入生产并受到市场欢迎的那些在结构、性能、材质、制造工艺等一方面或几方面比老产品有显著改进或提高的产品称为新产品。新产品的开发是以满足顾客的需要为出发点，并根据企业的资金、技术力量、设备、原材料等条件为前提，以经济效益为核心要求，可以采取技术引进的方式、自行研制与技术引进相结合的方式、独立研制的方式等，作为新产品开发的有效途径。

新产品开发是一个复杂的过程，一般要经过几个阶段，其一般程序是：构思——筛选——产品设想——可行性分析——产品研制——市场试销——投放市场。

（1）**构思** 发展新产品首先需要广泛征集富于创造性的构思。构思就是对满足一种新需要的产品的设想。一些市场营销学者认为，一个好的构思，等于新产品成功的一半。因而新产品构思的产生，具有十分重要的意义。构思主要来源于消费者和用户，商业部门，各种专业情报资料，竞争产品，各种博览会、展览会，企业内部职工。

（2）**筛选** 在新产品构思阶段，往往会有很多设想，这些设想或构思，哪些应保留，哪些应剔除，就要通过筛选来解决。通过筛选，把没有必要或没有可能的设想剔除，留下适合本企业发展的新产品方案。

（3）**产品设想** 产品的基本构想来源于产品的构思之中，然后从许多产品中构思筛选出来，再用有意义的语言加以描述。产品设想就是对产品构思的具体化和形象化。

（4）**可行性分析** 可行性分析是对某一新产品方案从技术、经济、生产条件、市场条件和社会环境等方面进行全面的调查研究和分析比较，最终判断是否开发这一新产品的过程。

（5）**产品研制** 企业选定最佳产品设想以后，就要创作产品，包括产品设计、工艺准备、样品试制和小批量生产。这一阶段是以前的抽象产品的具体化阶段。经过设计到试验的反复过程，发展到技术上可行的产品，从而进一步成为市场上的可行产品。

（6）**市场试销** 新产品样品经过用户试用后，通常要制造少量正式产品，投入到一定范围的市场进行营销，以检验在正式销售条件下的市场反应。并非开发任何新产品都必须经过试销这一环节。

（7）**投入市场** 新产品经过试销，从获取的资料证明是成功的，就可以进行大批量生产，投入市场。新产品投入市场，一是须对新设备进行投资，以便大量生产。二是通过广告宣传等手段，建立顾客对新产品以及生产经验企业的强烈印象，唤起并刺激顾客对新产品的消费欲望。三是可以利用企业原有的销售渠道，利用原产品的声望、信誉和知名度，把新产品推入市场。四是把新产品向重要的市场与地区投入，当竞争对手将进入同一市场时，则可采取快速抢占市场份额的措施。

新产品开发能力是企业竞争能力的重要组成部分，影响着企业经营活动的成败。

二、饭店价格策略

价格是市场营销组合中一个非常敏感的重要因素，它在很大程度上决定和影响着其他市场营销组合因素。价格是唯一能产生收入的因素，而其他因素则表现为成本。企业的定价策略既要有利于促进销售，获取利润，补偿成本，同时又要考虑顾客对价格的接受能力，从而使定价具有了买卖双方双向决策的特征。

1. 影响价格的因素分析

成本。产品在生产和流通过程中要耗费一定数量的物化劳动和活劳动并构成产品的成本，是企业在正常市场环境下定价依据的最低点。

（1）**市场因素** 市场供求关系是决定企业产品价格的基本因素。当供给大于需求时，价格会下降，反之则会上升。衡量需求变化对价格变化的灵敏度，是需求价格弹性系数。因此，人们往往通过考虑需求价格弹性系数的变化来确定价格与市场需求的影响程度，从而制定产品的价格。

（2）**定价目标** 定价目标有很多，如：以最大化利润为目标；以合理利润为目标；以市场占有率为目标；以排除竞争，应付竞争为目标等。不同的定价目标就会产生不同的产品价格。

（3）**政策因素** 商品价格历来同政府的方针政策有着密切的关系，即公共政策，包括对市场价格的控制或管制，对产品的价格补贴政策等。

（4）**竞争者行为**　定价中最难把握的因素是同行业竞争者行为对企业的影响和他们对企业定价的反应。定价是一种挑战性行为，任何一次价格的制定与变动都会引起竞争者的关注，并导致竞争者采取相应的政策。

2．饭店定价方法

（1）**以成本为中心的定价方法**

1）建筑成本定价法（千分之一定价法），国际上比较通用的一种根据饭店建筑总成本来制定客房价格的方法。

2）盈亏平衡定价法。它是指饭店在既定的固定成本、变动成本和产品估计销量的条件下，实现销售收入与总成本相等的产品价格，即饭店不盈不亏时的产品价格。

3）成本加成定价法（成本基数法）。

4）目标收益定价法。

（2）**以需求为中心的定价法**　以需求为中心的定价方法是根据市场需求强度和顾客反应来确定价格的，市场需求强度是指顾客想获取某种商品的强烈或迫切程度。对于单位成本相同的同一产品，需求量大时定得价格高些，需求量小时定得价格低些。企业可以有效利用价格差异，促进销售活动。当然这种价格差异要根据需求价格弹性的变化、顾客心理、产品改良、地域差别和时间差别等综合考虑。

（3）**以竞争为中心的定价法**　以竞争为中心的定价方法是以竞争者的售价作为企业定价依据的一种方法。它不是根据成本或需求定价，而是随竞争者的价格的变动而变动。采用这种方法，要分析研究竞争者的产品价格、质量、性能、服务和声誉等情况，对照本企业的实际情况，通过比较，来制定价格。

三、饭店营销渠道策略

1．饭店中间商的作用

1）节省销售费用。通过中间商，能减少饭店与最终顾客之间的接洽次数，尤其是减少跨地区的接洽，节约时间和人力，降低交易费用，提高经济效益。

2）弥补饭店营销财力、人力的不足。由于饭店客源市场无论从地域上，还是从人口结构上分布极广，仅靠自身力量进行营销活动，要付出很高的机会成本。若利用中间商的销售网络，可扩大饭店的市场覆盖面，提高销售效率。

3）具有强于饭店的营销能力。

2．饭店销售渠道的选择

选择销售渠道需综合考虑以下几方面因素：

1）市场特点。旅游市场容量、购买率的高低、各细分市场的地理分布、人口分布以及不同市场对不同营销方式反应如何等都会影响饭店销售渠道的选择。

2）饭店产品与服务的特点。商务饭店宜采用直接销售或较短渠道，直接与目标市场接触；休闲度假饭店利用旅行社代理。

3）饭店自身条件与经营意图。

4）饭店的规模决定了它的最大接待能力，它所接待的顾客规模及层面分布又影响了它的渠道选择。

5）饭店的财力也决定了对营销渠道的选择与控制。

四、饭店促销策略

现代饭店的促销方式主要有人员销售、公关策划、广告宣传和销售推广。

1．人员销售

它是直接、有效的营销手段，与顾客直接接触，能够发现、解释或答复对方的疑问，把销售工作贯彻到底，最终获得订单。其优点是：直接接触，直接沟通，劝说潜在顾客购买产品，提高现有顾客的使用率；增进人际关系，经常性的直接接触易使饭店与中间商及顾客建立融洽的关系，对销售极有益处。

人员销售分为销售访问和电话销售。整个推销过程分为4个阶段：

1）培养阶段。顾客对产品一无所知，重点介绍自己的饭店及产品，并稍加引导，培养对方的信任感，建立良好的沟通关系。

2）诱导阶段。顾客对产品仍不太了解，但已有印象或已发生兴趣。探查顾客的需要，给予相应的产品介绍和辅助性引导。

3）清障阶段。顾客对饭店产品已经有了相当的了解，但就某些问题仍心存疑虑。

4）善后、巩固阶段。顾客对产品服务已有相当了解或已作了初步尝试，巩固阶段包括：追踪服务、利用口碑效应、处理新出现问题满足需求变化。

2．公关策划

饭店的公共关系是为了增进与社会公众和内部员工之间的了解、信任和合作而做的各种有计划的、持久不懈的沟通努力。

饭店公共关系对象包括与饭店有关的所有社会关系，分内部公众和外部公众。

饭店的内部公关。尊重并信任员工，促进上下级沟通，重视员工的培训与激励，增强员工对饭店的归属感。

饭店的外部公关。处理好与顾客的关系，处理好与新闻媒体的关系，处理好与旅行社的关系 。

3．广告宣传

广告是通过各种大众媒体以支付费用的方式向目标顾客传递有关企业的信息，展示企业的产品或服务的宣传形式。

（1）广告媒体的选择

1）报纸广告。报纸作为广告媒体的优点是：读者广泛、稳定，宣传覆盖率高，传播信息及时，广告制作过程简单、灵活，制作费用低。

2）杂志广告。杂志面向广大公众，它的广告可以吸引社会各阶层人士的注意。优点是容易选择目标读者，时效较长，发行面广，保存性好，传阅率高，表现力强。

3）广播广告。广播作为广告媒体有其独特的优点，它传播迅速、及时，表现力强，形式多样，覆盖面广，费用相对较低。

4）电视广告。电视广告宣传的影响大，范围广，表现手法多种多样，生动灵活。

5）户外广告。户外广告是指利用户外媒体即装置在马路旁、建筑物、机场、车站、码头等公共场所的大小广告牌、招贴、霓虹灯以及广告亭、广告廊等进行的广告宣传。其特点是传播面大，不受时间、空间的限制，费用低，具有持久性等。

6）互联网络。随着互联网的普及，网络广告的力度越来越大，并具有传播速度极快、传播面极广的优点，渐渐被广泛采用。

（2）广告效果的测定

1）心理效应的测定。知觉度测定，理解度测定，购买动机测定。

2）销售效果的测定。要求饭店对旅行社、重要公司客户或重要个人的购买量做调查，比较广告前后的效果。

广告成本效率=广告引起的销售增加额/广告费用

4．销售推广

销售推广是指企业次级购买、扩大销售的各种短期的、非经常性的营销活动，其目的在于迅速扩大需求，取得立竿见影的效果。

饭店常用的销售推广活动方式有免费赠送样品、发放优惠券、赠送小礼物、抽奖促销、赠礼品券、设立俱乐部。

第三节　饭店服务营销

一、饭店服务营销的基本内涵

要了解饭店服务营销的内涵，就必须掌握整个服务行业中服务营销的内涵。因为整个服务行业的服务及服务营销内涵对其范畴内的饭店业也同样适用。

1．服务

美国市场营销学会（AMA）对服务的定义如下：“服务可被区分界定，主要为不可感知，却可使欲望获得满足的活动，而这种活动并不需要与其他产品或者服务的出售联系在一起，生产服务时可能会或者不会需要实物，而且即使需要借助某些实物协助生产服务，这些实物的所有权将不涉及转移问题。”

2．服务营销定义

关于服务营销的定义主要有两种观点：第一种观点认为，服务营销就是站在客人的立场上提供服务产品，饭店必须从“我饭店能提供什么，就卖什么”的生产观念转变到“提供你能够出售的饭店产品，而不是出售你能够提供的产品”这一营销观念；第二种观点认为，关系营销是一种致力于发展和强化连续的、持久的顾客关系的长期战略。在关系营销中，互动营销是关键，而互动正是服务的特点所在，因此服务营销是在关系营销的基础上发展的。服务营销可以说是全面的营销职能，包括传统的营销功能和互动的营销功能。

3．服务营销特征

根据美国营销专家菲利普·科特勒的观点：每一行业中都渗透着服务，其区别只在所包含的服务成分的多少，在他提出的由“纯粹有形产品”向“纯粹服务”过渡的产品分类模式中，饭店产品属于“有形产品与服务的混合”，即服务成分较高的产品范畴。正因为如此，服务营销也就具有了一系列不同于产品营销的基本特征：

（1）**服务是无形的**　顾客很难感知和判断其质量和效果，他们将更多地根据服务设施和环境等有形线索来进行判断，有形展示成了服务营销的一个重要工具。

（2）**服务是一种综合产品**　服务包括了物资产品部分、感官享受部分、心理感受部分。客人对饭店产品质量的评价，实质上是对上述三部分的综合评价。

（3）**服务产品不可储存**　服务设备、劳动力虽能以实体形态存在，但只能代表服务供应能力而非服务产品本身。服务是易逝性产品，如不使用会永远失去。

（4）**顾客与服务者的互动过程**　换一个说法就是服务营销是以人为核心，具有人性化色彩。服务的特有特征之一是顾客主动参与服务生产的过程，每一个关键时刻都涉及顾客与服务提供者之间的交互作用。

（5）**服务产品质量的全面控制**　服务产品质量难以用类似有形产品的统一客观标准来衡量，因此需从两方面来描述：①技术质量（Technical Quality），以服务操作规程来描述和控制。②功能质量（Functional Quality），以顾客感受和获得的满意度来描述。同时顾客对服务的满意是将对接受的服务的感知与对服务的期望相比较得出的结果。

4．饭店服务营销观念

要树立正确的饭店服务营销的观念，首先应该了解现今饭店业所处的行业环境的基本状况，即现在的市场需求与供给之间的关系。

我国旅游业的发展日新月异，饭店业所面临的竞争也愈发激烈。饭店仅凭所谓最精美的食物、最豪华的房间和最好的服务，在现实中已经不能保证其经营的必然成功，这是因为市场供求关系已经从供不应求转向了供过于求。当前饭店业处于需求不足的买方市场环境下，单一需求的同质大市场已不复存在，取而代之的是异质特色非常突出的个性化市场，任何饭店都不可能满足整个市场的需求。由此可见，饭店业需要转变营销观念。

买方市场可以较好地揭示服务营销所需要达到的目的，即维持原来市场的份额与不断扩大新的市场。买方市场状况图如图6-2所示。

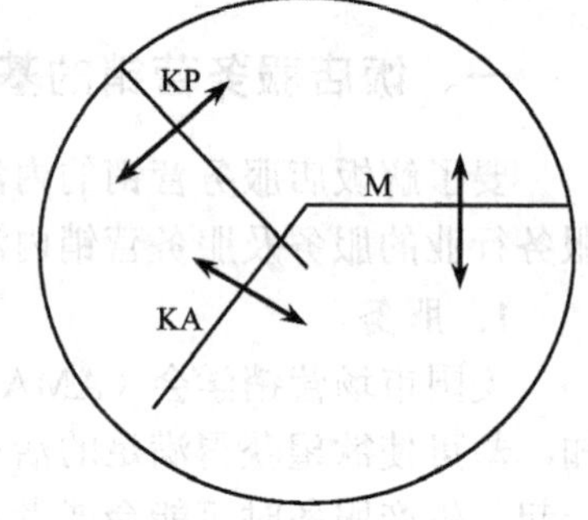

图6-2　买方市场状况图

KA（Key Account）：主要客户，是适合某饭店的稳定的客户数。

KP（Key Prospect）：试一试的不稳定的客户数。

M（Market）：有待于发掘的客源群。

饭店要取得良好利润，必须稳定KA，保持老客户；争取KP和M，扩大新客源。为了达到这两个目的，必须转变观念，树立合理的、具有时代意义的销售意识，即要具有服务营销的观念。

除此之外，从饭店员工的角度来实现饭店营销同样重要：首先，要提供最佳服务；其次，要转变服务意识；最后，在投入情感的同时，也要强化角色意识。站在饭店管理者的立场上，则必须要坚持以下几点：①顾客满意度和职工满意度并重；②重视产品创新，更重视服务创新；③重视与顾客的关系，更重视和开发与那些合适的顾客的关系，也就是上面所说的保持老客户，扩大新客源；④重视员工服务技能的培训和开发。

不论从哪个方面考虑，饭店服务营销的核心就是“站在客人的立场上提供服务产品”，从“想我”、“想饭店”转变为“想客人”，也就是做到顾客满意和顾客忠诚。通过取得顾客的满意和忠诚来促进相互有利的交换，最终实现营销绩效的提高与企业的长期持续发展。

二、我国饭店服务营销的现状

虽然我国饭店业的发展迅速，但由于其起步较晚，服务策略在饭店中的运用仍具有一定的问题。

1. 我国饭店服务营销中存在的具体问题

就如同其他行业一样，我国的饭店业也正在逐步向市场经济的方向发展。由于历史的原因，我国饭店服务经营中在现阶段存在着以下问题。

（1）**我国饭店经营普遍存在“大而全，小而全”的现象**　饭店经营实际上也承担着社会所提供的服务功能，这不但与我国以往科技应用水平较低及服务的社会化程度低有关，而且也与长期在此环境中形成的经营观念有关。饭店往往期望自己的经营与服务能够适应所有的市场，以便能够招徕和接待更好的客源，结果导致了饭店之间经营产品雷同，缺乏特色与个性。因此，针对本饭店服务产品所提出的服务营销策略不能很好地区别于其他饭店的策略，使其不具有差异性。

（2）**饭店竞争的重心过于偏向价格而非服务营销**　由于近年来我国旅游行业的蓬勃发展，致使饭店行业成为商家争相进入的投资领域。然而过度的投资与重复的建设导致了供大于求的现象，最终形成买方市场。在这样的条件下，为了与对手充分竞争同时牟取更多的利润，饭店经营者希望利用价格策略赢得更多的消费者，竞相压低价格是一个常用手段，从而忽视了服务上的创新与发展，导致与国外的饭店行业服务差距越来越大。

（3）**我国大部分饭店拘泥于标准化服务，缺乏创新意识**　在饭店的有形产品和无形服务中，有形产品是造成顾客不满意的因素，而服务是使顾客满意的原因，也就是说饭店有形产品是保健因素，服务则是激励因素。而在我国的大部分饭店中，员工并不能理解服务的重要性，仍然遵循的是“顾客要什么，我们就提供什么”的原则，以千篇一律的方式为顾客提供相同的服务。实际上，现今顾客的要求日益趋向个性化与自由化，即以往的思路已经难以符合现今的需要。

（4）**我国的饭店服务营销没有注重以人为本**　“没有满意的员工就没有满意的客人。”然而我国饭店服务水平的落后，有部分原因是饭店管理的构成中没有构建完善的员工激励机制，使得员工形成了“干得多错得多，就扣得多”的观念，导致工作积极性的下降。在实际工作中，员工也是相互推卸责任，不愿意多干工作，唯恐干得多错得多。此外，有些员工在处理问题时尽管没有遵循原来的过程完成，而是运用自己的方式使得事情完成得更好，还得到了顾客的称赞。然而饭店不但没有进行相应的表扬反而是批评，这样只能是使员工彻底丧失积极性，最终导致饭店服务营销质量的下降。

2. 传统营销理论在饭店经营中的局限性

传统的市场营销理论已在饭店的营销中得到了广泛体现，然而随着社会经济的发展，尤其是市场竞争的日趋激烈和市场营销组合策略的综合运用，传统的营销理论已经很难适应当前饭店业的经营需求，这主要体现在以下几个方面：

（1）**饭店的服务属于无形性的消费产品**　饭店服务的无形性和易逝性无法得以存储，因而增加了饭店营销的风险和不确定性。此外，顾客消费更趋向于个性化和多样化，传统的服务产品设计与标准化的服务过程已不能全面适应顾客越来越复杂的新需求。例如，尽管是菜肴精美、服务规范的筵席，由于缺少个性化的附加情感，顾客的总体评价可能会有所折扣。

（2）**传统的价格手段成为饭店营销的双刃剑** 随着经济的增长带来的市场供求的变化，就长远来讲，饭店业的客房价格呈现逐步上升的趋势。然而房价的上涨使饭店在动用价格营销策略时局限性较大，而且价格策略易于被竞争对手所模仿，甚至可能会因为恶性竞争而出现竞相削价的非理性行为。

（3）**传统营销过分依赖赢得顾客，而忽视"留住顾客"** 饭店投资往往注重硬件设施的更新以及广告、公关及销售渠道等方面，而不是把投资偏重于与顾客建立长期稳定的关系方面。如今，饭店行业中大部分细分市场都已趋向饱和，甚至局部地区出现过剩，市场竞争异常激烈，而饭店外在的差异却日益缩小，现今的饭店很难通过装修设计、设施设备等外在有形因素来与竞争对手进行区别。因此，增强顾客的忠诚度是饭店保持竞争优势新的重要途径之一。

综上所述，现代饭店业必须跳出传统框架，重新审视自己所面对的市场，建立起真正的以"顾客为导向"的饭店营销体系，即服务营销体系。

三、对我国饭店业服务营销的策略建议

基于上述饭店中存在的问题，我国的饭店行业需要注入一些新的元素来改变现状。

1. 新型服务营销组合体系的引入

营销策略的基础要素是营销组合，营销组合框架的构建营销管理者控制条件，并使之系统化。由于服务营销明显区别于一般有形产品营销的特点，E. Jerome Mc Carthy 为代表归纳提出的以 4PS 为中心的营销组合理论已远不足以涵盖现代旅游服务中的现实问题，因此，现代旅游服务的营销组合在 4PS 基础上还应扩充下列因素，从而构成以 7PS 为核心的新型服务营销组合体系。

（1）**人**（People） 人包括服务者和顾客两个方面，在旅游服务中承担着服务表现和服务销售双重任务的服务员工，在顾客眼中，他们已成为旅游服务产品的组成部分。作为活跃的人的因素的顾客，也极大地影响着服务营销的管理。

（2）**有形展示**（Physical Evident） 旅游服务虽属高频率接触的服务，但并非纯粹的无形服务，它仍须依赖其他的有形要素：实体环境，如饭店的建筑、装潢等；服务设备，如不同星级的饭店在设备方面有明显差异；实体性线索，如客房卫生间的马桶上"已消毒"的封条等。

（3）**过程**（Process） 过程即服务的传递过程，其中服务体系的理念和运作、服务的机械化程度、顾客参与程度、咨询与服务经历等都是旅游服务管理者需特别关注的。服务表现和传递过程的编排设计，又被称之为"服务剧本"，近年来备受关注。设计富有效率和服务表现力的服务过程的剧本，无疑对提高服务质量、提升顾客兴趣和满意度具有重要意义。

2. 服务营销策略的实施

（1）**实体化服务策略** 饭店服务具有无形性的特征，顾客只有通过服务环境中有形事物的感知，才能建立对饭店企业形象和服务质量的认识。利用服务过程中可传达服务特色

及内涵的有形展示手段来辅助服务产品推广的方法，在服务营销管理中称“服务实体化策略”。饭店通常在确保满足顾客基本需求的基础上，通过创造良好的服务环境和气氛，使顾客感到异常的兴奋和惊喜，从而提高顾客对服务的满意度。饭店通常通过改善服务包装，例如，设计饭店建筑外观的独特造型，企业统一服务形象标志，增加服务的附加值；改进服务的社交要素，提高员工的社交技能，使顾客觉得饭店是值得信赖的。该策略有几个显示要素，即：服务的环境与气氛要素（Ambient Factors）；服务的设计要素（Design Factors）；服务的社交要素（Social Factors）。此类显示要素结合部分应用措施将会使服务有形化，而且最终的目的是使服务易于被顾客把握和感知。

（2）**服务延伸策略**　顾客同服务者的互动是服务营销的本质特征之一，然而在饭店业中这种互动不是一时的，而应该是长期的。有研究报告表明：老顾客比初次顾客可为企业多带来20%～80%的利润，老顾客每增加5%，企业的利润则相应增加25%～85%左右。对于强烈依赖顾客消费的饭店业，稳定而忠诚的顾客对服务价格变动的承受力强，对服务失误持宽容态度，他们无疑是企业宝贵的财富。因此，为了培育企业固定的消费群体，建设良好经营的社会环境，许多饭店对传统的服务内涵加以延伸，为顾客提供周到的售后服务和追踪联系，使良好的顾客关系得到强化。例如，建立饭店顾客档案以开展有针对性的个性化服务；建立顾客联系和跟踪制度；建立顾客组织，如推行VIP卡和俱乐部等。这些措施使分散的顾客与饭店始终保持紧密的联系，形成一个广泛的社会网络，并且不断强化其品牌的忠诚度。

（3）**内、外部营销一致化策略**　内、外部营销一致化策略是饭店服务营销策略中最为重要的部分之一，因为外部营销即针对顾客的营销，往往是饭店营销主要关注的内容，笔者在此同时强调与对内营销结合的重要性。员工是饭店提供服务的主体，没有员工的服务就没有所谓的顾客，就更加不会有以上所提出的各种服务营销策略。因此，在饭店的经营行为中可以说员工是基础，服务是手段。对于饭店而言，拥有优秀的员工将是赢得和保有优质顾客的关键，“没有忠实的员工作基础，是不可能拥有忠实顾客的”。饭店应该将员工视为内部顾客，为员工的自我实现服务。只有对内的服务上去了，对外的服务质量才能提高，以满意的员工提供给饭店顾客满意的产品和服务，最终赢得顾客的满意。因此，内部和外部营销需要达到协调一致，只有通过内、外营销整合，饭店的服务才能协调一致，这样才能把服务提升到一个全新的高度，产生积极的效益。

饭店在实施对内营销策略的过程中，必须充分重视员工的需要，因时、因地、因人而异，灵活地采取奖惩措施。总而言之，饭店实施对内营销策略要注意到以下几个方面：①给员工配备良好的操作和劳动工具。②营造良好的工作环境。③实行符合市场经济的用工制度、工作制度和激励机制。④建立令人信服的领导队伍和高效率的组织机构。⑤开展好员工的知识、技能培训和思想教育工作。

（4）**服务差异化策略**　马斯洛需求理论认为，人们的需求将会从生理需求的低层次逐步地向心理（精神）需求的高层次发展，这一现象在饭店服务中表现得更为明显，主要体现在差异性中。如今基于在同一时间、地点，不同客人之间的需求侧重点不同，服务产品与顾客需求之间的关系也不是一成不变的。因此，饭店服务仅靠严格管理和规范操作并不能获得顾客的普遍满意，唯有针对性的个性服务才能打动顾客的心。差异化战略的实质是创造出一种能被感觉到的独特服务，包括品牌形象、技术、特性、顾客服务、经销商网络等形式。在当前饭店业需求不足的买方市场条件下，饭店业必须转变营销观念，重新考虑其营销目标和营销战术，树立差异化营销理念，争取创设新的竞争优势。在饭店市场趋于饱和化，消费需求趋于个性化的条件下，企业竞争的关键转向软性服务。因此，饭店企业创造差异的丰富源泉还在于无形服务。在为顾客提供标准化、规范化服务的基础上，饭店应注重针对不同的顾客提供针对性、特殊性、个性化、情感化的各种服务。在寻求服务差异化时，饭店应强化服务意识，推行规范服务，追求定制服务，实施服务创新，提升服务艺术，尤其应重视构建服务文化，即把服务提升到文化的层面来进行设计和开发。服务文化以服务价值观为核心，以顾客满意为目标，以形成高标准的服务认知和行为规范为职能，它推崇和追求服务的高品位、高境界和高情感。

第四节　饭店新营销理念

一、饭店关系营销

1. 关系营销与传统营销的区别

关系营销，与传统营销方式不同，它强调的是“关系”二字，即要把任何企业的经营发展放到社会经济大环境里考察，通过与消费者、竞争者、供应商、政府机构以及其他利益相关者进行的各种交互活动，来提高企业的营销绩效。

2. 饭店如何推行关系营销

饭店正如其他普通企业一样，其成长壮大都无法脱离整个社会系统的支持，加上饭店本身经营管理的特殊性，关系营销对饭店而言就更具实践指导意义。在饭店的关系营销过程中必须要考虑到众多关联对象，与他们建立长期、密切的关系，包括顾客、旅行社、竞争对手、政府机构以及内部员工等。饭店关系营销围绕关系展开，力求关系各利益方面的协调发展，为饭店的发展建立良好的内外部环境，并从中获利。

关系营销的中心仍是关于顾客忠诚的问题。要保持住忠诚的顾客，饭店就必须了解顾客需要，使顾客满意。营造顾客满意构成了关系营销的主旋律。但由于各种其他市场因素对饭店的经营又起到紧密的关联作用，所以在抓住主旋律的同时，要时时把握好其他因素，制定相关的其他策略。

（1）**认真听取顾客意见**　一家成功的饭店不仅要有先进的服务设施，优秀的员工，完善的顾客信息系统。通过培训，提高员工了解顾客爱好的能力，当服务人员了解到顾客的某种偏爱（例如，喜欢某种品牌的饮料、绒毛枕头）之后，就记入顾客爱好表，然后输入电子计算机客户档案，了解顾客爱好，以便做好服务工作。不论顾客向谁投诉，谁都必须负责到底。员工解决顾客投诉的问题后，需要在“顾客事件表”中记录顾客投诉的详细内容，并立即输入数据库，以便其他员工了解顾客在本店有过不愉快的经历，防止类似情况发生。

（2）**维系并发展与顾客的关系**　顾客维系是指企业要与顾客建立良好的关系使顾客忠于企业，不背叛企业去购买竞争者的产品。据统计分析，一个企业要是多维持5%的顾客，企业的利润就会增加。企业要维系顾客仅让顾客满意是不够的，还要找出顾客满意的内在原因，针对不同的顾客采取不同的措施来维系。

（3）**留住忠诚顾客**　一些学者的研究表明，争取一名新顾客的成本是保留一名老顾客的成本的7倍。饭店培养忠诚度高的顾客，主要应从以下几个方面着手：

1）管理顾客的期望，将顾客的期望维持在合理的水平。顾客对饭店服务评价的高低取决于他对饭店服务的期望与他实际感受到的服务水准之间的差距。若饭店的服务水准没有达到顾客的预期水平，那么即使客观上该饭店的服务水准是不错的，客人也会产生不满。在既定的服务水平之下，要提高顾客的满意度，饭店就必须对顾客的期望进行积极的管理。饭店在对外宣传中，若不切实际地进行鼓吹，必然导致顾客在心目中形成对饭店服务过高的期望。对顾客期望的管理实质上就是要求饭店在对外宣传中必须实事求是，并认真兑现饭店向顾客所做的每一项承诺。

2）掌握顾客的需求，为顾客提供个性化服务。饭店应是顾客的“家外之家”，因此，饭店必须努力为顾客营造一种宾至如归的感觉，让顾客在饭店内能够真正享受到家的温馨、舒适及便利。在当今的个性化消费时代，饭店仅靠推行标准化服务是远远不够的，饭店应在推行标准化的基础上狠抓个性化服务，只有这样的服务才能称得上是优质服务，才能真正抓住顾客的心。如何识别并满足不同顾客的需求，让顾客在饭店住得舒心满意，并非易事，这需要饭店员工在工作当中以自己的常识及经验去用心琢磨。为外地来的旅游者送上一张本地的地图，为会客的客人多送上几袋茶叶、几个茶杯，为携带婴儿的父母房间加上一张婴儿床，都能令客人喜出望外。

3）主动倾听顾客的意见和建议，妥善处理顾客的投诉。不是每个不满的顾客都会向饭店诉说自己所受到的不周待遇。一个不满的顾客可能会不声不响地转而选择其他饭店，也可能向他周围的每一个人诉说他的不满。这样一来，饭店失去的可能就不止是这一位不满的顾客，而是一批顾客。对于提出投诉的顾客，饭店应认真耐心听取顾客的抱怨，及时提出令顾客满意的补救方法予以妥善解决。对于所有住店顾客，饭店必须想方设法了解顾客的真实感受。饭店要清楚顾客对饭店满意的是什么，不满的又是什么。只要饭店处理得当，不满的顾客也能够变成满意的顾客甚至是忠诚的顾客。

4）利用现代信息技术，加强顾客信息管理。现代信息技术的发展，为饭店的管理创新提供了坚实的物质技术基础。为每一位顾客建立起完备的数据库档案。通过顾客的个人档案，记录下顾客的消费偏好、禁忌、购买行为、住店行为等特征。这样，当顾客再次惠顾时，饭店就能够提供更有针对性的个性化服务，从而进一步强化顾客的满意度和忠诚度。通过计算机系统，饭店的前台人员可在顾客办理入住手续的时候就知道：他的房间是否需要一只熨斗；她是否需要一楼的无烟客房。当客人再次入住该集团的任何一家成员饭店，该饭店都可以迅速地从信息中心调取他的资料，从而提供顾客所需要的服务。

5）制订常客奖励计划，激发顾客重复购买的欲望。为刺激顾客重复购买的欲望，饭店还应辅以一定的物质奖励。Frequency Program即常客计划，是企业为了争取回头客而经常采用的一种物质激励手段。比如，对常客加以一定的折扣或赠送礼物等。饭店在推出外交策略时，应加强同相关企业的合作，以取得双赢效果。

6）重视保持与顾客在购买后的沟通，进一步提高顾客的忠诚度。饭店若能在与客人结束交易关系后，还能继续对其关注，将会获得意想不到的效果。譬如，在重要节日或客人的生日，为客人寄上一张饭店特制的贺卡，花费不多，却能让客人高高兴兴地记住饭店。通过这种情感纽带，将顾客与饭店紧紧相连，以进一步巩固和强化顾客的忠诚度。这种方法会让顾客认为自己得到了忠诚的回报和奖励，而更加愿意购买和宣传给他人。

二、饭店绿色营销

1. 绿色营销的含义

绿色营销观念的宗旨是保护生态环境，防止污染，充分利用并回收可再生资源，以利社会，对整个社会负责。

2. 创建绿色饭店的关键

1）做好饭店各级员工的观念转变工作。

2）建立和健全有关制度。

3）成立相应的组织体系。

4）做好“绿色培训”工作。

5）加强废物的处理和控制。

6）饭店可以从4R入手：减量化（Reducing）、再使用（Reusing）、替代化（Replacing）和循环使用（Recycling）。

3. 饭店绿色营销过程

（1）**树立绿色形象** 饭店业在实施绿色营销的过程中，首先做到树立良好的绿色形象。企业形象是社会公众对企业的综合评价，良好的企业形象是企业的一笔巨大的无形资产，对企业的生存发展有着至关重要的作用。随着社会进步和经济发展，企业之间的竞争不仅仅取决于硬件和推销力，也取决于形象力。企业形象是由一系列指标构成的，企业绿色形象包括绿色产品形象、绿色服务形象、绿色员工形象和绿色环境形象等。企业应对员工进行绿色环保的教育，培养员工的“绿色服务意识”。

（2）**开发绿色产品** 开发绿色产品应以环境和环境保护为核心。绿色产品的开发必须遵循以下原则：①节省原料和能源。②减少不可再生资源的消耗。③容易回收分解。④低污染或者没有污染。⑤不对消费者身心造成损害。

目前，饭店的绿色产品包括三大类：绿色客房、绿色餐厅、绿色服务。①绿色客房：首先饭店应设置无烟楼层和无烟客房，在客房中布置绿色环境，在客房中放置绿色告示卡，使饭店创建绿色客房的行动获得顾客的理解和支持，在客房中增加有利于净化空气和美化环境的盆栽植物。其次，用绿色物品替换客房原有的有害物品，如用棉制洗衣袋替换塑料洗衣袋，用棉布等自然纤维制品替换化纤制品。再次，节约客房消耗，如用节能灯代替一般照明；在保证水压的情况下，减少抽水马桶的每次用水量和水龙头的出水量；在满足客人要求和保持清洁卫生的前提下，减少床单等洗涤次数。②绿色餐厅：创建绿色餐厅的核心是使用推广绿色食品。绿色食品是指无公害、无污染、安全、新鲜、优质的食品，它包括蔬菜、肉类和其他食品。饭店餐饮部慎重选购绿色食品，在烧菜及制作点心时使用天然的色素，不用化学合成添加剂；不用珍稀动物和野生动物制作菜肴；尽量多使用具有“绿色标志”的原材料。③绿色服务：饭店在餐饮服务中适当提示顾客点菜莫过量，提倡“消费不浪费”，顾客需带走剩菜时，积极提供“打包”服务；餐饮部、客房部开设无烟客房和无烟餐桌，以满足不吸烟绿色顾客的需要；饭店专门设立收集旧电池等有害物品的废物箱等，在饭店外围摆放了分类回收的垃圾箱。

（3）**加强绿色沟通**　绿色沟通就是把环保理念纳入产品和企业广告活动中，通过强调企业在环保方面的行动来改善和加强企业的绿色形象，更多地推销绿色产品。主动为媒体提供企业绿色产品和绿色服务的信息；引导顾客购买绿色产品，如在顾客订房时宣传饭店的无烟客房的特点及优越性；通过各种形式如灯箱广告、内部广告及在客房前厅的宣传手册等来突出地传递绿色信息。

另外，饭店应该开展绿色公关：饭店将保持与各新闻媒体的良好关系，利用“无冕之王”为企业的绿色表现做宣传；安排著名环保人士参观访问饭店，指导饭店“创绿”工作；积极参与有关部门组织的重大绿色活动，主动进行绿色赞助等。这是树立饭店绿色形象的重要途径，它帮助饭店把绿色信息更广泛、更直接地传递给社会公众，给饭店带来更多的便利和竞争优势。

三、饭店体验营销

随着我国饭店业逐步向产业成熟阶段发展，竞争日益加剧，许多饭店认识到饭店不应是单纯的餐饮和客房的提供者，而应该变成一个消费者体验的策划者和提供各种体验的消费场所。只有为顾客营造独特的消费体验，提供独特的消费体验产品才能区别于其他饭店进而获得市场，培养自己的忠实顾客群。

1. 体验营销：一种全新的营销理念

随着体验经济时代的到来，消费者已经上升到追求感性满足的阶段，他们购买产品是为了满足一种情感上的需要，或是追求商品与理想的自我概念的吻合。于是体验营销的概念应运而生。体验营销是一种新的营销理念，是指企业以产品为载体，以服务为舞台，以为顾客营造难忘的、值得回忆的体验作为工作重点，以满足消费者的体验需求为目标而开展的一系列活动的总称。体验营销由设施、产品、服务和互动体验过程 4 个要素构成。

设施又称“体验景观”，是体验发生的人与顾客互动活动的物理环境，为整个体验设定基调，影响体验提供过程；产品可以创造一种感官体验，增强顾客与其相互交流的感觉；服务体验表现由许多细节融合而成，服务的许多要素发生于后台而不为顾客所知，或被前台表现所掩盖；互动体验过程是指为提供产品、服务和商业体验而从事的一系列活动，是顾客与品牌的相互作用过程。体验营销的 4 个构成要素在顾客体验的形成过程中扮演重要角色，共同营造顾客体验。

与产品营销、服务营销相比，体验营销以向顾客提供有价值的体验为宗旨，力图通过满足顾客的体验需要而达到吸引和保留顾客、获取利润的目的。它是一种站在消费者的感觉、情感、思维、行动和关系的角度重新设计、定义营销的新型营销理念。

2. 饭店业实施体验营销的步骤

（1）**分析顾客需求层次，进行市场定位**　饭店要运用“划分战略”对市场进行细分，就要选择一个或多个细分市场作为目标市场。认真调查分析这个目标市场的顾客处于什么样的年龄段，其收入水平、教育程度，他们的价值观、行为方式和心理需求有什么特点，然后决定给他们提供哪种层次的体验，达到有的放矢，事半功倍的效果。并在此基础上对饭店自身进行定位：饭店能向顾客提供什么样的服务和体验及这些服务和体验能满足顾客什么样的需求。市场定位需要差异化策略的支持。

（2）**确定体验主题** 在顾客需求层次分析及市场定位的基础上，饭店应根据自身的优势，确定自己的体验主题。设计精炼集中的主题是体验营销中关键的一步，是通往体验营销的核心环节。当然，体验配以合适的主题是具有挑战性的工作，要具有强烈的创新意识。

好的体验主题应该有如下特征：第一，能够调整人们的现实感受。每一个好的主题都应能改变人们某方面的体验，从各个方面创造不同于平常的崭新感受，从而产生心灵愉悦的感受。第二，好的体验主题应该是一个集空间、时间和事物于一体的相互协调的现实整体，并能在一个空间进行多景点布局，从而可以深化主题。第三，一个好的体验主题应当适当展示饭店的特色。饭店中的所有要素，如产品、设施、服务场景、互动过程等，都要以体验主题为中心。比如，如果将饭店的体验主题设计为一种“宾至如归”的感觉，则人员的服务友好性、设施的齐全性、服务场景的和谐性、互动过程的快捷性等都应该能烘托出这一主题。

（3）**实施体验营销**

1）利用产品制造体验。饭店体验型产品是饭店体验营销的基础。饭店只有相应地体验服务产品后方可实施体验营销战略。因此，做好饭店体验服务产品设计至关重要。饭店实际上向消费者提供的是一种综合产品，客人在饭店的花费不像购买工业产品一样得到具体的物质产品，而是物质产品、服务和体验的综合。比如，客人在饭店就餐，除了享受到美味的菜肴、热情的服务外，还可通过视、听、触、嗅觉对环境气氛、服务技术、服务质量的体验。这也正是饭店在保证餐饮服务质量时，特别强调服务环境质量的原因所在。可见体验及其所能给予的美好感觉是饭店出售的重要的、不可或缺的产品之一。

在当今竞争日益激烈的饭店业，同类型、同星级饭店的硬件设施已相差无几，所提供的服务也趋于一致，物质产品和服务已趋于同质化，只有为消费者营造独特的体验，形成独特的消费体验产品才能区别于其他饭店而获得市场，培养自己的忠实顾客群。饭店不应再是单纯的餐饮和客房的提供者，而应该成为一个顾客体验的策划者和提供各种体验的消费场所。体验产品将成为饭店销售的主要商品。

首先，饭店可以利用产品来制造和传递体验，产品的包装、造型、质感等，可以直接给顾客带来美感。如饭店的客房、餐厅，及摆设的各类艺术品、工艺饰品等。其次，饭店还要有意为产品增添愉悦、美感、感官享受等成分，使产品体验化，让饭店产品活起来。

开发饭店体验产品时，应坚持“以人为本”的指导思想，尽可能地体现人性化、情感化、人的共性与个性、人的生理与心理需求，并能有效地刺激顾客的味觉、嗅觉、视觉、听觉、触觉中的一种或几种，以调动顾客的情感体验；注重饭店体验产品的层次性；充分利用其所能控制的各种资源，开发出具有本饭店特色的产品；体现动态性与应变性，顾客参与性和安全性的统一，主题性与知识性的统一，全员参与体验产品的研发和服务。

2）利用服务传递体验。服务是饭店用以展示和传递体验的天然平台。服务的突出特点在于其生产和消费的不可分割性，在服务过程中，饭店除了完成基本的服务外，还应该有意识地向顾客传递他们所看重的体验。即使是最一般的活动，也可以通过服务使顾客获得难以忘怀的记忆。例如，客房服务人员在引导顾客进入房间，餐厅服务人员在递上菜单、菜肴的摆设、餐桌的布置等方面，都应突出服务对体验的传递作用。

3）利用环境展现体验。良好的环境能迎合现代人消费文化的需求，并提高产品或服务的质量和价值，使产品、服务的形象更加完美。这种完美形象促使消费者在通过各种感官感受体验的过程中产生亲切感，并进而演化成喜悦感和依恋感。饭店可以在环境中加入表现主题的线索，使顾客的印象达到和谐；将影响主题的负面因素淘汰掉，尽量减少顾客损失；重视环境对顾客的感官刺激；营造互动体验氛围；环境的设计要保持新鲜感等，创造一种强调体验主题的环境。

4）利用广告引领体验。广告本身是对新产品、服务体验的一种描述，对消费者起引导作用，顾客很多时候是通过广告了解体验内容的。设计体现饭店体验主题特色的广告语及动感的画面等，使顾客感受到饭店体验的内涵。广告标语要抓住顾客在购前的情感刺激点，以顾客内在的情感为诉求，借助于美学、情感、生活方式、参与等激发顾客正面的情感体验，从而引导顾客对饭店、饭店的产品和服务产生好印象，甚至偏好，即在顾客来饭店消费之前就通过广告标语增加产品的体验价值。

5）利用互联网传播体验。顾客良好的体验会形成“口碑效应”，而传统的传播方式因受限于受众的数量和传播的范围，其影响力非常有限，如果能够借助网络手段，饭店企业在一些预订网站、web 2.0 网站（如博客、社区等）开辟互动论坛，让顾客把自己的体验反映在网络上，供其他潜在消费者共享和参考，会形成非常好的传播效果，对饭店的体验营销能够起到进一步提升效果的作用。

6）利用品牌凝聚体验。品牌不仅仅是产品或服务的标志，还代表着特定的生活方式、价值取向和消费观念，目的在于与消费者建立起一种情感上的沟通和联系。好的品牌是一种有性格、有魅力、有风韵、有生命、有象征意义的，消费者身边不可缺少的好朋友，这种个性化的品牌正代表了消费者特定的个性需求。如男士使用“金利来”领带，是想得到成功、富有、魅力的体验。所以饭店应全方位地塑造强调其体验主题的品牌形象，以达到吸引更多顾客的目的。

3．饭店实施体验营销应注意的问题

体验经济时代的来临，给人们提供了更多的经营领域。体验是精神层面上的需求，既然是需求，也可以凭慧眼发掘，进行有效引导，这样就会发现更多的市场机会。饭店经营者应根据市场需求的变化不断开创新的体验业务，为饭店注入新的活力，这样饭店才能在激烈的市场竞争中长盛不衰。

体验营销作为一种新的营销理念，其本质特征在于消费和生产的“个性化”。目前人们对这种营销理念的认识还处于初级阶段，应用时容易失控和陷入误区。根据一些饭店的营销实践，饭店要依靠体验营销来制胜，应注意抓好以下要点：

（1）**注重建立饭店和顾客之间的学习关系**　建立顾客关系管理系统，尤其是通过网络，和顾客建立学习、互动关系。随着交流手段的飞速发展，包括电子邮件、网页、在线服务以及互联网，饭店可以迅速了解潜在顾客的需求和偏好，从而为一对一的生产服务方式提供了可能，这就奠定了学习和互动关系的基础。饭店应建立和顾客之间的学习关系，这有助于饭店为顾客提供更准确的体验。饭店在细致地了解顾客偏好和需求的基础上，能为顾客做得更好。要建立起学习关系，饭店要为顾客特别是关键顾客建立起客户数据库，记住顾客的一些细节上的偏好，并注重在服务中和顾客形成好的交流，使再次光临的顾客能够得到更独特、更个性化的服务。因此，饭店与顾客之间的互动与交流越多，顾客就越能得到自身需要的产品和服务，就会体验到更少的损失，使得顾客忠诚度得到大大提升，竞争对手也就越难将顾客吸引走。

从营销主体与营销客体之间的相互作用关系分析，饭店作为营销主体具有目的性、主动性和创新性——围绕从顾客满意中获取价值；而顾客作为营销的客体，存在效用性、可塑性、易变性、外在性的特征。营销主体会影响营销客体的需求心理和交易行为，营销客体也会反过来促使营销主体改善服务和体验水平，这种互动的结果会促成饭店体验营销的进一步深化。

（2）**注重“接触点”管理** 注重接触点管理要求饭店注重顾客与饭店进行接触的过程中所产生的所有体验，饭店应该对所有与顾客有交流的接触点进行有效的管理。饭店应根据自身业务找出那些与顾客接触的所有“真实瞬间”，列出这些接触点，并进行测量和确认，判断出什么样的接触点在体现主题和顾客价值方面是最重要的。接着要为这些接触点指定标准，并确定在这些接触中应给顾客带来什么样的体验。接触点管理可以减少由于工作中的疏忽给顾客体验带来的负面影响。

（3）**防范风险转移** 体验营销之所以受到广大消费者的欢迎，一个重要原因是使其购买行为的风险得到提前释放，实现了零风险或低风险的购买。但它极易将释放出的风险转嫁到饭店身上。因此，饭店必须对此有足够的认识，在方案实施前制订出完备的防范措施和预案。

（4）**加强成本控制** 体验营销要求产品和服务的个性化，成本费用较高。因此，饭店既要有效地满足不同顾客的不同需求，又要把成本控制在顾客可接受的水平上。饭店需精心设计，对每一个步骤和每一个环节都应认真核算，制订出严密的计划，通过严格的责任制把成本控制在可接受的范围内。为了控制成本，饭店可以将产品和服务模块化。例如，有的饭店将所提供的产品和服务设计一个综合服务软件，客人可以毫不费力地从中进行组合挑选，就是一个很好的途径。

（5）**外部体验须以内部营销为基础** 内部营销是指饭店像对待外部顾客一样对待自己的员工，在员工为顾客提供满意的服务和体验之前，企业要做到先使员工体验到满意与忠诚。在饭店体验营销中，内部营销显得尤为重要，因为饭店在很大程度上是依赖员工去进行体验的即时创造和传递的。体验主题再明确，体验设计再完美，却会因员工的一次疏漏或怠慢而大大影响体验的效果，甚至将体验全盘破坏。

饭店员工是体验营销战略中最重要、最活跃的因素，饭店的服务质量依赖于全体员工，全体员工构成了饭店内部市场，充分发挥饭店员工的主观能动性，从而提高企业的凝聚力和员工的归属感，才能更好地执行用户满意的营销体验活动。饭店除了让员工满意之外，还需要让每一个员工认识到他们在顾客满意中所能创造的价值，以及顾客满意是饭店整体营销的结果。

在现代营销中，饭店要实现体验营销战略，必须对饭店全体员工进行专业化培训。由于服务过程是由员工来完成的，员工能以体验产品的承诺作为自己的行动准则，并在服务过程中向顾客提供优质服务，这对于形成良好的顾客体验具有决定性的作用。因此，需要让员工了解他们应该提供什么样的顾客体验产品、为什么提供这样的体验产品以及如何在实际工作中具体实施。

（6）**以整合营销传播为手段强化体验营销的效果** 整合营销传播最基本的目的就是通过制订统一的框架来协调传播计划，从而使组织达到“一种形象，一个声音”的效果，获得更大的协同效应。为达到顾客满意的效果，饭店在体验营销的整个过程当中，需要整合各种营销资源和信息传播手段，形成为顾客体验服务的协同一致，强化体验营销的效果。

本章小结

饭店市场营销是为了让目标顾客满意，并实现饭店经营目标而展开的一系列有计划、有步骤、有组织的活动。饭店营销组合策略就是饭店对自己的可控制的各种营销因素进行分析，本着扬长避短的原则进行优化组合和综合运用，使各个因素协调配合，发挥整体功效，最终实现营销目标。饭店服务营销的核心就是“站在客人的立场上提供服务产品”，从“想我”、“想饭店”转变为“想客人”，也就是做到顾客满意和顾客忠诚，通过取得顾客的满意和忠诚来促进相互有利的交换，最终实现营销绩效的提高与企业的长期持续发展。饭店新营销理念主要包括关系营销、绿色营销、体验营销等。

思考与练习

1．饭店市场营销过程包括哪几个环节？

2．饭店传统市场营销组合的内容有哪些？

3．简述饭店绿色营销过程。

4．现代饭店促销方式有哪几种？

5．饭店实施体验营销应注意哪些问题？

6．案例分析

作为一家在当地甚至全省都颇有名气的星级宾馆，要将“大众化”的路子走得顺顺当当可不是一件容易事。

宁波云海宾馆正式营业后，在决策者的大力推动下，连出四记“重拳”，逐渐在宁波市民心中树立起了独特而极具魅力的形象。

第一个举措是出售大肉包和大菜包。当初有人认为这是“丢份掉价”的事，但宾馆坚持服务于大众，抓包子质量，受到广大市民的欢迎。每天早晨，宾馆外卖部前就排起了长队，市民们通过包子知道了“云海”，也从始终如一的包子质量看到了“云海”的信誉。

第二个举措是在宾馆门口建起了快餐厅。顾客只要花3～5元便能吃到素菜什锦饭、青菜大排饭、红烧鸡腿饭等物美价廉的快餐以及兰花香干、茶叶蛋等风味小吃，做到每天有时新菜、创新菜。这种中国式快餐一开始便以鲜明的特色赢得了“工薪族”的欢迎。每当午饭和晚饭时间一到，这里排队等座的“长龙”立时变得无比壮观。

第三个举措是推出宾馆式大排档，厨房与餐厅之间仅隔一层玻璃，各式海鲜野味让顾客一目了然。爱热闹的可在大厅方桌就坐，喜清静的可在小包厢内用餐，随到随点，现点现烧，吸引了大量追求经济实惠的消费者。

第四个举措是把原来二楼行政办公室改造成小包厢。引进设备，保证菜肴质量，做到出菜快、味道好、菜质鲜，形成了低、中、高不同档次的餐饮经营方式。客人反映，贵为“三星”、“云海”饭店心中装的仍然是“工薪阶层”。

思考：结合案例谈谈市场营销对饭店的重要意义。

第七章 饭店业务支持系统管理

学习目标

1. 了解饭店财务管理的概念、特点;
2. 掌握饭店物资和设备管理的内容以及饭店财务管理的内容和方法;
3. 能够将饭店信息管理的知识应用于现代饭店管理的实践中。

第一节　饭店财务管理

一、饭店财务管理的概念和特点

1. 饭店财务管理的概念

饭店业是一种特殊的行业，它所生产的产品除了一部分是有形产品以外，更主要的是无形产品——服务，这就提出服务这种特殊的商品是否具有两重性的问题。只有服务这种特殊的“商品”具有两重性，才可以利用价值形式对其生产经营过程进行综合性管理。为此，有必要研究服务的使用价值和价值。

马克思说过：“服务无非是某种使用价值在发挥效用，而不管这种使用价值是商品还是劳动。”这里所讲的使用价值就包括了服务的使用价值。

从价值角度来看，服务性劳动既然是人类一般劳动的表现，而服务又是劳动的产物，那么，服务就和商品一样具有价值。

由此可见，饭店商品同样是使用价值和价值的统一体，其再生产过程同样也具有两重性，它既是使用价值的生产和交换过程，又是价值的形成和实现过程。在这个过程中，劳动者将生产中消耗掉的生产资料的价值转移到商品中去，并且创造出新的价值，通过销售来实现饭店商品的价值。因此，在饭店的生产经营活动中也同样存在着资金运动，其存在的客观基础也都是市场经济的特性。所以可以说市场经济的特性也就决定饭店业存在财务管理是一种客观必然。

饭店财务管理就是根据客观经济规律和国家政策，通过对饭店资金形成、分配、使用、回收过程的管理，利用货币价值形成对饭店经营业务活动进行综合性的管理。它是一种价值管理，是企业管理体系中的核心部分。它独立于其他各项业务管理，诸如业务管理、劳动管理、设备管理、物资管理等。

2．饭店财务管理的特点

作为价值管理的饭店财务管理，当然是财务管理的一个分支学科，其基本原理与方法是没有本质差别的。但是，作为综合性服务企业的饭店企业本身所具有的与其他行业企业不同的经营特点，决定了饭店财务管理又有其自身的特点，主要表现在以下几个方面：

（1）**现金流量呈现明显的季节波动性**　消费者对旅游产品的需求具有很强的季节性。季节性特征主要是由气候引起的，但也受学校假期、节日和传统旅游方式的影响。旅游产品需求的季节性导致了饭店现金流入和流出的季节性。饭店企业的这一特点，给其资金管理带来启迪。节假日、旅游季节之前，企业需要购进原材料、商品以及低耗品、娱乐设施等，资金需求量大，有时不得不向金融机构借贷；随后，客流量增加，销售收入大幅度增加，又会产生资金节余。因此，饭店企业必须分析现金流量变化，制订详细的资金使用计划，调节资金的淡旺季需求，提高资金利用效率。

（2）**内部控制的严密性**　内部控制适用于各行各业，但饭店业尤其需要极为完善、严密的内部控制，这是由饭店生产经营特点所决定的，可以从以下几个方面来认识：

1）饭店销售商品或者提供服务，一般都是概不赊欠，需要一手钱、一手货（服务），实行“钱货两清”原则，有些服务甚至是先交钱后提供服务。这就需要严格结算制度，服务人员必须具备高素质和高服务水准，把差错率降到最低限度，消灭舞弊和违法行为。这必须建立一套严密的内部控制制度。

2）饭店企业经营项目繁多，每一处都与顾客接触，不是收款提供服务，就是发票提供服务，必须保证物品、服务及时提供，又不能出现损失、浪费。这就更需要严格的内部控制制度，不但控制货币收支，还要控制物品与服务。

3）饭店客人流动性强，各种职业、性格的人员都有，而饭店自身服务项目繁多，特别是节假日会发生客人拥挤。从风险防范出发，必须加强内部控制，以保证顾客安全，防止事故或偶然事件发生。

（3）**涉外业务的风险性**　与规模相当的其他行业内的公司（制造企业）相比，大部分涉外饭店的经营活动更容易受外汇汇率变化的影响。因此，能否有效地管理汇率风险，将关系到饭店的盈利水平。任何一个涉外饭店，要想提高盈利水平，就必须对外汇汇率变动带来的风险有正确的认识，并适当地对其进行管理。如果饭店对未来的汇率变动能够正确预测，那么可以使风险降到最低，但是达到这一点谈何容易。因此，尽管不少饭店，尤其是小饭店常常忽略这种风险的存在，但仍应该谨慎地处理与应对这些风险。

（4）**设施、设备技术更新改造的紧迫性**　饭店的房屋及其附属设施、设备等固定资产，带有浓厚的商品色彩。与一般的商品不同，饭店本身的建筑物既是固定资产，又是出租商品。正由于饭店的资产设备具有商品的特性，饭店设施、设备新颖与否，对盈利水平有很大的影响。

另外，我国已进入小康社会，随着生活水平的不断提高，人们的消费观念越来越日新月异，消费水准不断提升，消费花样更是层出不穷。饭店企业必须瞄准顾客的需求，及时提供顾客喜欢的服务项目，尤其是娱乐项目。这就需要不断更新、改造各种设施设备，上项目、上标准、添花样、增内容。因此，饭店企业的设施设备更新和技术改造，随着消费的变化不断发展，永无止境。

二、饭店财务管理的意义

饭店财务管理活动在饭店的日常管理中具有极其重要的作用，表现在如下几个方面：

1. 保证饭店资金供应，促进饭店有效经营

一定量的资金是饭店经营与管理活动的基础。为了保证饭店得到资金供应，财务部门要详细核定、积极筹措饭店所需的资金。有了资金犹如给饭店不断注入新鲜血液，使饭店能有效地进行运营。

2. 增收节支，提高饭店经济效益

财务管理既管供应投入，又管收入产生。在资金投入上，财务管理要根据市场信息和各种财务信息，经过分析预测，决定资金投向和分配。饭店总是希望把资金投入到能产生直接或间接效益、效益比较显著的方面去。资金投入后，财务又通过会计核算监督控制投入资金的使用及使用效果，从而不断增加饭店收入。与此同时，在会计核算过程中，按照计划控制成本和费用，从而使支出压缩到必要的合理程度。财务管理能促进增收开支，对饭店提高经济效益有着直接的意义。

3. 促进饭店提高经营管理水平

财务管理不是被动地反映饭店经济活动过程，而是通过决策、控制来促进经营业务的发展。财务既可以全面反映饭店运营情况，也可以较具体地反映各部门及各个经营过程中出现的情况。财务反映出的信息较快且灵敏，饭店利用财务有关方面的信息及时、充分地了解各部门、各种业务的经营管理情况，以便针对具体情况作出决策，进而指挥控制各项业务的进行。同时通过财务计划和会计核算，使收入、利润达到目标，将成本费用控制在计划之内。完成财务计划的关键是提高各部门管理水平，采用科学、合理的方法去实现计划目标。饭店财务还要在分配上促进管理水平的提高，合理地分配部门和职工的利益，把科学分配作为一种管理手段，促进部门一方面增强科学管理，争取更多的利益，同时提高管理水平，完善原始记录和信息系统，为科学分配提供依据。

三、饭店财务管理的原则

饭店财务管理的原则是其组织资金运动，处理错综复杂的各种财务关系的准绳和标尺。所谓准绳和标尺，即是我们做事情、处理问题的极限及依据。只有符合这个准绳和标尺，才被认为是合理、有效的。反之，就是不合理、无效的。

简单地说，就是想让人们理解问题。事实上，饭店财务管理的原则是人们对财务管理实践的抽象，是思维的结晶，它体现出财务活动的规律，是饭店财务管理的行为指南。

1. 遵法守信的原则

市场经济是法治经济，其核心就是用法律手段来维护公平竞争的经济秩序和良好环境。历史发展证明，只有在公平竞争的条件下，社会的各种经济资源才会得到充分、有效的利用和

开发，社会和经济才会持续、健康地发展。假如没有或者缺乏保证经济运行的法律、法规，势必引起社会经济秩序混乱，让不正当的竞争泛滥，造成社会经济资源的浪费，给社会发展造成危害。

在市场经济条件下，饭店的方方面面要发生经济联系，形成财务关系。这就需要饭店和各方面必须讲信用，把信用放在第一位。否则，必将破坏良好的经济秩序，不能保证公平竞争，信用虽然属于道德范畴，但它和法律法规是相辅相成的，也是法制经济不可缺少的一个方面。

饭店为达成其财务管理目标，为实现企业总目标，必须以遵守国家法律、法规、制度为前提，把信用放在对外交往和提供商品和服务的第一位。任何违反国家法律、法规，任何不守信用的行为，轻则受到处罚和批评，重则危及饭店的生存和发展。

2. 系统性原则

按照系统理论，系统是由若干相互作用、相互依存的元素组成的有机整体。系统随处可见，饭店本身就是一个系统，而财务管理又是整个饭店企业管理系统中的一个子系统。系统论的基本思想就是一切从整体出发考虑问题，“整体效应”是系统论的核心。系统具有三个基本特征：整体性、目标性、层次性。

饭店企业的财务管理中运用系统原则，就是指首先强调整体性，一切从饭店的整体利益出发。局部最优，不等于整体最优，整体最优才是真正的最优。有时，某些财务活动从局部看可能最优，但从整体看不一定是最优。那就必须局部服从整体，一切以整体利益为重。

饭店有自己的目标，财务管理又有自己的目标，各部门、各项具体工作还有自己的具体目标。这些目标应该是统一的，但有时它们又会发生抵触、碰撞。此时，一定牢记小目标服从大目标，局部服从整体。这就是饭店财务管理的系统原则。

3. 协调性原则

饭店的财务管理由若干相互联系的环节组成，只有各个环节协调平衡，统一步伐，才能保证饭店财务方面目标的实现。然而，在实际财务工作中，由于种种因素，不平衡、不协调、不统一的现象经常发生。因此，需要对这些因素加以影响，以求饭店财务管理在协调平衡中进行，这就是协调性原则，它主要包括以下几个方面：

（1）**货币资金数量的动态协调性** 饭店企业的资金循环与周转，客观上要求企业保有一定数量的货币资金。数量过多，就造成浪费，导致资金利用效率低下；数量过少，影响资金运用，造成企业生产和服务不正常。实际工作中，由于饭店的业务受季节影响，货币资金流入与流出不平衡是绝对的。而保持饭店货币资金流入与流出在数量上、时间上的动态平衡，是饭店资金运动的客观要求。这就要求经营管理人员运用科学的方法、精湛的技术、高超的智慧去保持其协调性。

（2）**收益与风险的协调性** 企业的永恒追求就是收益，股东肯投入资本，债权人愿意借贷，员工愿意付出劳动，都是为饭店企业获取收益，自己从企业的收益中分享一部分合法的收益。在市场经济条件下，饭店企业获取收益的过程中，会有大量的不确定性、突变性、偶然性，稍有不慎，风险就会成为事实。可以说，收益与风险是一对孪生姐妹，是一种客观存在。一般来讲，承担的风险越大，则收益就会越小。因此要求饭店财务经营管理人员应尽可能地对企业风险因素充分估计，预先搜寻风险，事先防范风险，采取化解风险的措施。协调好收益和风险的核心内容就是饭店财务管理人员，发挥聪明才智，在收益既定的前提条件下，最大限度地降低风险、化解风险；在风险既定的前提条件下，最大限度地争取收益。

（3）**财务关系的协调性** 伴随着饭店财务活动的进行，必然会发生各种财务关系，即资金运动中各方面的经济利益关系，这些关系主要有以下几个方面：

1)饭店与国家税务部门之间的经济关系。饭店取得营业收入后必须按国家规定的税种、税率缴纳各项税金，从而使饭店同国家之间形成一种经济利益关系。饭店缴纳的各项税金收入也呈稳步增长趋势，从而保证社会经济及其他事业发展的需要。

2）饭店与投资人之间的经济关系。投资人对饭店投入资金的目的在于获取较高的投资报酬，投资人能够获得应有的报酬，饭店才能继续得到投资人的支持，才能筹集到需要的资金。饭店将资金进行有效的配置，使其产生更大的盈利，从而使投资人获得更多的利润。如此在投资人与饭店之间形成了密切相关的经济利益关系。

3）饭店与债权人之间的经济关系。饭店的债权人一般包括向饭店提供贷款、信用等的金融机构及饭店债券的持有人等。这些债权人向饭店实施贷款、信用及认购饭店债券，获取固定的利息收入并回避投资风险，因此饭店要按协议的要求按期归还借款和支付利息，保证债权人的权益不受侵害，这样饭店才能筹集到债务性资金，满足经营活动的需要。

4）饭店与其他企业之间的经济关系。这种关系主要是由于相互提供产品和劳务而发生的资金结算关系。饭店从其他企业购进原材料和设备等，要按照等价交换的原则，用货币资金进行支付、结算。此外，还存在饭店与其他企业由于联营而产生的利润分配关系。饭店与其他企业的这种经济关系，作为一种经济利益关系，直接关系到饭店资金的周转速度、支付能力及饭店信誉等许多方面，因此必须妥善处理。

5）饭店内部的经济关系。这种关系主要体现在两个方面：其一为饭店内部各部门之间的经济关系。为加强饭店内部的管理，分别考核各部门成本费用及利润计划的执行情况，对各部门之间的经济联系要进行计价结算。特别是实行经营承包责任制后，饭店内部资金的分配、使用、调拨、核算关系更为复杂，解决不好会挫伤各部门的积极性。其二为饭店与职工之间的经济关系。它主要根据按劳分配原则和社会劳动保险制度的规定支付给职工的工资、奖金、津贴，以及职工共同享受的福利基金。

6）饭店与游客之间的经济关系。游客在饭店消费了各项产品及服务后，要根据等价交换的原则，按一定的价格进行支付，由此形成了饭店与游客间的货币结算关系。

饭店上述的各种财务关系是饭店在从事生产经营，进行资金的调拨、使用、分配、偿还等财务工作中产生的。它是伴随财务活动必然产生的一种经济现象，离开了这些财务关系，饭店的资金运动就缺乏效率和动力。因此就要求饭店财务管理人员遵守国家法律、法规，既保护饭店的合法权益，又不损害他人的合法权益。讲究信用，树立饭店品牌形象，履行社会责任，如环保、公益事业、慈善事业等。

4．成本效益性原则

成本是指生产商品或提供劳务所花费的货币表现。这项原则要求饭店财务管理人员，严格控制成本、费用支出，把成本、费用降到最低限度。每一件商品、每一项服务都要进行收益与成本比较，收益必须大于成本。也就是说，饭店不管经营何种项目，提供何种服务，都要预测成本，然后控制成本。

四、饭店财务管理方法

财务管理方法是用来组织、指挥、监督和控制财务活动，正确处理财务关系，以完成财务管理任务的手段。财务管理的方法主要有：进行财务预测、编制财务预算、组织财务控制、开展财务分析和实行财务审计等。

1．进行财务预测

财务预测是根据财务活动的历史资料，考虑现实的要求和条件，对旅游饭店未来的财务活动和财务成果进行科学的预计和测算。财务预测的目的表现在以下两个方面：

（1）**为计划管理提供信息**　为了保证计划的科学性，旅游饭店在制订财务计划前，要对各项指标进行预测，以提高计划指标的准确性和科学性。

（2）**为财务决策提供依据**　财务预测所提供的资料为财务决策提供了条件，而财务决策又是经营决策的核心，因此做好财务预测不仅为财务决策提供了依据，同时也为经营决策的科学化奠定了基础。财务预测的一般步骤是：

1）确定预测的目的和对象。财务预测一般包括资金预测、成本预测、销售收入预测和利润预测等。预测的目的和对象不同，资料的搜集、方法的选择等也就不同。

2）搜集和整理资料。根据预测的目的和对象，广泛搜集各有关资料（如旅游饭店内外部资料、旅游市场供求状况及发展趋势、历期的统计资料等），并尽量使筹集的资料具有可靠性、完整性，还要对筹集的资料进行分类汇总，使它们符合预测的需要。

3）确定计算的方法。通过对搜集的资料进行归类分析，找出各种影响因素及相互关系，选择适当的预测模型进行计算。在预测中，除了运用经济预测的一般方法外，还有财务管理所特有的预测方法，如量本利预测法、投资回收期预测法和现金流量法等。

4）确定最佳方案。对制订出的各种方案，进行对比分析研究，确定其中一个最佳方案，为以后的工作打下基础。

2．编制财务预算

在财务预测的基础上编制财务预算，是财务管理的重要方法之一。财务预算一般包括销售预算、成本费用预算、利润预算、现金预算、预计资产负债表及损益表等。财务预算在财务管理中具有重要的作用，体现在：可以为饭店各部门及员工树立一个财务上的奋斗目标；作为饭店控制其财务活动、分析检查财务成果的依据；可以保证饭店经营活动对资金的合理需要，促进其管理水平的提高。

财务预算的一般步骤是：

1）进行财务预测。

2）编制部门预算草案。每年第四季度由饭店总经理向各部门经理下达编制下年度部门财务预算的通知书。各部门接到通知书后，经过调查、分析和研究，制订出部门预算指标。考虑到旅游活动的季节波动性，预算指标要有一定弹性。

3）在此基础上编制饭店财务预算。财务部门在汇总了各部门预算草案的基础上，对其各项指标进行核对和研究，本着综合平衡的原则编制出饭店财务预算。

4）将预算方案落实、下达到各部门。年底由总经理召开预算会议，由总会计师（财务总监）宣布财务预算草案的各项指标，经过充分讨论修订后，正式下达给各部门。

3．组织财务控制

财务控制是以财务预算指标和各项定额为依据，对资金的收入、支出、占用、耗费等进行计算和审核，找出差异，采取措施，以保证预算指标的实现。

做好财务控制，首先，制订控制标准，制定出成本费用定额和资金定额。实行定额管理，结合各项定额将财务预算指标分解、落实到各部门、班组以致每个人，并将其作为控制的依据；其次，日常执行标准，对资金的收支、设备的占用等运用各种手段（如可采用限额领料单、内部结算货币等）进行记录、计算，将标准与实际发生额进行对比，找出差异，对不符合标准的支出予以限制；最后要将差异形成的原因找出来，对不利的差异采取措施，加以消除，以实现财务控制作用，保证预算指标的完成。

4. 开展财务分析

财务分析是以会计核算资料为主要依据，对旅游饭店财务活动的过程和结果进行分析、对比，对预算完成情况及财务状况作出评价，提出改进措施。

通过财务分析，一方面可以掌握财务预算的完成情况，找出影响财务成果实现的因素及影响程度；另一方面可以总结经验，发现问题，为今后改善财务预算工作提供依据。

5. 实行财务审计

财务审计以核算资料为主要依据，对旅游饭店经济活动和财务收支的合理性、合法性、有效性进行审计，这是实现财务监督的主要手段之一。

五、饭店财务管理的主要内容

1. 资金管理

资金管理具体包括以下内容：

（1）**筹资和投资管理金并进行投资活动的管理** 这主要是指按计划从各种渠道筹集资金并进行投资活动的管理。

融资渠道是指客观存在的融通资金的来源与渠道。不同渠道的资金有不同的特点，不同的投资人有不同的偏好。饭店目前的融资渠道主要包括：

1）银行资金。银行资金是企业的一项重要的资金来源，在融资市场不发达的国家，这种渠道尤为重要。在我国共有三大类银行：商业银行、中央银行、政策性银行。商业银行主要为公司提供各种商业贷款，而政策性银行为特定公司提供政策性贷款。

2）非银行金融机构的资金。非银行金融机构主要有信托投资公司、保险公司、租赁公司、证券公司、集团公司所属的财务公司等。他们提供各种金融服务，如信贷资金投入、物资融通、设置租赁、为公司承销证券等。

3）其他资金来源。其他资金来源主要有国家财政资金、企业内部积累、其他企业的资金、社会公众个人资金等。

（2）**各项资产管理** 这主要包括流动资产管理、固定资产管理、无形资产、递延资产及其他资产的管理。

（3）**外汇资金管理** 这主要是指对各种外汇资金及其风险的管理，以实现外汇收支平衡。

2. 成本与费用管理

这主要是对旅游饭店成本与费用的开支标准、开支项目、开支范围的管理。由于成本与费用耗费是经营活动中发生的各种资金耗费，因此对成本与费用的管理也就是对资金耗费的管理。

饭店成本费用管理应严格遵守国家规定的成本开支范围及费用开支标准、正确处理降低成本费用和保证服务质量的关系、健全成本费用管理责任制及全员管理三大原则，使企业获得更大的收益。

3．营业收入、税金、利润的管理

这主要是对旅游饭店收入的实现及其分配进行的管理。旅游饭店获得营业收入，收回货币资金，补偿经营中的各种耗费，并进行利润的分配。由此可见，收入、税金、利润的管理也就是对资金收回、补偿、分配和积累的管理。

收入是指企业在销售商品、提供劳务及让渡资产使用权等日常中形成的经济利益的总流入。饭店营业收入主要来自饭店各部门在经营中得到的劳务收入。根据企业业务的主次分为主营业务收入和其他业务收入。现代饭店是以经营提供食宿为主兼营其他多种服务的旅游接待设施，收入来源众多，但主要以提供服务为主，非经常性业务较少。其收入可分为：客房收入、餐饮收入、康乐收入，饭店又可按其需要划分为若干项目。例如，客房收入包括房费租金收入、房内食品饮料收入、洗衣收入等。

饭店利润是指饭店在一定的会计期间的经营成果，包括饭店的营业利润、利润总额和净利润。

（1）**营业利润**　营业利润是指主营业务收入减去主营业务成本和主营业务税金及附加，加上其他业务利润，减去营业费用、财务费用和管理费用后的金额，即

营业利润=主营业务收入−主营业务成本−主营业务税金及附加+其他业务利润−营业费用−财务费用−管理费用

其他利润收入是指其他业务收入减去其他业务支出后的余额。

（2）**利润总额**　利润总额是指饭店营业利润加上投资收益、补贴收入、营业外收入，减去营业外支出后的金额，即

利润总额=营业利润+投资收益+补贴收入+营业外收入−营业外支出

投资收益是指饭店对外投资所得的收益，减去发生的投资损失和计提的投资减值准备后的净额。

补贴收入是指饭店按规定实际收到退还的增值税，或按销量或工作量等依据国家规定的补助定额计划并按期给予的定额补贴，以及属于国家财政扶持的领域而给予的其他形式的补贴。

营业外收入和营业外支出是指饭店发生的与其生产经营活动无直接关系各项收入和各项支出。营业外收入包括固定资产盘盈、处置固定资产净收益，处理无形资产净收益、罚款净收入等。营业外支出则包括固定资产盘亏、处置无形资产净损失，处置固定资产净损失、债务重组损失、计提的在建工程减值准备、支出罚款、捐赠支出、非常损失等。

（3）**净利润**　净利润是指饭店利润总额减去所得税的金额，即

净利润=利润总额−所得税

税后利润的分配分为 5 个方面：支付被没收的财物损失和各项税收的滞纳金、罚款；弥补以前年度的亏损；提取法定公积金；提取任意公积金；向投资者分配利润。

4．财务分析

这主要是通过财务报表对旅游饭店经营活动及其所取得的财务成果进行考核、分析、

评价。

按分析的主体不同，饭店的财务分析可分为内部分析和外部分析，一般来讲，分析的主体不同，分析的侧重点也有所不同。

饭店进行财务分析所依据的主要资料是饭店的财务报告。饭店的财务报告是反映饭店财务状况和经营成果的书面文件。它包括会计报表主表、附表、会计报表附注和财务情况说明书。

为了能全面地反映饭店的财务状况和经营成果，通常采用以下几种方法进行财务报表分析。它们分别是：

（1）**横向分析** 横向分析又称动态分析，是指前后两期财务报表间相同项目变化的比较分析。

（2）**纵向分析** 纵向分析又称静态分析，是指同一期间财务报表中不同项目间的比较分析。主要是通过编制“共同比财务报表”或“百分比报表”进行分析。

（3）**趋势分析** 趋势分析是指将连续多年的财务报表的数据集中在一起，选择其中某一年份作为基期，计算每一期间各项目对基期同一项目的百分比或指数，以揭示各期间财务状况的发展趋势。

（4）**财务比率分析** 财务比率分析是指通过将两个有关的会计项目数据相除，从而得到各种财务比率以揭示同一张财务报表中不同项目之间或不同财务报表中的有关项目之间所存在的内在联系的一种分析方法。

（5）**因素分析** 因素分析是利用各种因素之间的数量依存关系，通过因素替换，从数额上测定各因素变动对某项综合性经济指标的影响程度的一种方法。

第二节 饭店物资与设备管理

一、饭店物资管理概述

饭店物资管理是对饭店物资资料进行计划、采购、保管、使用和回收，以使它们有效地发挥应有的使用价值和经济效用的一系列组织和管理活动的总称。它属于饭店产品的有形管理，在饭店管理中起着非常重要的作用。

1. 饭店物资管理的基本内容

1）核定饭店各种物资需求量，编制与执行物资供应计划，并根据市场情况、饭店业务情况的新变化不断修正供应计划，提高物资供应的科学性。

2）全面了解饭店所需的各种物资的特性，深入研究适合各种物资的保管、储藏方法，使物资安全度过采购、使用之间的过渡期。

3）编制科学、严密的物资管理制度。制订饭店各类物资的流通程序、设计物资流转过程的管理方法和严格的规章制度。

4）核定饭店各类物资的消耗定额，监督各类物资的使用过程，核算其使用效率，使所有物资在饭店的业务过程中充分发挥其应有的使用价值和经济效用。

5）用各种方法回收饭店各种尚有利用价值的报废物资并设法使其再生，再次为饭店经营做出贡献，达到物尽其用、节约经营成本的目的。

2．饭店物资管理的基本目标

饭店物资管理的基本目标是适时、适量、优质、优价、善藏、高效。

3．饭店物资管理的特点

饭店物资管理的最大的特点是复杂性，具体体现在以下几个方面：

1）客人需求的多变性与饭店物资管理规定的权衡。

2）饭店营销业绩的波动与饭店物资管理计划性的权衡。

3）饭店物资的丰富性与物资管理技巧多样性的权衡。

4）饭店部分物资的相对不可储存性与物资管理时效性的权衡。

4．饭店物资管理的基础分析

饭店物资用品纷繁芜杂，不同的物资用品，其价值和管理要求可能会大相径庭。所以要对其进行科学、系统的分析梳理，以此来为后续的管理工作奠定基础。

（1）**物资分类**　按物资的价值分：物资分为低值易耗品、物料用品和大件物资。

按物资的自然属性分：物资分为棉纺品、装饰用品、清洁用品、服务用品、玻璃瓷器、食品原材料、餐具和茶具、办公用品、燃料、印刷品及文具、维修材料及用品、消防用品等。

按物资的使用方向分：物资分为客用物资、食品原料、办公用品、清洁和服务用品、基建和维修用品、安全保卫用品及后勤用品等。

按物资所处不同阶段分：物资分为在用物资、在库物资和在途物资。

按客人消耗和价值补偿方式分：物资分为客用一次消耗物品和客用多次消耗物品。

（2）**物资标准化**　物资标准化即把物资统一、归类，要求同类物资在大小、形状、颜色、质量、价格等方面都基本相同或是变化幅度锁定在一定的范围。

（3）**物资分析**　物资分析是建立在物资标准化的基础上。目前较常用的物资分析方法是 ABC 分析法。按物资的品种和占用资金的多少，把饭店所有物资划分为 ABC 三大类，三类物资品种和占用资金的最佳数量规定见表 7-1 所示。

表 7-1　物资 ABC 分类表

物资分类	占全部品种百分比（%）	占全部资金百分比（%）
A	10～15	70～80
B	20～30	20～25
C	60～65	5～10

从表 7-1 中可看出，A 类物资占用资金最多，所以此类物资就是物资管理的重点，储备量也必须严加控制，并尽量缩短采购周期，增加采购次数，以加快资金周转速度。B 类物资的资金占用介于 A 类物资和 C 类物资之间，故要适量控制，也就是要根据供应情况适当延长采购周期或减少采购次数。C 类物资具有品种繁多、占用资金少的特点，对这类物资可适当放宽控制，采购周期长一些也不会影响饭店资金的使用效果，并可节省因频繁采购而引起的费用。总之，通过 ABC 分析，可以帮助管理者分清物资管理的轻重主次。

二、饭店物资采购管理

饭店的物资采购管理是指参照既定的物资定额（包括消耗定额和仓储定额），在不同的时间段内采购不同品种、不同数量的物资，以维护饭店的正常运转。

1. 采购管理的主要内容

1）结合自身业务活动和市场近况，科学、合理地确定采购物资的种类与数量。

2）根据饭店各业务部门对物资的质量需求与价格需求，选择最为合适的供货商，并及时订货或直接采购。

3）严格监控采购全过程，及时发现并解决每个环节中可能存在的管理漏洞，保证物资采购按质、按价、按时、到位。

4）制订物资采购的严密程序、手续和制度，保证控制工作有序进行。

5）制作并妥善保管与供货商之间的交易合同，保证合同合法、有效，并对饭店有利。

6）协助财务部门做好饭店对供货商的贷款清算工作。

通过上述过程，采购管理工作所要达到的目的是：保障供给，最小的投资，最理想的物资质量，最低的净料成本，在与供货商的交往过程中确立自己最有利的竞争地位。

2. 饭店物资采购的流程

（1）采购申请 为了使采购工作具有科学性和系统性，加强采购的目的性，各物资使用部门或仓库管理人员要根据经营需要，填写请购单。采购部门汇总各使用部门的请购单，结合饭店的基本特点，编出采购计划，交给财务部进行审核，并由财务部向上级主管部门提交采购申请书。

（2）采购审批 饭店主管采购部门的经理在接受经账务部门审核的采购申请书后，要对饭店物资部门作通盘考虑，最终对采购申请给予批准或批准物资部门的采购审批工作。

（3）采购

1）在进行价格比较时要遵循的原则：相对最低、物资质量、供货商信誉原则。

2）价格比较的程序：设立最高限价→估计供方的最低限价→在供货商最低限价和饭店最高承受能力这个区间，结合质量等因素，确定饭店愿意支付的最高价格。

3）饭店在进行物资采购时常用以下 4 种方法：

市场直接采购：直接采购是指采购人员根据批准的采购计划或请购单的具体要求，直接与供货商接洽，采购所需物资。

预先订货：饭店采购部根据采购计划及请购单的要求，选定供货商，与之签订订货合同，使之在规定的时间内将所规定品种、规格和数量的物资送到饭店指定的地点。

“一次停靠”采购法：饭店向一家实力雄厚、供应物资品种齐全的饭店物资供应公司以批发价订购饭店业务所需的全年物资，一次订货，分期到货。

集中采购：集中采购是饭店集团常用的一种采购方法，被世界上很多非集团饭店所仿效。它是指两家以上饭店联合成立物资采购中心，统一为各饭店采购经营中所需的物资。其具体做法是：各饭店将需采购物资报送采购中心，采购中心将各饭店的同类需求物资的数量汇总向供货商订货，统一验收后分送到各饭店。

三、饭店物资验收管理

验收是物资采购任务完成以后，由饭店验收人员根据订货单以及批准的请购单，检查所购物资交货是否按时，质量、数量、价格是否准确并详细记录检验结果，对合格物资准予入库或直拨到使用部门，不合格物资予以拒收。

1．验收程序

（1）**前期准备工作**　采购员采购任务完成后，应及时将订货单转给验收部门，并将采购物资的基本情况通知验收负责人。验收人员应将订货单与财务部门转送的、经批准的请购单相对照，若订购内容与上级批准的采购内容有出入，应及时向财务部门报告。

验收管理人员应在物资到达验收点前督促下属安排好相应的物资验收位置和具体的验收人员，检查验收人员是否已准备好订货单、各类验收设备工具、验收场地，确定验收范围。

（2）**验收操作，物资入库**　当物资到达验收点后，验收人员要根据订货单或订货合同的内容清点货物的件数，逐个检查密封容器是否有启封的痕迹，逐个称重，特别要检查袋装物品的内容、重量是否和袋上印刷的相一致，以防名实不符和短缺。在清点数量时，验收人员必须使用专用章，在清点过的物资包装上加盖印章，以防重复点数或漏点。验收人员要按照饭店采购规格书上所规定的质量标准检查和测试货物的外观及内在质量是否完全合乎要求，此外还要逐个检查物品的规格是否符合要求。

在对全部货物进行测试、检验、清点之后，若发现问题，要当场向送货者提出交涉，并作出相应的处理，包括拒收及由双方签字认可。对完全符合要求的货物要尽快选择仓储位置或发放给使用部门使用，不要让货物在验收地点长时间存放。

（3）**记录验收结果**　验收人员最终以书面的形式阐述验收情况，包括签填验收单据和形成验收报告及进货日报表。

2．拒收

拒收是指物资验收人员在验收过程中，对照有关标准，发现有严重出入时，拒绝物资入库或进入生产领域。拒收是杜绝假冒伪劣物资流入饭店的有效手段，是维护采购方正常权益的有力保证。

拒收应填写拒收通知单，写明拒收理由，经送货方和验收方签字，将拒收通知单和物资以及有关凭证一同退回。在处理拒收物资的问题时，必须特别注意以下几点：

1）要认识到这不是纠纷，而是交易过程中最常见问题。因此饭店一方要在坚持自己原则的情况下耐心、妥善地处理相关问题。

2)为了与供货商的进一步交涉留下原始凭证，在拒收通知单上要写明拒收的详细原因，并请送货人签字证明。

3）要尽快告知饭店的采购部门和相关的物资使用部门，敦促他们及时寻找替代品。

四、饭店设备概述

在国外，设备工程学将设备定义为“有形固定资产的总称”，它把一切列入固定资产的劳动资料，如土地、建筑物、构筑物、机器装置、车辆、工具等都包含其中。在我国，一般认为，设备是固定资产的重要组成部分，只把直接或间接参与改变劳动对象的形态和性质的物质资料称为设备，也就是人们在生产、经营活动中所需的机器机具、机械装置、仪器仪表等可供长期使用，并在使用中基本保持原有实物形态的物质资料。

1．饭店设备概念

对于饭店来说，设备的定义包括以下 3 层意思：

1）设备是各部门所使用的机器、机具、仪器、仪表等物质技术装备的总称。

2）设备具有长期、多次使用的特性，不是一次性消耗品。

3）设备的价值形态在会计科目中列为固定资产。

2．饭店设备分类

饭店设备种类数量繁多，又分散于各部门，由工程部和各使用部门共同管理。为了管理好设备，首先要对饭店的设备进行分类。

饭店设备的分类方法比较多，可以按设备的功能特征分类、按设备的使用范围分类、按设备的重要程度分类等。

饭店设备主要分为以下几类：

（1）**建筑物**　建筑物主要是指饭店房屋建筑，包括饭店主楼及其他附属配房的设备。

（2）**供应设备**　供应设备包括为饭店各部门供应电、水、气的设备，如锅炉、冷冻机热交换器、冷热水箱、冷冻库以及与之配套的管道系统。

（3）**供电设备**　供电设备主要是饭店的供电和用电设备，包括配电设备、供电系统及用电设备。

（4）**通信设备**　通信设备是指电话、传真、电传等。

（5）**系统设备**　系统设备包括各种管线或其他方式联系而成系统的各种使用设备，排污管道、音响、闭路电视管线等。

（6）**电梯设备**　电梯设备是包括电梯、自动扶梯等垂直交通运输设备。

（7）**厨房设备**　厨房设备是指饭店厨房用的各种烹调、制作设备等。

（8）**家具设备**　家具设备是指饭店用于接待顾客、行政办公及其他用途的各类家具设备及家用电器。

（9）**接待服务设备**　接待服务设备是指饭店各前台服务部门用的服务设备，如行李车、服务车、餐厅餐具等。

（10）**计算机设备**　计算机设备是指饭店的计算机设备及其系统。

（11）**清洁卫生设备**　清洁卫生设备包括清洁和洗涤设备，如洗衣房全套设备、吸尘器、打蜡机、洗碗机等。

（12）**健身娱乐设备**　健身娱乐设备是指供顾客娱乐或健身的设备设施，如游泳池、健身房设备、台球室设备等。

（13）**消防报警设备**　消防报警设备是指报警系统和消防供水系统及各式消防器材。

饭店的设备分类既要包含饭店所有需要用的设备，又要便于科学管理，应根据饭店的档次和服务标准来确定。

3．饭店设备寿命

（1）**自然寿命**　设备的自然寿命又称物质寿命或物理寿命。它是指设备从全新状态开始使用时起，由于物质磨损而逐渐丧失工作性能，直到不能使用而报废为止的全部时间。设备的磨损可以通过维修得到补偿，从而延长设备的自然寿命。生产性设备的更新往往以此为重要依据。

（2）**技术寿命**　饭店设备的技术寿命是指设备从开始使用到因无形磨损而被淘汰所经历的时间。这种淘汰主要是因为设备科学技术落后和客人需求变化造成的。在饭店设备的更新改造项目中，由于技术寿命而引起的更新改造占很大比重，如饭店内常见的大堂、客房、餐厅的改造，计算机的更新等项目。因此技术寿命的长短往往是客用设备更新改造的主要依据。

（3）**经济寿命**　设备的经济寿命又称价值寿命，它是指设备从投入使用到因磨损而维修费用逐步提高，继续使用在经济上已不合算而需要更新改造所经历的时间。经济寿命是根据设备使用过程中的维持费用（维修费和人工费）的多少来决定的。一般来说，设备的经济寿命越长，饭店的经营成本越低。

（4）**折旧寿命**　设备的折旧寿命是指设备根据规定的折旧方法和折旧率进行折旧，直到设备账面净值为零的全部时间。它不同于设备的自然寿命，可能规定的折旧寿命未到，而设备的自然寿命已经提前结束；也可能设备在财务报表上的净值已经为零，但其自然寿命还存在。饭店应该参照国家有关规定以及企业实际情况，为各类设备确定一个合理的折旧寿命。

4．饭店设备管理的重要性

饭店设备管理的好坏与饭店业务经营关系甚为密切，其重要性主要表现在以下几个方面：

（1）**加强设备管理是保证饭店正常运转的基本条件**　饭店是以物资设备为依托向客人提供各种服务而取得收入的经济组织，如果离开了必要的设备，服务就成为无源之水，无本之木。不仅如此，设备还如同人的心脏一样，供给饭店各部门能源及其他各种旅居条件，一旦饭店设备发生故障，整个饭店就有可能处于瘫痪状态。比如，工程部的锅炉因故障不能正常使用，那么整个饭店就会没有热水和蒸汽，饭店也就不可能正常营业。所以，饭店设备是否完善，运转是否正常，是饭店正常运转的基本条件。

（2）**加强设备管理是提高饭店服务质量的基本保证**　饭店服务质量由三部分组成，即设施质量、实物产品的质量和服务水平。设施的质量必须通过设备选购、安装、维修保养等管理活动来加以保证。实物产品质量需要工程部提供蒸汽和必要的设备来达到。而服务水平的提高也离不开工程部提供水、电、气等条件，供应的设备稍有疏漏，就会影响到饭店前台部门的服务水平。所以，要提高饭店的服务质量，就必须做好设备的管理。

（3）**加强设备管理是提高饭店档次的基本前提**　根据国际惯例，评定一家饭店档次等级的高低，主要取决于两个方面：一是软件质量，二是硬件水平。软件主要是管理和服务水平，而硬件则是设备的完善程度、等级档次和完好情况。可见，设备管理的好坏，将直接关系到饭店等级的高低。

（4）**加强设备管理是提高饭店经济效益的重要途径**　在现代经济条件下，饭店的设备往往占整个饭店固定资产的 1/3 以上，而且各种设备直接用于服务过程，其各项费用的支出很大程度上受设备状况的制约，而设备的状况与设备管理的科学与否直接有关。做好设备的选购、安装、维修和能源供应的控制工作，既可以充分发挥设备的效能，同时又可以节约大量的费用。反之，就有可能增加饭店的经营费用和成本。

五、设备的综合管理

1．饭店设备综合管理的概念

设备综合管理又称为“设备综合工程学”，是以设备的一生为研究对象，以降低寿命周期费用为目的，围绕从设备的选择、购进直到报废的全过程而开展的一系列管理工作的一门综合性科学。它在1970年首创于英国，1975年流传到日本，1979年后被引进到我国，目前已在饭店中得到广泛应用。

2．饭店设备综合管理的内容

（1）**建立和健全综合设备管理制度** 设备管理制度是指饭店对设备的选择评价、合理使用、维护修理、改造更新和封存、报废处理的全过程的管理制度，具体包括如下一些内容：设备的选择评价管理制度；设备的维护保养、合理使用管理制度；设备的修理管理制度；设备的润滑管理制度；设备的更新改造管理制度；设备事故分析处理管理制度，设备点检管理制度；PM（预防维修）小组管理及设备封存处理管理制度；设备档案管理制度，如设备图样、设备备品备件目录和主要设备图册、主要设备基础简图和安装图、设备改装图等资料。

（2）**掌握饭店设备管理的方法** 饭店设备管理的方法是建立饭店设备的技术档案，做好分类编号工作。对进口设备要认真翻译使用说明书；分级归口，制订维修保养规程，执行岗位经济责任制；随时考核饭店设备使用效果，提高饭店设备利用率。其考核指标有设备完好率、设备维修费用率等。

（3）**认真做好饭店设备的分类编号、登记和保管工作** 饭店设备的分类；一般是根据国家统计局分类目录进行，包括机械设备和动力设备两大项，共十大类设备。

由于饭店规模、星级水平和体制不同，设备分类有所不同，总的原则是饭店所有设备都应统一归口由工程部管理，各种不同用途、性质的设备应确定分管部门专职管理，如吸尘器、地毯清洗机、打蜡机应由客房部负责管理，消防设备应由安保部负责管理。饭店工程部先要对饭店所有的设备进行普查，然后根据饭店和国家有关部门对设备的分类法，把设备分成若干类，对每一类设备都作出一定的编号。

（4）**合理使用饭店设施和设备** 饭店正常运行的首要条件是饭店使用的设施和设备要经常处于完好状态，以便充分发挥其效能。为此要合理使用、保养设备，及时排除故障。努力掌握饭店设施和设备运行能力的发挥。除了设备的维护保养以外，合理使用和适时修理设备也很重要，其核心就是管好、用好、修好。在“三好”的基础上达到“四会”要求：会使用、会保养、会检查、会排除故障。

3．做好饭店设备的保养工作

饭店设备保养的主要内容是“整齐、清洁、润滑、安全”，即通常所说的“四项要求”。

饭店设备保养工作依据其工作量大小、难易程度，一般可分为三级即例行保养、一级保养和二级保养，统称为三级保养。

（1）**例行保养（日常保养）** 例行保养的内容有清洁、润滑、紧固易松动的螺栓、检查零部件的完整等，例行保养的项目和部位较少，大多数在设备外部，由操作工承担。

（2）**一级保养** 一级保养以操作工为主，维修工指导配合，设备累计运行500小时要进行一次一级保养。

（3）**二级保养** 二级保养以检修工为主，操作工协助配合。设备累计运行2 500小时要进行一次二级保养。

六、饭店设备资产管理

1．饭店固定资产

固定资产是指可供长期使用，并在其使用过程中保持原有物质形态的劳动资料和消费资料。如饭店的建筑物、机器设备、运输工具等。一般满足两个条件：

1）使用年限在一年以上。

2）单位价值在规定限额（视企业的规模由企业自主确定）以上。

2．固定资产计价

固定资产的计价通常有3种方式：原始价值计价、折余价值计价和重置完全价值计价。

（1）**原始价值计价**　也称原价或原始成本，是指饭店购建固定资产时所发生的全部货币支出。这种计价方式可以反映固定资产原始投资的规模和经营能力，也是计提折旧的重要根据，如果把它与饭店财务成果进行比较，还可以分析考核固定资产的投资效果和利用效率。

（2）**折余价值计价**　折余价值又称净值，是指固定资产原始价值减去已提折旧累计额后的净额。这种计价方式可以反映饭店当前固定资产的实际占用资金水平，通过折余价值与原始价值的对比，还可以了解固定资产的新旧程度，为合理安排固定资产的使用和更新打下基础。

（3）**重置完全价值计价**　重置完全价值又称重估价值，是指按当前生产条件和价格标准，重新购置固定资产所需的全部支出。这种计价方式可以在统一价格的基础上综合反映固定资产的投资规模，考察饭店各个时期固定资产的装备水平。

3．流动资产

饭店的一切非固定资产物资都是流动资产，含低值易耗品、物料用品、原材料、燃料及能源。

对于固定资产与低值易耗品，很多饭店不加以区分，都列入饭店资产进行管理。

4．设备档案

设备运动过程中和对设备运动全过程所产生的文字、图片、图样、图表、照片、录像等资料的集合，记录设备一生的运动情况。饭店建立设备档案是资产管理的重要工作之一，目的是为了积累原始资料，以此为依据研究分析设备的运行规律，为今后设备的维修保养带来方便，同时保证设备系统的成套与完整。

七、饭店设备的维修

设备的技术状态劣化或发生故障后，为了恢复其功能和精度而采取的更换或修复磨损、失效的零部件，并对整机局部进行拆装、调整的技术活动称为设备维修。设备维修是使设备在一定时间内保持其规定的功能和精度的重要手段。

1．饭店设备的维修方式

（1）**事后维修**　设备发生故障后或性能、精度降低到合格水平以下时所进行的修理称为事后维修。此时，设备已坏，损失已经发生。适用于利用率低，维修技术简单、能及时提供用机、实行预防性维修不合算的设备。

（2）**预防维修** 预防为主是饭店设备维修管理工作的重要方针。预防维修的方法主要有：

1）定期维修。定期维修是按事先规定的计划和相应的技术要求所进行的维修活动，是一种以时间为基础的预防性维修方法，适用于已经掌握了磨损规律的设备。其特点是事先确定修理的类别、修理的周期结构、制订修理的工艺、确定工作量，提出维修所需要的备件、材料计划。

2）预知性维修。预知性维修是一种以设备技术状态为基础的预防性维修方法，它系统地分析设备的劣化程度，并在故障发生前有计划地进行针对性的维修，既能保证设备经常处于完好状态，又能充分利用零件的寿命，所以比定期维修更为合理。

3）改善维修。为了改善和提高设备的功能，在条件许可的情况下，对设备进行改善性维修，可以提高设备的可靠性。

2．饭店设备的修理类别

（1）**小修** 设备小修是工作量最小的一种修理，对于实行定期维修的设备，小修主要是更换或修复在期间内失效或即将失效的零部件，并进行调整，以保证设备的正常工作能力。对于实行预知性维修的设备，小修的工作内容主要是针对日常点检和定期检查中发现的问题，拆卸、检查、更换或修复失效的零部件，以恢复设备的正常功能。

（2）**项修** 项修是根据饭店设备的实际情况，对状态劣化已经达不到生产要求的项目，按实际需要进行针对性的修理。项修时，一般要进行部分的拆卸、检查、更换或修复失效的零部件，从而恢复所修部分的性能和精度。

（3）**大修** 大修是对饭店设备进行维修工作量最大的一种计划维修。大修时要对设备全部解体，修整所有基准件，修复或更换磨损、腐蚀、老化及丧失精度的零部件，使之达到规定的技术要求。大修的费用较高，且性能难以达到出厂时的技术标准，所以，大修要事先进行可行性分析。

3．饭店设备的维修形式

（1）**委托修理** 饭店所有的重要设备是饭店设备管理的重点，委托修理是指饭店把饭店设备的修理工作委托给生产厂家或专业维修公司。这样，可以减少饭店的开支，且使设备得到专业的维修，所以，委托修理是饭店设备维修的重要方式。

（2）**自行修理** 较多饭店采用此种方式，自行修理又有4种形式：计划维修，巡查维修，报修制和万能工维修制。

饭店设置万能工，任务就是对饭店所有设备进行有计划的循环检查维修，对万能工的要求较高，万能工还要承担饭店的应急维修工作。

第三节 饭店信息系统管理

随着科技的发展和人类社会的进步，社会正在进入信息化、数字化时代，信息已成为人类社会的重要财富和资源，成为社会和经济发展的重要支柱之一。

饭店的发展不仅依赖于物质资源和人力资源的合理配置，同时也依赖于各种信息资源的有效管理。饭店信息系统是以饭店信息为基础，以提高效益和效率、辅助管理和决策为目的的饭店管理的重要技术支撑，它是饭店经营管理现代化、信息化的重要标志。随着信息技术的日益发达，饭店信息系统的功能也在不断完善，如何对饭店信息系统开展有效的管理，成为关系饭店企业经营和管理水平高低的重要因素。

一、饭店信息系统概述

在信息系统学中，信息（Information）是指人们对原始数据经过加工、处理后形成的对决策或管理有价值的东西。信息是事物运动、发展及其规律的反应，这种反应可能是真实的反应，也可能是虚幻的反应。它的类型比较广泛，可以是文字、图像、声音或是符号。

至于什么是饭店信息，到目前还没有一个公认的确切定义，不同的研究领域对它有不同的解释。饭店信息有广义与狭义之分，广义的饭店信息既包括饭店企业自身日常业务活动中所产生和输出的信息，也包括饭店经营和决策所需的客源市场、原材料市场、各种资源市场、各个竞争对手状况及与此相关的社会经济活动的有关信息；而狭义的饭店信息是指饭店经营管理业务活动过程中所产生的各种输入、输出信息，如饭店前厅接待过程中的客人姓名、性别、国籍、结算方式等。

1．饭店信息系统的概念

信息系统是以加工处理信息为主的系统，它能对数据进行收集、存储、处理、传输、管理和检索，并能向有关人员提供有用信息。信息系统集组织内部各类信息流为一个系统，将整个系统中各个组成部分有机地联系在一起，它与整个系统的质量和运行的情况密切相关。

饭店是由以上各个部门、部门之间及部门与外界的相互关系所构成的一个完整系统。饭店信息则是存在于整个饭店系统的每一个部门和要素之中，因而就形成了庞大的饭店信息系统。该系统需要经过专业人士的开发和管理才会形成可以看得见和可以操作的实体。系统的观念、数学的方法和计算机的应用是饭店信息系统的三大要素，这同样也是管理现代化的重要标志。饭店系统结构图如图 7-1 所示。

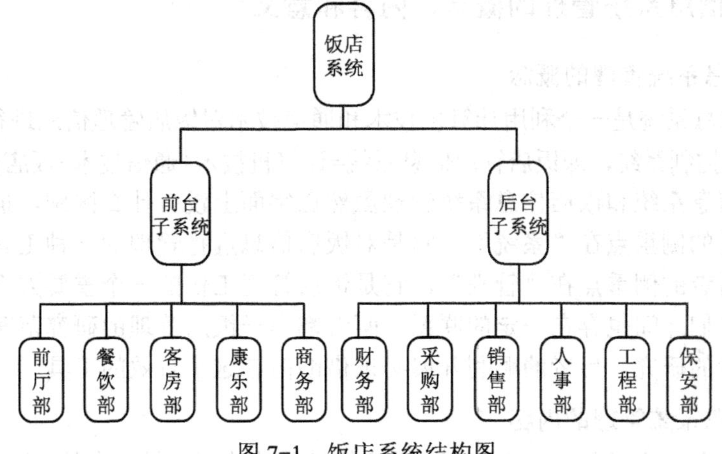

图 7-1　饭店系统结构图

2．饭店信息系统的特征

（1）**整体性**　这是系统区别于单一个体的基本特性，系统是由两个或两个以上的部件组成。这里的整体性是指系统的整体效果大于局部效果之和的特性。组成饭店信息系统的各个部件虽然有自己的特性和相对独立性，但它们并不是一个简单的集合，各部件都应根据一定的逻辑统一性而存在，各部件相互协调产生总效果远远优于各部件独立工作的效果。

（2）**相关性** 饭店信息系统中的各个部分之间不是彼此完全独立地、静止地处在系统中，而是按照一定的逻辑关系连接在一起，相互联系、相互制约，实现共同的系统目标。

（3）**目的性** 饭店信息系统的目的性是指系统有某种特定的目标，即为饭店经营管理活动提供支持和帮助，它的一切行为都是为了实现这个目标。

3．饭店信息系统的基本功能

饭店信息系统的基本功能和其他信息系统是一样的，即数据的输入、数据的存储、数据的处理、数据的传递、数据的输出。

4．饭店信息系统的构建目标

（1）**优良的集成控制管理性能** 由于饭店信息系统是对饭店进行一体化集成控制管理，因此饭店信息系统必须具有良好的扩展性和开发性，技术先进且安全可靠，模块齐全并且集成性好，界面友好，功能强大，灵活方便，操作简单。

（2）**强大的信息服务功能** 饭店必须建立能够自主维护的、独立的网站，适时发布饭店经营信息，进行在线咨询、预订、交易，并实施方便客户搜寻、提高访问率和成交率的长效计划。多样的多媒体服务界面，高效的商务、会议信息服务，人性化的客户信息服务，无线网络使客人在饭店内能随处上网，整个饭店形成浓厚的现代信息化服务氛围。

（3）**有效的信息运行机制** 即建立饭店控制系统、管理系统、信息服务系统等系统之间有效协同运作的环境和管理制度等，确保系统的日常运行，故障能够及时排除。

（4）**高素质的员工队伍和科学的培训制度** 饭店信息系统的正常运行和功能发挥离不开高素质的员工队伍特别是观念超前的管理层队伍，而员工素质的提高有赖于富有成效的培训制度。

二、饭店信息系统管理的概念、内容和意义

1．饭店信息系统管理的概念

饭店管理信息系统是一个利用计算机技术和通信技术对饭店管理信息进行综合控制的、以人为主的人机控制系统，即饭店管理信息系统=计算机技术+通信技术+饭店信息。

饭店管理信息系统和饭店信息系统管理虽然在字面上没有什么区别，但在意义上确有很大差异。前者的侧重点在“系统”，它是对饭店信息进行管理的一种工具和手段，是一个静态概念；后者的侧重点在“管理”，它是饭店管理工作的一个重要方面和环节，是一个动态概念。它们之间也存在一定的联系，两者都属于饭店管理的研究范畴，对后者的研究包含着对前者的研究，后者的顺利开展必须借助前者这个有效的工具。

2．饭店信息系统管理的内容

（1）**饭店信息系统开发过程的管理** 饭店信息系统的开发是一个长期而又复杂的工程，需要投入大量的人力、物力和时间。不仅要对原有系统进行详细的调查，还要规划、设计、建立新系统，这就需要有效的计划、组织、领导和控制所拥有的资源，实现最终的目标。

（2）**饭店信息系统开发完成后的运行维护管理**　完整的饭店信息系统包括了搜集、整理、处理、存储和应用等多个环节，涉及了饭店的各个部门。系统的维护必须要有配套的管理活动，否则信息系统难以达到辅助管理、辅助决策的目的，便失去了存在的价值和意义。所以，应有专人进行系统的管理和维护，防止计算机病毒的入侵，排除系统存在的故障。

（3）**饭店信息系统使用过程的创新管理**　由于饭店处在一个变化的社会环境中，周围的情况在不断地发生变化，在开展饭店信息系统管理时各种因素不可能完全考虑进去，有些功能会被淘汰，或增加了新的功能需求，在系统运行的过程中要根据实际情况加以升级和扩充，否则将会因为脱离实际而无法生存运行，缩短系统的生命周期，这就是饭店信息系统的创新。

3. 饭店信息系统管理的意义

（1）**提高经济效益**　借助现代化科技手段的饭店信息系统，不仅可以降低饭店的运营成本、提高管理效率、全面整合饭店信息，而且数字信息产品培植了饭店新的营业收入增长点。信息技术的使用，使管理者可以随时掌握饭店的经营状况，增强各部门之间的协作，从而可以大大简化传统饭店运行中的流程，降低饭店人力资源成本。虽然饭店信息化是一项耗资巨大的系统工程，但它给饭店带来的总收益将远远超出其成本。

（2）**强化核心竞争力**　信息时代互联网的发展和应用，改变了饭店的营销方式、拓宽了营销领域、丰富了营销技术，如何借助网络的信息化平台开展饭店网络营销、开展有特色的服务，优化饭店管理的流程，成为饭店业竞争的新内容。同时，企业经营管理的思想和理念可以说是饭店的核心竞争力之所在，饭店信息化建设的过程也是贯彻实施管理理念的重要途径，谁先采用了先进的科技手段，谁就将增强自身的核心竞争力，谁就将抢占市场的先机。

（3）**适应未来发展需要**　从目前我国饭店的客源市场构成来看，随着中国对外开放和参与国际经济交流和合作的不断深入，旅游业的蓬勃发展，来我国旅游的外国客人的数量逐年增加，世界旅游组织预测：中国将在 2020 年成为世界最大旅游目的地，接待旅游者人数将达 13 710 万人次，庞大数量的接待任务需要高效率的信息流程管理，尤其是商务客人的数量将有较大的增长，信息化商务饭店将为客人营造良好的网络环境，顺应我国制定的旅游信息化战略决策，更好地适应未来饭店发展的需要。

三、饭店信息系统的运行和管理

1. 饭店信息系统管理的主要对象

信息、信息技术、知识工作者是信息系统的主要组成因素，信息系统能否在饭店经营中发挥作用，能否有效地管理信息系统，能否利用信息系统提高经济效益，与信息、信息技术、知识工作者密切相关。信息是系统的载体，载体由信息技术支持，信息技术靠知识工作者去掌握。对信息、信息技术、知识工作者的有效管理成为信息系统管理的主要内容。

（1）**对信息的管理**　在信息时代，信息是饭店的重要资源，也是饭店经营的资本。但由于信息的扩散性、等级性和增值性等特点，决定了对信息资源管理必须采用特殊的方式，以保证信息在饭店经营中产生价值。未来饭店的经营管理将会任用信息主管（Chief Information Officer，CIO），CIO 负责批准知识工作者从事项目开发，监督信息资源的信息质量，负责信息系统的运行管理，在信息方面由总经理负责。

（2）**对信息技术的管理** 信息技术日新月异，为了确保信息系统的运行效率和效益，饭店必须对系统使用的技术进行有目标的管理，使饭店信息系统能紧跟信息处理的最新技术，发挥出系统的最佳效益。对信息技术的管理主要包括：对信息技术的成本控制，信息技术对工作人员的舒适度要求，信息技术出现灾难性故障的恢复和管理，以及信息技术对系统的性能价格比管理等。

（3）**对知识工作者的管理** 饭店知识工作者是指在指定的饭店环境中，能够精确地确定需要哪些信息，知道如何获得和在哪获得这些信息；一旦收到信息，能够理解信息的含义，并能在信息的基础上采取适当的行动，以便帮助饭店获取最大优势的工作者。饭店工程部负责信息系统维护与管理的技术人员都属于知识工作者。在未来的饭店经营中，知识工作者将成为一般工作者，因为未来的饭店管理人员都要能熟练地运用信息、处理信息和管理信息。

2. 饭店信息系统的运行管理

饭店信息系统是服务于饭店经营管理决策的人机系统，它不仅可以提高饭店运行的效率，还可以提高饭店的经营效益。因此，饭店必须对信息系统的运行建立一系列的管理制度。信息系统的运行管理主要包括建立信息系统运行管理机构，确定管理机构的具体职能，建立一系列的运行管理制度以及对系统运行结果进行有效分析等。

（1）**建立饭店信息系统管理机构** 信息系统管理越来越为人们所接受，也越来越受到饭店管理者的重视。为了对饭店信息系统进行有效管理，饭店必须设立相应的管理机构。信息系统运行的管理机构包括各类人员的组成、各自的职责、主要任务及其内部组织机构的设置。

1）信息系统管理机构的设置方式。设立平行于职能部门的独立机构，可采用总经理负责制；在财务部下设立相对独立的机构，可专门负责信息系统的运行和维护工作；在工程部下设立相对独立的机构，可偏重于硬件管理的运行和维护工作。

2）信息系统管理机构的职能。现代信息社会的一个重要标志就是信息成为与物质、能源同等重要的社会资源，对信息系统和信息职能部门进行管理就显得十分重要。饭店既要保证信息资源的有效管理，又要保证信息资源能得到充分利用。因此，饭店信息系统管理机构的具体职能应包括：①从战略和长远发展的角度全面规划饭店的信息系统。②制订与饭店基本业务过程和技术水平相适应的信息系统管理制度。③负责对饭店各级、各类员工有关信息系统知识和使用技术的培训。④负责维护信息系统的硬件设备、软件和数据，并保证各类信息的真实、正确。⑤为饭店的经营管理决策提供所有相关信息，并对总经理负责。

（2）**制订饭店信息系统运行管理制度** 饭店信息系统的运行管理必须建立在一系列的管理制度上，运行管理制度包括系统操作规程、系统安全保密制度、系统修改规程、系统定期维护制度以及系统运行状况记录和日志归档等。操作规程是指硬件的操作规程和软件的操作规程；系统安全保密制度是指系统中数据和信息的保密要求和分级管理要求；系统修改规程是指信息系统程序和功能的变更规定；系统定期维护制度是指对硬件和系统中数据维护的定期规定等。

（3）**明确饭店信息系统运行维护内容** 饭店信息系统经过一定时间的运行后，总会暴露出一些问题，有些是技术问题，有些是系统的硬件问题，还有些是饭店业务发展对系统处理的要求提高后出现的问题。由于管理环境的变化，也会对信息系统提出新的要求。饭店信息系统要适应这些环境变化和管理要求，就必须进行必要的维护，维护内容主要包括3个方面：

1）应用程序及文档的维护。饭店信息系统是由许多个应用程序和维护文档组成的，这些应用程序是构成系统的主要部件，其作用、性能和使用规程都由文档记录。因此，对应用程序及文档的维护成为饭店信息系统运行维护的主要内容。这些内容包括：记录系统运行的异常情况，提出修改维护要求；制订系统维护计划，管理所有技术文档；记录软件变动情况，保存软件测试数据。

2）数据的维护。信息系统的主要任务是处理数据。系统要处理的源数据、正在处理的数据、储存在系统中等待处理的数据都必须得到一定的维护，以保持数据自始至终处于正确状态。数据维护主要包括：①日常性维护，是指数据的更新维护、数据备份维护、报表管理维护等。②正确性维护，是指统计审核、财务审核等维护工作。③恢复性维护，是指系统断电、意外故障等引起数据的丢失并产生不一致等恢复性工作。

3）设备的维护。信息系统中的硬件设备都属于电子产品，都会出现故障和错误，因此对硬件设备的维护工作就显得十分重要。设备的维护不但影响设备的使用寿命，而且影响信息系统的工作质量。对设备的定期清洗、保养、除尘、备件及时更新等工作都属于设备维护的内容。设备的维护范围主要包括：正确操作设备，即设备必须严格按操作规程使用；定期检查和故障修复，这是信息系统可靠运行必须要做的维护工作；设备更新维护，这是保证信息系统中数据安全必须要做的维护工作。

信息系统的运行维护除了上面讲的几种维护外，还有系统功能性维护、系统扩充性维护、系统适应性维护等内容。系统功能性维护是根据饭店经营管理的需要进一步对系统功能加以改进、完善，进行系统的功能变更等工作；系统扩充性维护是对系统还没有的管理功能进行添加，对系统功能进行扩充，增加功能模块等工作；系统适应性维护是对系统环境的改变、硬件环境的变更、使用场合的变更等，要求信息系统软件能适应这种改变，或者系统软件变化时要求信息系统应用软件也能适应这种改变。这些维护工作都涉及许多技术性问题，一般由软件公司或软件供应商完成。

四、饭店信息系统的开发管理

1. 饭店信息系统开发的特点

（1）**饭店信息系统的开发以饭店组织结构的实际为出发点** 不同类型旅游企业信息系统的功能需求、具体形式及运行机制是不完全相同的。因此，信息系统开发应针对特定类型旅游企业的实际需求出发，符合其业务流程的特点，这就要求饭店信息系统必须符合饭店业务特性的原则。

（2）**饭店信息系统的开发以健全的管理环境为前提** 合理的管理体制、完善的规章制度、科学的管理方法和完整准确的原始数据，是饭店信息系统合理开发的必要前提。没有健全的管理环境，就无法确保饭店信息系统的有效运行。

（3）**饭店信息系统的开发以一定的物质条件为基础**　任何一项管理信息系统的开发都必须具备一定的物质条件，需要相应的财力支持。饭店信息系统的开发将涉及多方面的费用，因此，一定的物质条件是饭店信息系统开发的基础。

2．饭店信息系统开发的一般步骤

信息系统的开发是一个有组织、有计划的过程。饭店信息系统的开发与一般信息系统的开发在过程上具有相似性，主要经历三个阶段：开发前的准备阶段、开发中的研究阶段和开发后的维护阶段。饭店信息系统开发的步骤结构图如图7-2所示。

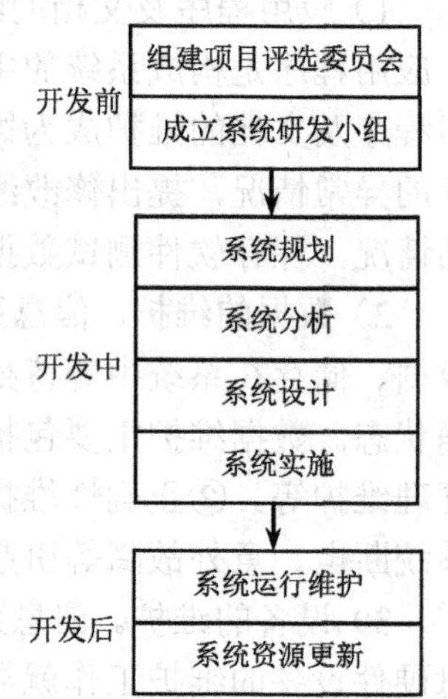

图7-2　饭店信息系统开发的步骤结构图

（1）**组建项目评选委员会**　项目评选委员会既是系统开发的最高决策机构，又是系统开发的主要咨询机构。该委员会的主要工作是根据饭店的实际工作需要确定系统开发的目标，审核批准系统开发的方案，验收鉴定系统开发的成效等。其中人员构成应该包括专门负责管理信息系统开发的各级管理者，有经验的系统开发专家及管理专家等，由他们对信息系统开发的全过程负责。

（2）**成立系统研发小组**　系统研发小组是由各行各业的专家组成的。系统研发小组包括管理专家、计划专家、运筹专家、计算机专家、系统分析员等。这些小组成员可以从外单位聘请，也可是本公司的员工。该研发小组的主要任务是完成整个系统开发的总体规划、系统分析、系统研发，这些是饭店信息系统开发中最核心的部分。

（3）**制订系统开发规划**　信息系统开发的总体规划是整个系统开发的指导性文件，同时也是饭店战略规划的重要组成部分。做好系统开发规划意义十分重大，决定着信息系统开发的成功与否。系统开发规划的制订包括以下步骤：

1）提出初步的新系统开发目标，向项目委员会提交申请书。

2）获得批准后，再对现有系统进行调查分析。

3）从调查分析得出的结论提出新方案，完成系统设计。

4）通过可行性研究确实可行后，确定系统开发的方案并制订开发计划。

5）按计划组织实施信息系统的开发。

（4）**系统运行维护与系统资源更新**　系统开发完成之后进入饭店信息系统的试运行阶段，需加强系统运行的维护管理工作以确保系统运行的良好状态。为此，应该由专人负责对饭店信息系统的维护与更新，在排除运行故障的同时，根据环境和用户需求的变化，不断更新和健全系统的软硬件，完善系统的信息管理功能，增强系统的生命力，延长系统的生命周期。

3．饭店信息系统开发的总体规划

（1）**开发项目的申请**

1）项目申请者。项目申请者有内部和外部两方面。饭店的内部申请者可以是部门经理、高级管理人员和系统分析师；外部申请者是政府代理人。申请者根据申请的不同理由，可以建立全新的饭店信息系统，或者完善现行的系统。

2）项目申请书的内容。由用户或者系统分析师向项目评选委员会提出的开发项目申请书，是系统开发研究的重要依据。尽管申请书的格式可能各不相同，但其大致内容基本相同，主要内容包括：背景的介绍；问题的提出；问题的重要性和必要性分析；提出初步解决问题的方法；其他一些相关情况的介绍。

（2）**开发项目的初步调查** 开发项目的初步调查集中在饭店组织的概况上，包括对饭店当前的经营管理体系概貌、运行状况和开发条件的调查。主要是为新系统的目标确立收集原始资料，做好准备。如果饭店当前已经拥有一个信息系统，还包括对这个系统的调查。

1）调查的对象和目的。初步调查的调查对象主要是组织中各主要部门的领导或业务负责人。其主要目的是调查各部门的业务概况、管理流程、主要信息需求及各部门之间的信息联系、存在的主要问题等。

2）调查的内容。组织机构概况；用户需求分析；企业当前的运行状况；新系统的开发条件，如员工持什么样态度、目前的管理环境是否完善、可提供的资源状况、约束条件。

（3）**开发项目的可行性分析**

1）分析开发新系统的必要性。所谓必要性是指客观上是否需要开发新系统。例如，随着饭店的发展壮大，市场竞争的加剧，进行决策管理的信息需求量增大；或是公司业务扩展，顺应电子商务发展的潮流等。用户可能基于各种原因，提出研制开发新系统的要求。

2）分析开发新系统的可能性。技术可行性；经济可行性；运行可能性；社会适应性。

3）可行性报告。信息系统开发的可行性报告大概包括以下内容：概述，要说明系统的名称、用户、开发者；管理信息系统建立的背景、必要性和意义；新系统的目标、规模、主要功能；新系统的初步实施方案，一般要求提出一个方案和几个辅助方案，具体包括拟建系统的目标方案、系统规模方案、组成和结构方案、系统的实施方案、投资方案、人员培训方案；可行性分析；结论。

如果可行性分析结论是可行的，写出系统开发计划。

（4）**开发项目实施计划的制订**

1）工程进度计划。饭店信息系统的设计和开发，涉及系统规划、系统分析、系统设计和系统实施等多个步骤，其工程所需的时间一般在一年以上，经过2～3年的不断调试才可能成熟。因此需要制订工程进度计划，以保证系统开发人员的工作效率。

2）工程组织计划。工程组织计划主要是指满足工程进度计划所涉及的各项工作的人员安排和协调性工作安排。计划中应适度明确各级工作的负责人，全面考虑工程中涉及的部门、岗位、工作难度等，做好各部门中不同岗位之间的协调。

3）工程基础条件计划。一方面要明确开发项目的基础设备要求，包括所需的计算机网络、计算机软件平台、中心机房等各项设施条件；另一方面要确认开发系统所需的资料、数据、标准化规范等。

4）工程验收计划。在初步调查、系统定义和可行性研究的各个过程中，要逐步确认项目验收标准，科学确定项目验收日期。在制订工程验收计划时，对工程验收日期和验收标准不能有丝毫的含糊，否则会使工程延误甚至失败。

5）工程成本费用计划。工程的成本费用与工程进度、工程的人力投入以及工程的基础投入都有直接关系。在实际工作中，这些费用既包括一次性投入，也包括经常性投入，此外还有工程中不可预见费用的发生或不可抵抗因素的开销。

4．饭店信息系统开发的方法

（1）**生命周期法** 生命周期法是国内外信息系统开发最常用的方法。因为任何一个软件都有它的生命周期，软件项目的生命周期是指从提出，经历分析、设计、运行和维护，直至退出的整个时期。它一般有三个特点：采用系统的观点与系统工程的方法，自上而下进行系统分析与系统设计，并自下而上进行系统实施；开发过程阶段清楚，任务明确，文档齐全，使得整个开发过程便于管理和控制；采用最常见结构化分析与设计方法，易于系统的实施，便于系统的维护。

一般将信息系统的生命周期划分为5个阶段：系统规划、系统分析、系统设计、系统实施及系统运行与维护。

生命周期法在系统开发中得到广泛应用，但存在如下问题：

1）开发周期长、效率低，文档资料过多，用户难以真正理解这些文档或说明书。

2）开发过程复杂，各阶段审批工作困难。

3）在系统开发初始阶段，过于强调用户需求，用户和系统分析人员之间缺乏交流，造成系统需求定义困难。此外，该方法不允许系统开发随着内外环境或用户需求的变化而发生变动。

（2）**结构化系统开发方法** 结构化系统开发方法（Structured System Development Method，SSDM），是结构化分析设计、工程化系统开发和生命周期三种方法的结合。它是迄今为止系统开发中使用最普遍、最成熟的一种方法。

结构化系统开发方法是一种面向功能的生命周期法，它的基本思想是用系统工程化的观点，将系统开发看做工程项目，有计划、有步骤、自上而下分阶段在结构化和模块化基础上进行。即将系统的总功能逐层分解为多个子系统功能或模块，子系统功能还可细分，使模块之间的联系降到最低。所以说可用直观的工具来表达系统的结构；系统开发易于实现；系统可维护性好。

（3）**原型法** 原型法的基本思想是系统开发人员在获得用户的基本需求后，借助强有力的软件环境支持，快速构造一个系统的“原型”，用户和开发人员再对这个原型反复评价、修改，逐步确定各种需求细节，从而最终形成一个用户满意的模型。

（4）**面向对象法** 面向对象的开发是一种新的软件开发思想。对象是应用领域的概念，而不是计算机实现中的概念。传统的软件设计把数据与对它们的处理分开，必然使人们在思考问题时还要思考计算机处理的细节，而面向对象技术把数据和对它们的处理组合为对象，并将它们各自模块化，建立起联系，人们在思考问题时就可以脱离处理过程的细节。

五、饭店信息系统的安全管理

信息系统的安全运行管理是一个复杂的系统工程。如计算机病毒、黑客的攻击等成为信息系统运行的主要隐患。随着信息系统的普及应用，信息系统的安全成为信息系统发展的主要威胁。饭店信息系统也和其他信息系统一样，其安全问题一直制约着饭店信息系统的使用和发展，如饭店信息系统与互联网的对接，饭店信息系统开展网络订房的确认，都存在安全问题。解决饭店信息系统的安全问题对饭店信息系统的集成管理、信息系统的网络业务处理以及开展广泛的电子商务都具有重要意义。

1. 饭店信息系统安全的影响因素分析

（1）**影响信息系统设备安全的因素**　信息系统设备的安全主要有赖于计算机硬件、存储介质、通信设备和网络线路的安全，要确保他们不受自然和人为因素的影响破坏。

（2）**影响信息系统软件安全的因素**　信息系统的软件安全有赖于应用软件的程序代码及其相关数据、文档的安全，要保护它们在运行过程中不被任意篡改和非法复制，坚决使用正版软件。

（3）**影响信息系统数据安全的因素**　信息系统的数据安全是指信息系统内存储的数据和资料不被非法使用和修改。在技术上要防止黑客的入侵、防止信息被窃取和破译；在管理上要明确各级管理部门查阅相关信息的权限，并通过计算机授予查看、修改和管理权限的密码，不得随便让他人查看系统的数据信息，更不能告诉他人系统的密码。

（4）**影响信息系统运行安全的因素**　①饭店的管理者对信息系统应该要有高度的重视，树立信息安全的观念，及时杜绝一些不可抗因素（如火灾等）的发生；②应该改进信息的管理机构的设置，为系统设置具有相当权限和责任的管理机构，并配置足够的人员和资金，提高工作人员的素质，包括操作的技能和责任心；③应该加强行政管理制度和法律法规的制定，以防范人为因素对安全性所造成的威胁。

2. 饭店信息系统运行的安全管理

（1）**完善信息系统的管理机构**　旨在提高管理机构的职能地位、完善管理机构的人员配备。按照工作的职责分工，信息管理人员大致可以分为系统维护技术人员、系统日常管理人员和系统业务操作人员三大类。

（2）**规范系统运行的管理制度**　一般的运行管理制度包括系统操作规程、系统安全保密制度、系统修改规程、系统定期维护制度以及系统运行状况记录和日志归档等，如重要的数据输入和输出制度、密码口令专管专用制度、定期病毒防治管理制度、安全培训制度。

（3）**加强数据的维护与管理**　①要保证输入系统的数据是正确的、有效的、符合程序处理的要求，这样才会被系统所接受并作出正确的处理。②要及时、准确地备份数据和妥善地保管备份数据，在系统出现故障的时候能够在短时间内将系统数据恢复到最新的状态。③在将数据制作成文档时力求制度化、标准化，形成一些固定的格式，维护文档的一致性，方便对文档的各种处理工作。

3. 饭店信息系统的安全维护

（1）**信息系统的安全设计**　信息系统的安全问题应该在系统设计阶段就予以充分的重视。信息系统的安全设计包括物理实体的安全设计、硬件系统和通信网络的安全设计、软件系统和数据的安全设计等内容。

（2）**操作系统的安全选择**　在选择数据库管理信息系统时，一定要考虑数据库本身的安全能力和安全措施。

（3）**自然因素的安全防控**　防水、防火；防磁、防震；防静电、防尘；选择合适的辅助设备。

（4）**计算机病毒的有效预防**　安装最新的杀毒软件，安装防火墙，及时更新系统漏洞补丁等。

本章小结

饭店财务管理就是根据客观经济规律和国家政策，通过对饭店资金形成、分配、使用、回收过程的管理，利用货币价值形成对饭店经营业务活动进行综合性的管理。它是一种价值管理，是企业管理体系中的核心部分。饭店的物资管理是对饭店物资资料进行计划、采购、保管、使用和回收，以使它们有效地发挥应有的使用价值和经济效用的一系列组织和管理活动的总称。饭店设备种类数量繁多，又分散于各部门，由工程部和各使用部门共同管理。饭店信息系统是以饭店信息为基础，以提高效益和效率、辅助管理和决策为目的的饭店管理的重要技术支撑，它是饭店经营管理现代化、信息化的重要标志。随着信息技术的日益发达，饭店信息系统的功能也在不断完善，如何对饭店信息系统开展有效的管理，成为关系饭店企业经营和管理水平高低的重要因素。

思考与练习

1．简述饭店财务管理的主要内容。
2．简述饭店物资管理的基本内容。
3．简述饭店设备综合管理的内容。
4．简述饭店信息管理开发的方法。
5．案例分析

案例一

2006年福州某饭店发生了一场火灾，为逃生，5人跳下10层高楼，3人身亡，2人重伤，这条消息震动了福州城。而在此后，该饭店的消防系统也受到了各界的质疑。该饭店是一家三星级饭店，火灾发生时，该饭店的消防系统是否正常运转？大火为什么在瞬间困住了10楼的楼层？

事故后记者发现饭店9楼往10楼的楼梯上，到处是灭火时留下的空灭火器；墙壁上，逃生者离开时留下的手印也清晰可见。10楼电梯按钮被烧后，熔成一团，电梯间的地毯并未被烧毁，而10楼过道却已是漆黑一片，散发着浓烈的烧焦味，地毯早已不见了踪影。

据消防部门介绍，优质的建筑材料，先进的消防设施，消防部门的严格审查，使得高层建筑相对一般建筑而言火灾隐患较少。但并不是说高层建筑就没有消防隐患，由于高层建筑发生火灾，存在难进入、难寻找、难扑救等困难，高层建筑的消防设施更应该比一般建筑完备。

那么该饭店的火灾是如何发生的呢？为此记者采访了福州市的一位消防专家，该专家说，根据昨天火灾现场的情况，他估计，火灾发生后，该建筑的消防控制中心系统可能没有启动。一般情况下，大楼发生火灾后，只要该系统中分布在各处的烟感装置一接触到烟雾，自动喷淋装置、自动报警装置就会立刻启动。他说，大楼火灾刚刚发生时，火应该不会很大，只要自动喷淋装置一启动，火应该能够得到控制，至少不会蔓延。

如果一切如该专家所言，那么为什么该饭店的消防控制中心系统会没启动呢？该专家告诉记者，考虑到饭店正在装修，有可能是装修时灰尘蒙蔽了烟感装置，使烟感装置失灵，如果是这样，整个消防控制中心的装置就没办法启动。

事后，该饭店的赵副总经理向记者披露他所调查到的大火发生的始末。火灾是由切割铝合金发出的火星引燃地毯而引起的。赵副总经理说，“龙王”台风期间，该饭店大量玻璃被风刮走，台风过后，饭店决定将大楼原有的普通玻璃换成钢化玻璃幕墙，以保证安全。幕墙的装修工作承包给了一个装修工程队。幕墙装修工程进行中工人在10楼幕墙切割铝合金时，冒出的火星掉进了1001客房外面的地毯，当施工工人们发现时，地毯已冒起了烟，并燃起了明火。刚开始，着火的面积并不大，负责装修的5个工人从脚架上下来灭火，但却没有立即报警。不久，饭店工程部的一位工作人员巡视工程刚好经过10层，看到起火，他赶紧叫来几个同事一起灭火，下午15:03分，有人向消防部门报警。事后，饭店10楼楼层一女服务员报告说，在她发现情况时，楼层已经浓烟大起，但火势还不是很大，她赶紧挨间敲门通知住客。听到呼叫的住客大多在第一时间里跑出客房。而据部分来不及逃出的住客说，他们没敢开门，而是拿着湿毛巾捂住鼻子，面朝窗户，最终躲过一劫。另据赵副总经理介绍，从饭店监控录像上可以看到饭店一名女员工正在挨间敲门，而负责饭店幕墙装修的工程队负责人陈某已经被公安部门带走。

思考：

（1）本案例中的饭店消防系统管理中存在哪些漏洞？

（2）该饭店应该如何完善其消防管理？

案例二

南京某饭店的物资、食品等采购每年都有几千万元。针对传统采购管理工作中成本难控制、采购周期长、采购程序复杂、信息共享程度弱、过程监控困难、并易发商业贿赂行为等弊端时时困扰着饭店的管理者，该饭店专门设计了一套完整的“中央采购网”电子系统，使集团在管的23家饭店全部实现网上申购。该饭店的采购系统坚持“标准公开、价格透明、采购高效”的原则，有效地解决了以往饭店采购中的种种弊病。其主要有以下几个特点：

一是拓宽了供货渠道。传统采购流程在选择供货商方面，多采用“货比三家”法，同样商品通过比质、比价确定商家。

二是降低了采购成本。所有成员饭店采购物品，都可以在网上操作。

三是动态化选择商家。为使采购商品的质量和售后服务能得到保障，使用部门对商品质量的优劣、数量、送货的速度以及售后服务等，均可在网上进行评估。

四是提高了工作效率。

五是促进了廉政建设。通过注册供应商审计、供应商论证审计、报价审计、价格清单内部公开审计、供应商考核审计、投诉审计、采购过程审计等7个审计环节，有效地杜绝了不正之风和腐败行为的发生，促进了企业廉洁经营。

思考：

（1）传统的饭店采购管理工作模式有何弊端？

（2）该饭店采购系统为现代饭店的物资管理提供了怎样的借鉴模式？

案例三

广东某饭店是一间集饭店、写字楼、公寓、旅游、金融、商贸于一体的多功能、综合性现代化五星级大饭店，它是全国楼层最多的饭店，俗称“63层”，曾多次接待国家领导人和国外代表团、国外商务代表团、国际著名球队和众多影视明星。多次被国家旅游局授予全国最佳星级饭店的称号。该饭店利用自身的环境设施，进行高科技咨询的深入开发，形成无可比拟的优越商务服务环境，吸引了一大批跨国公司和外事机构。澳大利亚、英国、法国、美国等国在饭店设总领事馆或商会；日本、加拿大等国银行在饭店设立办事处；AT&T、美孚石油、美国通用、道琼斯财经资讯等国际著名公司在饭店租用写字楼。优质的物业管理服务、周密的消防保卫工作为客户提供了整洁、安全的环境。

1994年，饭店实行计算机做账，原用广东省某财务公司开发的Dos版软件，该网络服务器各项功能落后，各种财务数据资源庞大而且不能共享，已经不适应饭店管理的需要，并且由于该软件无法解决“千年虫”的问题，1999年，集团开始新的软件选型，该饭店针对饭店行业的特点，组成了专门班子，对国内众多的财务软件厂商进行考察，最终选择了金蝶公司的金蝶2000标准版，Windows风格的操作方式，简单实用，一用即会，由于选用了金蝶软件，饭店顺利解决“千年虫”问题：2000年，又成功升级到金蝶K/3V8.8系统，从根本上解决了公司基础管理难题，K/3集团控制系统，适用于大中型企业集团，采用三层结构、组件化开发和IMTS等核心技术，支持XML标准。实现异地数据自动传递，提供集团数据仓库，实现集团财务并账和集团内任意机构间往来业务的自动抵消；满足集权管理和分散经营模式的管理需求，帮助企业集团实现“数据—信息—决策—控制—分析”的完善管理，建立高效、有组织的信息控制管理平台和体系。

K/3系统采用最优的存储结构，以多账套、多数据库的方式提供存储服务。该饭店有4个独立核算的非法人单位：饭店管理部、物业管理部、工程管理部和商场管理部，改用金蝶K/3软件后，饭店切身感觉到K/3系统多账套、多数据文件处理方式的优越，也解决了旧软件多个账套一个数据库文件形成的问题：如I/O性能问题，即当组织机构多且用户访问多时，数据库I/O成为整个系统应用的瓶颈。自从该饭店使用金蝶K/3系统之后，各个独立核算的分支机构的账套的备份和恢复更方便了；组织机构间的应用更安全；各账套的索引管理、查询性能效率更高了。

K/3系统的用户管理授权机构体现在多层次和严密控制，并能结合用户的实际情况进行符合自身特点的授权。

由于该饭店是中外合资的五星级饭店，一直采用外国饭店的管理模式，企业内部分工详细，尤其是饭店财务部分，分为总账、工资、总出纳、应付、信贷、饭店应收、成本、固定资产、百货、食品酒水、收货和物业应收等。详细的内部分工对内部控制提出了更高的要求，所以，对操作用户的权限设置即系统本身所提供的用户不同级别的操作权限的控制尤为重要，金蝶K/3系统能提供方便灵活的用户管理功能：包括新增用户、删除用户和用户授权。在K/3系统中，这些功能已被集成在一起，并能针对某一用户提供域名认证和密码认证两种功能，满足了处于特殊环境下的登录用户使用，例如，往来会计查账。另外，K/3系统用户授权提供了整体授权和详细授权两种方式，其中整体授权又分为查询权和管理权；查询权是指用户具有基本的查询使用权，如会计查账；管理权是指表明使用者具有修改数据、删除数据的权利，详细授权是根据业务功能进行授权，该饭店就按组别来授权，可对每一具体组别的业务功能的增加、修改、查询等进行授权，删除权只能由系统管理员（财务经理）使用，除此之外，K/3 系统还提供了按业务关系的丰富性授权：即可对用户使用的某一科目（含最明细科目），如：币别、凭证字、零户、供应商等具体明细资料进行授权，只有获得相应的授权后，用户才能进行操作。当然，还可以自定义授权。

K/3 的授权方法不仅可对单用户，还可对多用户组，从而大大简化了授权的工作量，提高对授权管理的直观化。这种繁简结合的授权机制可让用户轻轻松松地对企业管理的各个环节进行严密的控制。

思考：

（1）信息系统在饭店中的应用主要包括哪些内容？

（2）如何利用信息系统提高饭店管理水平？

第八章

饭店安全与危机管理

学习目标

1. 了解饭店安全管理和危机管理的重要性；
2. 掌握饭店安全管理和危机管理的特点、主要内容；
3. 学会应用饭店安全、危机事件的处理方法。

随着经济的发展，现代饭店已成为人们就餐、住宿、娱乐、社交、会议等活动的主要公共场所。由于饭店业人员密集度高、流动性大、身份复杂多样等特点，使饭店安全与危机管理显得尤为重要。饭店安全与危机管理，贯穿于饭店管理全过程，不仅直接关系到饭店的经济效益和声誉，影响到顾客的满意程度和人身财产安全与健康，甚至还关系到国家的声誉。

第一节　饭店安全管理概述

一、饭店安全管理的概念

安全是指没有危险，不受威胁，不出事故。根据美国心理学家马斯洛（Maslow，A. H.）1968 年提出的需要层次理论，安全需要是人基于生理需要满足基础上产生的基本层次需要，是人对生命财产的安全、秩序、稳定，免除恐惧和焦虑的需要。这种需要得不到满足，人就会感到威胁和恐惧。

饭店安全是指在饭店所控制的范围内，前来饭店消费的顾客、饭店员工以及饭店自身财产没有危险、不受威胁、不出事故的稳定状态。

饭店安全管理是指饭店为了保障饭店顾客、员工的人身、财产和心理安全以及饭店自身的财产安全而进行的计划、组织、协调、控制等系列活动。

饭店的安全管理包含 3 方面的内容：

1）饭店顾客与饭店员工的人身、财产安全以及饭店自身财产安全。

2）饭店内部的服务及经营活动秩序、工作生产秩序、公共场所秩序等保持良好的安全状态。

3）饭店心理安全，即饭店内部不存在会对饭店顾客和员工的人身、财产以及饭店自身财产、名誉造成侵害的各种潜在因素。饭店心理安全状态是一种既没有危险，也没有可能发生危险的状态，使人在心理上获得安全感。

饭店安全管理在任何时候都应防患于未然，坚持“宾客至上，安全第一”、“内紧外松”的原则，消除一切安全隐患。

二、饭店安全管理的特点

饭店安全管理不同于一般的安全管理，有其特殊性，主要体现在以下几个方面：

1. 广泛性

（1）**饭店安全管理涉及范围较广**　既包括饭店本身，还涉及饭店以外的区域范围；饭店安全管理涉及饭店各个部门、每项工作和每个员工；贯穿于饭店产品生产、销售、服务的全过程。饭店管理的广泛性，要求各部门、各岗位通力合作，依靠全体员工的共同努力和配合，将安全工作与各部门、各岗位职责、任务结合起来，构建成一个全员参与、贯穿全过程的安全管理工作网络体系。

（2）**饭店安全管理包含的内容广泛**　既要保障顾客和员工的人身安全、财产安全、心理安全，又要保障饭店自身的财产安全和环境安全，此外还要维持饭店正常的内部经营秩序等。随着互联网的飞速发展，防止黑客入侵，防止病毒感染等饭店网络安全也逐渐成为饭店安全管理的一项重要内容。

2. 复杂性

饭店作为开放式经营企业，是人们就餐、住宿、娱乐、社交、会议等活动的主要公共场所。日常大量的人流、物流、信息流的存在造成了饭店安全管理的复杂性。其具体表现为：

（1）**人流量大，人员身份复杂，且流动性强**　饭店的人流中，既有顾客，也有访客；既有国内顾客，也有国际顾客；接待的顾客构成复杂，每天住店、离店的流动性较大。此外，饭店员工流动率较高，员工队伍的不稳定性会影响饭店安全管理工作的连续性。

（2）**物流量大，涉及的要害部位多**　饭店物流量包括顾客与饭店、顾客之间、顾客与外界的物流过程，还有饭店服务过程所需要的物资流。这些物流过程往往存在一定安全隐患，因此其过程发生地如前厅、餐厅、厨房、仓库、配电房、财务部、电梯等地点成为安全防范的重点部位。这些要害部位多，也造成饭店安全管理的复杂性。此外，单纯从物资上看，现代饭店规模日益扩大，装修材料日趋豪华，各种硬件设备齐全，易燃物多；又多为集中空调而形成封闭空间，电源、火源、气源集中，极易引发各种安全事故。

（3）**信息流大，安全管理内容复杂**　饭店信息流包括网络流、电波流、数据流、文件流，商务过程的洽谈，会议报告和产品演示的交流等。由于信息流涉及的领域众多，要求饭店在安全管理上既要防火、防盗、防网络黑客，还要保护顾客的人身、财产安全；既要考虑顾客的个人隐私安全、饮食安全、娱乐安全，还要考虑防暴力、防突变、防突发事件等。

3. 服务性

饭店作为服务性企业，其产品具有生产、销售、消费同步性的特点，饭店服务质量在很大程度上取决于服务提供者与顾客接触的那一刻，即服务现场，这在西方被称之为“关键时刻”，服务质量的优劣将在这一刻被决定。因此，饭店安全管理不能破坏服务氛围，不能在饭店内“步步设警”。

饭店又属劳动密集型行业，提供服务的员工，如餐厅服务员、厨房的厨师、客房清洁员等因工作特点，经常在工作过程中出现被烫伤、割裂伤、火烧伤等安全事故。除员工个人须付出代价外，也连带着会增加饭店成本。饭店安全管理的服务性特点也跟执行服务的员工、饭店利益密切相关。

4．政策性

由于饭店安全管理工作的性质和内容，其具有很强的政策性和法规性。饭店安全管理工作，既要维护顾客、员工、饭店的合法权益，也要对一些触犯法规的人员进行相应的处理。在具体处理时，要严格按照国家、政府的有关政策，根据不同的对象、不同性质的问题，采用不同的政策和法规。饭店安全管理涉及《刑法》、《民法》、《行政法》、《诉讼法》、《治安管理处罚条例》、《合同法》、《消费者权益保护法》及一些国际法规等。饭店安全管理工作人员，要把握饭店安全工作尺度，分清罪与非罪，非法、违法和犯法，民事伤害和刑事伤害，过失与故意，人为与非人为，正当防卫与防卫过失等范畴，提高自身政策水平。饭店安全管理部门，应以国家、政府和有关部门的有关规定为基础，结合饭店实际，制定各类安全管理制度，并付诸实施。

三、饭店安全管理的重要性

饭店安全工作依附于饭店服务工作，它不直接产生利润，属于饭店的非生产性部门，因此常有人将之作为“二线”部门而轻视。其实，这种看法是片面的。饭店安全管理工作贯穿于饭店管理全过程，不仅直接关系到饭店的经济效益和声誉，影响到顾客的满意程度和人身财产安全与健康，甚至还关系到国家的声誉。

1．安全管理影响到顾客满意度

据统计，饭店80%的利润来自数量仅占20%的忠诚顾客身上，而提高顾客的满意度则是培养忠诚顾客的最好办法。安全是人类的一个最基本需求，饭店顾客有免遭人身伤害和财产损失的需求，有自身权利和正当需求得到保护和尊重的安全需求。对顾客而言，由于身处异地他乡，环境的陌生感使得顾客对安全的需求程度比平时更迫切和敏感。从饭店经营角度而言，为顾客提供安全的环境以满足客人对安全的期望，既是饭店提高顾客满意度，培养忠诚顾客的基础，又是饭店提高服务质量，正常经营发展的基石。

2．安全管理和员工积极性密切相关

饭店安全管理既包括对客人安全、饭店财产安全的管理，也包括员工安全的管理。作为饭店经营管理的一线实践者，饭店能否为员工提供安全的工作环境，是影响员工积极性和满意度的前提条件。我们经常说没有快乐的员工就没有满意的服务，如果饭店在生产过程中缺乏各种安全防范和保护措施，将不可避免地产生工伤事故，使员工的健康状况受到影响，很难使员工积极、有效地工作，造成员工的不满意。进而将这种不满传递给他们所提供服务的顾客，形成恶性循环。

3. 安全管理直接关系到饭店的经济效益和社会效益

饭店的经济效益很大程度上取决于顾客的满意度以及由此产生的口碑效应。饭店有义务保证来饭店消费的顾客的安全，否则一旦顾客的人身或财产安全等受到侵犯，就会因安全问题而引起顾客的投诉、索赔直至承担法律责任，将会直接影响到饭店的经济效益。面临安全投诉或起诉，一方面是经济效益的损失，另一方面也会给饭店带来负面的“口碑效应”，这种经济效益和社会效益的双重压力，最终会使饭店失去市场和客源，直至被市场淘汰。

4. 安全管理关乎饭店信誉和品牌建立

树品牌是饭店在市场竞争的条件下逐渐形成的共识，人们希望通过品牌对饭店产品加以区别，通过品牌形成品牌追随，通过品牌扩展市场。品牌的创立，名牌的形成正好能帮助饭店实现上述目的，使品牌成为饭店有力的竞争武器。当今忠诚顾客是饭店一笔巨大的财富，品牌使顾客形成了一定程度的忠诚度、信任度、追随度。对饭店顾客忠诚的管理不仅仅是对现有顾客的管理，从饭店可持续发展的角度看，这一管理涉及饭店忠诚顾客的产生、发展以及衰亡的整个生命周期全过程。而良好的饭店信誉和品牌首先包含对安全的保证，在恐怖事件和公共安全事件频发的今天，饭店信誉和品牌的建立紧紧维系于安全管理。加强安全管理必要性的认识和给出相应对策将有利于完善饭店顾客忠诚管理，提升饭店信誉和品牌认可度，增强饭店竞争力，促进饭店业的发展。

四、饭店安全管理的基本原则

“防火”胜于“灭火”，饭店的安全管理工作要以预防为主，不能局限于对已发生事故的处理方面。饭店应建立健全安全保卫部门的职能，配备各种安全设施，健全有关饭店安全的各种制度，以预防和制止可能出现的各种不安全因素，杜绝安全事故发生，减少饭店损失。

1. 坚持内紧外松的预防原则

饭店的安全管理在很大程度上是为顾客服务，即包括饭店顾客与饭店员工的人身、财产安全以及饭店自身财产安全，也包括饭店内部的服务及经营活动秩序、工作生产秩序、公共场所秩序等保持良好的安全状态，以及饭店心理安全。因此饭店安全工作必须坚持内紧外松的预防原则，尽量避免在客人面前议论或因一般事故而惊慌失措，以防造成不良影响使客人失去安全感，影响饭店声誉。此外，必须加强责任心，在饭店内部提高警惕，如果饭店发生事故，尽量在局部范围内解决，对客人采取适当保密措施，以增加客人的安全感，保证饭店经营活动的正常开展。

2. 配备必要的安全设施原则

“工欲善其事，必先利其器”，安全设施是饭店安全管理工作的物质基础。倘若没有必要的安全设施，顾客将没有安全感，既无法保证顾客的人身、财产安全，发生了事故也无法及时补救。饭店的安全设施，主要包括 6 个方面：①消防设施。②防火通道。③隔火装置。④烟感装置。⑤监控装置。⑥报警系统。这 6 个方面的安全设施必不可少，饭店不但必须配备齐全，而且必须随时保持设施的良好状态，才能预防事故的发生，或在事故发生时成为减少饭店损失的必备物质基础。

3. 加强安全教育，调动全员参与原则

饭店的安全管理，不是饭店领导一个人的事情，也不是安全部一个部门的事情，它涉及各个部门、各个环节。饭店员工由于分工的不同，考虑问题的角度不同，对安全工作重要性的认识也有高低之分。诸如：客人物品丢失、设备损坏、火灾等日常安全问题往往隐藏在饭店员工的对客服务过程中。因此，只有加强饭店安全教育，树立全员安全意识，调动全员参与，使饭店员工人人关心安全，事事关心安全，人人关心设施、设备，以便及时防范事故的发生，确保饭店的安全稳定。

第二节 饭店安全管理主要内容

一、建立安全管理机构

饭店安全管理机构的设置，没有统一固定的模式，主要视本饭店的具体情况而定。一般应以与饭店的管理体制、饭店规模星级水平、安全设施、所承担的安全保卫任务相适应为原则进行设置，力求精简、统一和高效。

饭店一般都设有专门的安全部门，有的称保安部，有的称安全部，来确保饭店安全管理工作的实效性。一般常见的饭店安全保卫部组织结构如图 8-1 所示。饭店安保部门在总经理的领导下，负责饭店各类安全保卫的具体工作。其主要职责是贯彻执行国家和政府有关安全方针政策、法律条例，落实检查各项安全防范措施，预防各类不安全因素的侵害，处理各类突发事件，确保顾客、员工、饭店全面安全，为饭店各项业务经营活动的顺利开展和宾客消费创造良好的安全环境。其具体工作内容包括：①开展安全和法制教育，提高员工的安全意识。②健全安全防范管理制度，严格实行安全保卫岗位责任制。③加强饭店内部管理，维护内部治安秩序。④协助公安机关查处破坏事故和治安灾害等有关事故。⑤确保饭店的重点与要害部位的安全。

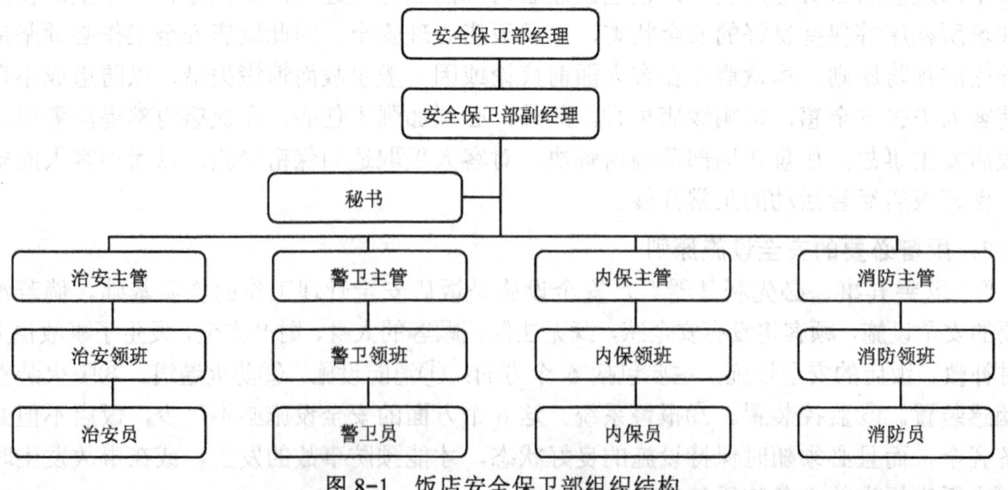

图 8-1 饭店安全保卫部组织结构

安全事关全员，单凭饭店安全保卫部一支力量很难做到安全事故的全面防范。饭店应

坚持“群防群治”的原则，除了设置安全保卫部这种专门部门来保护顾客和饭店的安全外，还应在饭店内部设置安全管理工作的统一协调及管理组织机构——安全委员会，形成齐抓共管的全员安全工作局面。饭店安全委员会是饭店安全管理工作的领导机构和群众性组织，它在饭店总经理的领导下，由各部门选派一名管理人员（部门经理或副经理）组成。其中饭店安全保卫部是安全委员会的常设办事机构，其余可根据饭店实际情况下设包括员工治安小组、员工义务消防队在内的若干小组（队）。饭店安全委员会的组织机构如图 8-2 所示。安全委员会对饭店的安全负有全面责任，其职责是制订、完善和执行饭店的安全计划。它的工作重点包括：对饭店安全状况进行检查，提出安全管理意见和建议；制订和实施饭店安全奖惩条例；对安全保卫部的工作情况进行监督；对员工进行安全教育和法制教育。

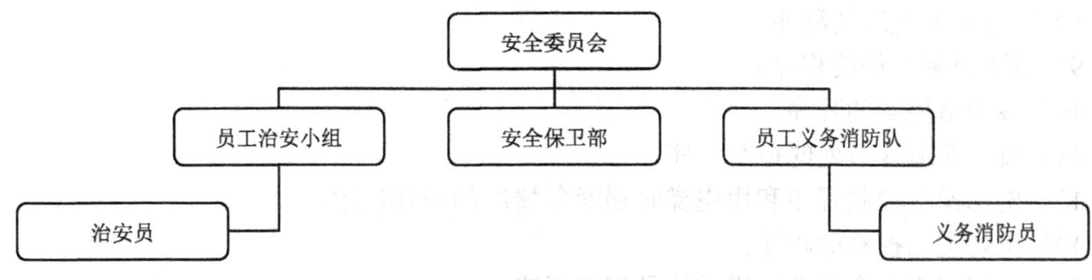

图 8-2　饭店安全委员会组织机构

二、健全安全防范管理制度

饭店安全管理关乎饭店内所有的部门和人员，为保证安全工作的一致性和严谨性，饭店要根据国家安全部门和上级主管部门的有关规定和要求，结合饭店实际情况，拟订和执行各项基本安全制度。从内容上看，包括饭店安全管理的总体方案、各种防范措施及各项安全制度、规定。饭店常用的安全防范管理制度有门卫制度、巡逻制度、钥匙管理制度、总服务台安全防范制度、财务保管制度、消防安全管理制度、访客登记制度、顾客住宿验证登记制度、交接班制度、安全隐患报告制度、电器设备安装制度、通缉协查核对制度等。此外，饭店各部门、各岗位还应根据部门和岗位特点，拟订部门或岗位安全责任制，并由安全保卫部负责审定。实行岗位责任制，可以充分调动员工的积极性，增强安全保卫部人员的工作责任感和主动性，利于安全防范管理制度的落实。

饭店要在拟订各项安全防范管理制度的基础上，通过建立安全责任制、进行日常安全检查、专题检查等措施，加强安全防范管理制度的执行力度。如饭店可建立“四级安全检查制度”：一级检查由班组负责实施，可每天进行；二级检查由部门领导负责实施，应结合每天的服务工作所负责的区域进行；三级检查由饭店安全保卫部和饭店委员会负责实施，可采取定期检查和随机抽查的方式；四级检查由饭店领导负责实施，可选择重大活动或重要节日进行。

三、开展安全工作培训

安全管理工作的关键，实质上就是管理与培训问题。饭店管理人员一方面要负责检查与发现安全隐患，并及时纠正，另一方面也要负责安全工作的学习与培训督导。

1. 专业知识培训

有关饭店意识与安全工作的专业知识训练，包括以下内容：

1）饭店业的特点及饭店意识、宾客意识。

2）饭店组织结构、部门设置及相互关系。

3）饭店大堂秩序的控制。

4）钥匙控制程序。

5）设备、工具安全使用规程。

6）设备安全检查及维修的程序。

7）闭路监察电视系统的操作和应用。

8）紧急事故处理的程序。

9）消防报警系统的程序。

10）各通道控制的程序。

11）员工通道入口处的控制程序。

12）电梯操作控制程序和用电梯时遇紧急情况的处理程序。

13）货物进出控制的程序。

14）顾客行李安全保管及贵重物品寄存程序。

15）顾客结账程序。

16）账台及出纳员现金解交程序。

17）更衣室控制程序。

18）停车控制程序。

19）防止滑倒的措施。

20）事故报告单与事故分析的程序。

以上专业知识除了在培训课堂上的讲授外，最重要的是在上岗培训期间，边干边学，将所学知识在工作实践中体验领会并加以应用。

2. 相关知识培训

除了专业知识，对员工的培训更应着眼于素质的提高，对他们进行更广泛的知识及能力训练。内容包括：①我国的法制及法规，尤其是适用于饭店经营及饭店安全工作的法规。②法律知识及法律程序。③本饭店建筑设计布局、各种设备的装置及有关建筑、设备的各种规章。④整个饭店的安全计划，有关安全工作的政策、程序、活动等。⑤人际关系技巧。⑥报告书及沟通技巧。⑦调查技术。

四、把握不安全因素

饭店中的不安全因素可以分为两大类：一类是饭店内部存在的不安全因素；另一类是住店顾客自身存在的不安全因素。

1. 饭店内部存在的不安全因素

1）饭店内机器、设备、水、电、热力、煤气（或液化气）系统由于管理不严、维修不及时或操作方法不当而发生跑水、跑气或造成火灾事故。

2）建筑物的维护保养做得较差而引起建筑工程方面的事故（如阳台、观赏台、游台坍塌，天花板脱落等）。

3）住店顾客的现金、财物发生失窃事件。

4）因设施、设备质量原因（如地板太滑，地毯不平整，照明不良）造成顾客、员工跌伤、划伤等事故。

5）饭店内部财务、商品等部门因管理不善、缺少安全防范措施、值班员擅离职守而发生现金、财物失窃的事件。

6）饭店内部职工发生偷盗、赌博等犯罪活动。

7）餐饮部未严格执行食品卫生工作操作程序而发生食物中毒等事故。

8）饭店员工身患传染性疾病而致使顾客和其他工作人员的健康受到威胁和危害。

9）饭店员工或外来工作人员违章操作（如在室内明火作业或工作完毕后清理工作现场不彻底）而导致火灾事故的发生。

2. 住店顾客自身存在的不安全因素

1）顾客将各种易燃易爆、剧毒、放射性等危险物品带进客房，造成火灾等各种事故和隐患。

2）顾客违反饭店规定，在客房内使用各种大功率超负荷电热设备而引发火灾或烫坏、烧坏客房内家具、地毯等设备。

3）顾客醉酒后摔倒在大厅、楼梯或公共厕所内的地面上，造成摔伤事故。

4）顾客在客房内因一些主客观原因而寻机自杀，顾客突发疾病死亡，极个别顾客肆意滋事或白吃白住后逃账。

5）乔装成顾客的不法分子混进饭店内偷盗顾客财物。

6）顾客中不法分子利用饭店内场所进行违法犯罪活动。

7）顾客因主观防范意识差而造成的财物丢失或被骗。

3. 要害部位存在的不安全因素

要害部位是指容易发生火灾、盗窃等事故的饭店的命脉部位。饭店要害部位确定的原则包括：容易发生火灾的部位；发生火灾后影响到饭店全局工作的部位；物资财物集中部位和人员集中活动部位。一旦要害部位遭到破坏，如重点部位发生火灾及爆炸事故将会使设备损坏、营运瘫痪、人员伤亡，造成巨大的经济损失及不良的社会影响，因此要特别重视防范此类不安全因素。

饭店的厨房、财务部金库、棉织用品库、汽油库、液化气站、工艺品部、建材库、高低压配电房、电话机务室、计算机房、重要档案资料室、冷冻机房、闭路电视中心等应确定为饭店的要害部位。这些地方是饭店安全工作监控的重点，应加强安全管理和防范措施，高度重视此类地方的不安全因素，力争将事故苗头或隐患，消除在事故发生前。

五、掌握事故处理方法

饭店的事故处理方法有很多种，并没有一个固定的模式和程序可遵循，但应当以尽量缩小事故影响面，减少饭店损失为原则。现以常见的几种事故处理方法为例，供参考。

1. 火灾事故处理方法

（1）**成立应急组织体系**　饭店火灾事故应急组织体系如图 8-3 所示。

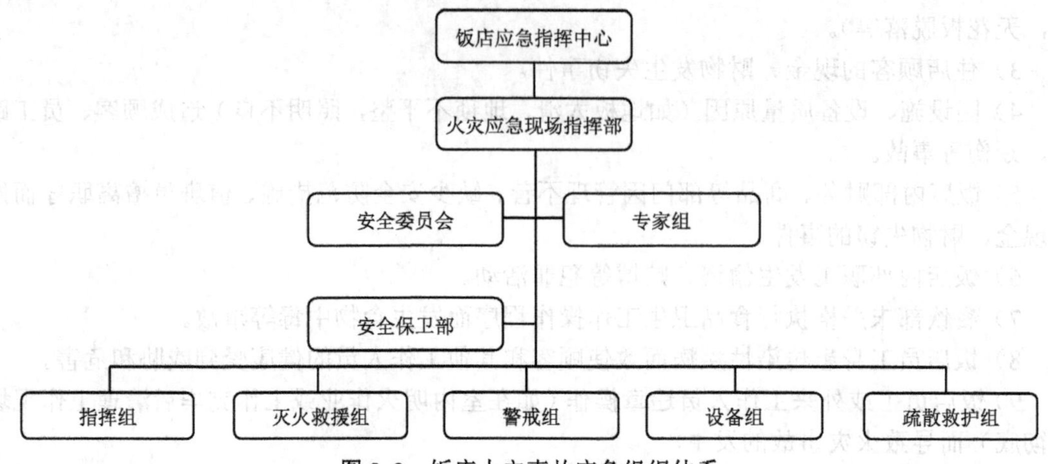

图 8-3　饭店火灾事故应急组织体系

火灾事故应急救援指挥系统启动后，成立由饭店当地安全委员会、事发饭店自身的安全委员会共同组成的应急现场指挥部。专家组负责火灾事故现场的应急救援策划工作，为指挥部出谋划策。5 个基本应急行动组由饭店安全委员会所有成员组成：①现场指挥组由饭店主管安全工作的第一责任人担任组长，负责指挥调度各部门进行营救，并对现场情况作出评估，制定合理的应对措施。②灭火救援组由饭店安全委员会主任担任组长，负责赶赴现场运用现有消防设施进行灭火或控制火势，等待消防人员进行扑救，并配合医务人员抢救伤员。③警戒组由安全保卫部经理担任组长，负责封锁现场，对受影响区域进行警戒，确认伤亡数字，尽可能减少对饭店的人员及经济的损失。④设备管理组由工程部经理担任组长，负责确保饭店内所有的大型机电设备正常运作，切断受火灾影响区域内的电源及燃气，确保整栋饭店的消防应急用电。⑤疏散维护组由行政总监担任组长，负责紧急疏散受火灾影响的人群，对饭店内的客人及员工进行疏导，避免引起恐慌，安抚伤员及其家属的情绪。

（2）火灾应急基本响应程序

1）饭店发生火灾，饭店安全保卫部为第一响应小组，首知火警人员应迅速通知饭店安全保卫部所有人员赶赴现场。饭店安全主任应立即启动饭店现场应急处置机制或现场处置方案，在公安消防队还未到来之前迅速组织自有力量对初期火灾实施有效扑救和人员疏散。

2）饭店安全主任迅速将所有员工分成 5 个应急行动组，即指挥组、灭火救援组、警戒组、设备组、疏散救护组，并明确各小组人员分工，各负其责。

3）扩大响应。火灾事故发生后，饭店消防控制中心必须在第一时间内响应，及时启动饭店现场应急处置机制，组织自有应急力量扑救和控制初期火灾，疏散被困群众。与此同时，饭店消防控制中心还必须在第一时间内拨打“119”火警电话请求专业消防队进行援助。当饭店安全保卫部自有应急力量无法在第一时间内控制住初期火灾时，现场指挥组应当机立断快速作出启动更高一级应急预案的决定，立即向饭店申请援助，饭店负责人接到申请后应立即启动饭店级火灾应急预案，立即组成火灾应急现场指挥部，就近调动附近饭店或邻近单位的应急力量投入到应急行动中去。指挥权上移后，饭店安全部应积极配合火灾应急现场指挥部的应急救援工作。若还是无法控制火灾蔓延，应立即申请启动集团级或当地政府级预案，并充分调动自有的应急力量和资源，积极配合集团或当地政府参与火灾事故的应急处理工作。

（3）**善后处理**　扑灭火灾后，警戒组应保护火灾现场；饭店安全主任应查明或协助查明火灾原因，核实或清查火灾损失情况，向饭店安全委员会提交火灾报告；大堂副理应安排清洁人员清理地面水渍，走廊地毯；恢复供电前，负责电气设备安全的维修工应确保损坏线路已恢复正常。因火灾给顾客造成的经济损失要妥善处理，原则上要赔偿顾客的损失。如果发生死亡事故，由饭店配合公安部门根据有关法律程序处理；妥善安置因火灾影响住店的顾客，饭店各级领导应分别到顾客新的住地，向客人表示问候和歉意。根据火灾损失程度和保险方式及金额，请求保险公司赔偿，办理有关手续。凡属人为原因造成的火灾事故，经过调查，对于直接负责任者一般由公安部门追究刑事责任。

2. 食物中毒事故处理方法

食物中毒以恶心、呕吐、腹疼、腹泻等急性肠胃炎症状为主。如发现顾客同时出现上述症状，应立即报告本部门经理通知医生诊断。在基本确认为食物中毒后，应迅速报告饭店总经理和前厅、餐饮、安全保卫部等有关部门经理。各有关部门经理接到报告后，按以下方法处理：

1）医务室负责对中毒者诊断和紧急救护，病情严重者，及时送往医院抢救。

2）食品化验室进行食品取样、化验，确定中毒原因。

3）餐饮部对可疑食品及有关餐具专门控制，以备查证和防止其他人中毒。

4）由餐饮部负责，安全保卫部协助对中毒事件进行调查，查明中毒原因、人数、身份等。

5）根据饭店领导的指示，由安全保卫部和食品化验室分别通知公安机关和卫生防疫部门，安全保卫部和餐饮部分别做好接待工作，并协助他们进行调查。

6）由前厅部和销售部通知中毒顾客的所在单位或家属，并向他们说明情况，协助做好善后工作。如饭店内部员工食物中毒，人事部应负责做好善后工作。

3. 顾客财物被盗事故处理方法

顾客如在饭店财物失窃，可向饭店反映丢失情况，这种方式称之为报失。如顾客直接通知公安局有关部门，则叫做报案。失窃的情况很多，有外盗、内盗、客人自己遗忘等。饭店根据客人所提供的情况或作案现场来调查处理此事。

1）顾客报告个人财物丢失或被盗，饭店管理人员要保持冷静，应根据顾客提供的线索，分析是否确实被盗，并分别采取不同措施。如请客人协助饭店做好以下事项：说清楚丢失物品的名称、特征；丢失物品的时间；丢失前，什么时间最后一次看到此物；在丢失物品前，财物放在什么地方；在丢失物品前，去过哪些地方；有无在房间会客；丢了多少钱（是一部分还是全部）；在丢失前是否买过什么物品。

2）如被盗财物涉及饭店某一员工，在未掌握确切事实之前，饭店管理人员不可妄下结论，也不可盲目相信客人的陈述，以免损伤饭店员工的自尊心。要坚持内紧外松的原则，细心查访和找寻。

3）贵重物品是否被盗，在掌握确切事实之前，不要给顾客以肯定的答复，但应对客人表示同情和安慰。

4）如果是贵重财物丢失或被盗，按照国际饭店协会于 1981 年 11 月 2 日通过的《国际饭店法》的有关规定："如果顾客及时得到报告，饭店对贵重物品的赔偿应有合理的限度”。这就意味着，一方面饭店对顾客的贵重物品在一定条件下负有赔偿责任，但另一方面，这种赔偿“应有合理的限度”。一般来说，对顾客贵重物品的赔偿限额，最高不超过顾客在饭店住宿费用的10倍。同时告知顾客要注意的是饭店对顾客贵重物品丢失的赔偿也是有条件的。首先，必须是放在饭店“贵重物品保管处”的贵重物品，如果顾客没按要求将其贵重物品存放在贵重物品保管处，对于因此而造成的贵重物品的丢失，饭店不负责任或少负责任。其次，很多饭店为顾客在客房内提供贵重物品保险箱，对于在这种保险箱内“丢失”的物品（一般不可能出现），饭店可以不予赔偿，因为此时保险箱的密码只有顾客自己知道，别人不可能打开（除非连保险箱也被人偷走）。另外，为了防止一些顾客声称自己“放在贵重物品保管处的钱少了”，或“钻石被人偷换了”等类似事件的发生，饭店会要求顾客在客人寄存贵重物品时，将贵重物品用饭店提供的专用信封封起来，并请顾客在封口处签字。

4. 刑事案件处理方法

1）饭店员工一旦发现店内发生凶杀、抢劫、强奸、重大盗窃、诈骗以及其他恶性刑事案件时，应在5分钟内向安全保卫部报案，安全保卫部接报后迅速赶赴案发现场，查明情况，保护现场，并立即请示饭店领导或直接向公安部门报案。

2）饭店内发生盗窃、打架斗殴、流氓、毁坏公共财物等治安事件时，员工应立即报案并保护好现场。安全保卫部接报案后应迅速赶到现场进行调查处理，并视情况紧急程度决定立即汇报或事后汇报。

3）住店顾客向大堂经理及值班经理投诉中提出的各类案件，大堂经理必须让客人填写报案表，同时在5分钟内向安全保卫部门报案。安全保卫部赶到现场后，报案人应积极协助安全保卫部开展调查工作。

4）饭店内部员工中发生的各类纠纷和治安案件应在向本部门领导报告的同时，向安全保卫部报案，如属于失窃、丢失事件，应及时向安全保卫部报告，按要求写出事情经过交保安部门备案。事情经过内容包括：事情发生的时间、地点、当事人，事情的主要原因、经过、结果及要求。

5. 顾客伤、病与死亡事故处理方法

1）饭店应设有各种处理顾客受伤、疾病等紧急情况的措施及能抢救工作的人员。如果没有专门的医疗室及专业医护人员，则应选择合适的员工接受急救专业训练，并配备各种急救的设备器材及药品。

如发现伤、病顾客，一是在现场急救，二是迅速安排病人去附近的医院救治。对顾客伤、病事件，应做好详细的原始记录，必要时书写伤病事件报告。

2）顾客死亡事故是指顾客在住店期间内伤病死亡、意外死亡、自杀或他杀或不明原因的死亡。除第一种属正常死亡外，其他几种均属非正常死亡。

饭店安全保卫部在接到顾客死亡的报告后，应问清顾客死亡的地点、时间、原因、身份、国籍等，并立即向安全保卫部经理报告。安全保卫部经理接到报告后，要立即会同大堂经理和医务人员前去现场。在顾客尚未死亡的情况下，要立即送往医院抢救。经医务人员检查，确定死亡的，要派安全保卫人员保护好现场。对现场的每一物品都不得移动，严禁无关人员接近现场，同时向公安机关报告。

第三节　饭店危机管理

危机管理是饭店业的一个永恒主题。当危机突然来临，饭店能否应对自如、从容过关甚至更上一层楼，成为饭店向上提升或向下沉沦的转折点。大多数饭店只会在危机到来以后寻找解决危机的秘籍，却很少有未雨绸缪的睿智。几乎所有的危机都会对饭店业造成伤害，没有危机管理的饭店也许能逃过一两次危机，但只有制订并实施了危机管理的饭店，才能减少和战胜所有危机，使饭店变得更加成熟和强大。

一、饭店危机剖析

危机是指由意外事件引起的危险和紧急的状态。如果望文生义，危机一词可以拆开来理解，“危”指的是“危险”，“机”指的是机遇，连起来就是：危险中的机遇，或者说危险中包含着机遇，机遇中包含着危险。曾任美国总统的肯尼迪也认为“危机”有两层含义：“危”虽然意味着“危险”，但是“机”却意味着“机遇”。“如果危机是百年一遇，那么机遇也是百年一遇”，温家宝总理在剑桥演讲时也形象地解释了中国人对“危机”的理解。危机不可怕，危机就是转机，危机就是机会。

根据国际上从组织管理角度的权威定义：危机是指在任何组织系统及其子系统中，因其外部环境或内部条件的突变，而导致的对组织系统总体目标和利益构成威胁的一种紧张状态。这种具有不确定性的重大事件，可能对组织及其相关成员、产品服务、资产和声誉造成巨大的损害。根据这一定义，饭店危机指的是由于突发性的重大事件的发生，而对饭店经营的主要部分或全部造成严重挫折或困难，致使饭店出现重大损失或后续不良影响的状态。

1．危机的三大效应

（1）**涟漪效应**　当前的危机可能引起另一个更大的危机。危机就像一粒石子投入湖水中引起阵阵涟漪那样，在企业内部和外部会产生一系列负面影响，只有及时采取措施才可能遏制事态的恶化，听之任之或反应迟钝只会使涟漪布满整个湖面。

（2）**蝴蝶效应**　蝴蝶效应是气象学家洛伦兹于 1963 年提出来的。其大意为：一只南美洲亚马逊河流域热带雨林中的蝴蝶，偶尔扇动几下翅膀，可能在两周后会在美国德克萨斯引起一场龙卷风。其原因在于：蝴蝶翅膀的运动，导致其身边的空气系统发生变化，并引起微弱气流的产生，而微弱气流的产生又会引起它四周空气或其他系统产生相应的变化，由此引起连锁反应，最终导致其他系统的极大变化。“蝴蝶效应”在社会学界用来说明：一个坏的、微小的机制，如果不加以及时地引导、调节，就会给社会带来非常大的危害，戏称为“龙卷风”或“风暴”；一个好的、微小的机制，只要正确指引，经过一段时间的努力，将会产生轰动效应，或称为“革命”。

（3）**多米诺骨牌效应**　该效应产生的能量是十分巨大的。这种效应的物理道理是：骨牌竖着时，重心较高，倒下时重心下降，倒下过程中，其重力势能转化为动能，它倒在第二张牌上，这个动能就转移到第二张牌上，第二张牌将第一张牌转移来的动能和自己倒下过程中由本身具有的重力势能转化来的动能之和，再传到第三张牌上……所以每张牌倒下的时候，具有的动能都比前一张牌大，因此它们的速度一个比一个快，也就是说，它们依次推倒的能量一个比一个大。

2．危机的特性

（1）**突发性** 危机往往都是不期而至，令人措手不及，危机一般是在饭店毫无准备的情况下瞬间发生的，给饭店带来的是混乱和惊恐。由于危机因素潜伏在饭店正常的经营活动中，隐蔽性较高，若饭店没有建立灵敏的预警系统，突如其来的危机往往会给饭店经营造成严重甚至毁灭性的破坏。

（2）**威胁性** 危机发作后可能会带来比较严重的物质损失和负面影响，有些危机所造成的影响不仅涉及饭店，有时会波及影响到整个社会，用毁于一旦来形容一点不为过。对饭店而言，危机首先威胁到饭店现存的正常秩序，导致饭店经营混乱或陷于困境；其次，危机可能导致饭店现存的正常秩序因未采取有效的对策而无法恢复，或者无法承受打击而崩溃；再次，危机可能导致饭店的混乱，使人的心理产生恐惧，它给饭店形象造成巨大的破坏。

（3）**急迫性** 危机爆发前的征兆一般不是很明显，饭店业难以作出预测。危机出现与否与出现的时机是无法完全确定的。危机的突发性特征决定了饭店对危机作出的反应和处理的时间十分紧迫，任何延迟都会带来更大的损失。因此要求饭店决策者必须作出快速决策，在时间有限的条件下，混乱和惊恐的心理又使得获取相关信息的渠道出现瓶颈现象，饭店决策者很难在众多的信息中发现准确的信息。

（4）**舆论关注性** 危机事件的爆发能够刺激人们的好奇心理，常常成为人们谈论的热门话题和媒体跟踪报道的内容。饭店业越是束手无策，危机事件越会增添神秘色彩引起各方的关注。各大传媒以及社会大众对于这些危机事件的关注，使得饭店业必须立即进行事件调查与对外说明。如何处理好与媒体的关系，发挥舆论关注的积极作用，能够转“危”为“机”，力挽狂澜，扭转局面，成为饭店业处理危机的关键环节。

3．危机的类型

综观饭店业实际，饭店业面临的危机主要有6种：形象信誉危机、经营决策危机、人力资源危机、媒介危机、财务危机和灾难危机。

（1）**形象信誉危机** 一个饭店的形象信誉，是饭店业在长期的经营过程中形成的，公众对其产品和服务的整体印象和评价。但由于饭店业忽视产品质量，员工服务态度恶劣，饭店领导或职工的错误的言行，顾客发生食物中毒，顾客贵重财物丢失，以及没有履行合同，对顾客的承诺，而产生一系列纠纷，甚至给合作伙伴及顾客造成重大损失或伤害等，都会致使饭店业信誉下降，失去公众的信任和支持而造成危机。形象信誉危机是本质危机，外部影响较大，是饭店业须花费巨大代价来应对的危机。

（2）**经营决策危机** 它一般是由于饭店业经营决策失误而造成的危机。饭店业不能根据环境条件变化趋势正确制定经营战略，而使饭店业遇到困难无法经营，甚至走向绝路。如某饭店集团涉足房地产项目——建造大厦，并一再增加层数，隐含着经营决策危机。经营决策危机会给饭店业带来直接的利益损失，但外部影响较小，相对较易处理。

（3）**人力资源危机** 人力资源危机即饭店从业人员频繁流失或员工素质较低所造成的

危机。饭店业属于劳动密集型行业，员工流动率较高。尤其是核心员工离职，如其岗位没有合适的人选，会给饭店带来比较严重的危机。饭店管理者的决策能力以及员工思想水平直接决定着饭店业整体素质的高低。如果饭店员工整体素质低下，很容易对饭店服务的口碑效应造成影响，往往在激烈的市场竞争中被淘汰。饭店的人力资源结构应该建立在专业化协作的基础上，既需要高瞻远瞩的领导者、严谨周密的决策者、多方协调的组织者，也需要脚踏实地的一线执行者。各类人员的素质能力结构应该合理，否则会造成人力资源矛盾，影响饭店的整体经营效果。

（4）**媒介危机**　真实性是新闻报道的基本原则，但是由于客观事物和环境的复杂性和多变性，以及报道人员观察问题的立场角度有所不同，媒体的报道出现失误是常有的现象。一是媒介对饭店业的报道不全面或失实，媒体不了解事实真相，报道不能客观地反映事实，引起的饭店业危机；二是曲解事实，由于新科技的引入，媒体还是按照原有的观念、态度分析和看待事件而引起饭店业的危机；三是报道失误，人为地诬陷，使媒体蒙蔽，引起饭店业的危机。媒介危机是饭店业处理危机的关键环节。

（5）**财务危机**　资金是饭店业正常运转的血液。饭店业财务管理包括资金的筹集、运用、分配和监督。饭店业投资决策的失误、资金周转不灵、股票市场的波动、贷款利率和汇率的调整等因素使饭店业的资金暂时出现断流，难以使饭店业正常运转，甚至造成饭店业瘫痪。财务危机是需要饭店业长期重视的一个方面。

（6）**灾难危机**　灾难危机是指饭店业无法预测和人力不可抗拒的强制力量，如地震、台风、洪水等自然灾害、战争、重大工伤事故、经济危机、交通事故等造成巨大损失的危机。灾难危机不以人的意志为转移，它会给饭店业带来巨额的财产损失，使饭店业经营难以开展。

4．饭店危机管理

在西方，通常把危机管理（Crisis Management）称为危机沟通管理（Crisis Communication Management），其原因在于，加强信息的披露与公众的沟通，争取公众的谅解与支持是危机管理的基本对策。

危机管理作为一种新的管理模式产生于20世纪80、90年代，它的依据是组织生命周期理论。该理论认为任何一个组织的成长都大致经历以下几个阶段：创业阶段、聚合阶段、规范化阶段、成熟阶段、再发展或衰退阶段。组织成长的每一个阶段的组织结构、组织关系、管理方式都有其特点，而且每一阶段都会面临着种种危机和管理问题，这就要采取一定的有效变革措施来解决这些危机，以维护和促进组织的健康成长。

危机管理是针对各种可能发生的危机和已经出现的危机情境所进行的事先预测防范、规划决策、动态调整、化解处理及员工培训等活动过程，其目的在于消除或降低危机所带来的威胁和损失。对饭店业而言，危机管理是指饭店为了应付会使饭店面临与社会大众或顾客有密切关系且后果严重的重大事项等危机的出现，而在企业内预先建立防范和处理这些重大事故的体制和措施。

危机管理包括从自然灾害到人为因素的应对处理。它的重点是预防危机，即在危机不可避免地发生时能从容应对，把损失降到最低。危机管理奉行“危机不仅意味着威胁、危险，更意味着机遇”的积极的行为准则。危机管理具有不确定性、应急性和预防性三大特征。由于危机爆发后往往给饭店业带来重大的经济损失和形象伤害，处理不当甚至会导致饭店业破产倒闭。通常可将危机管理分为三大部分：危机预警管理、危机应急管理和危机善后管理。

二、饭店危机预警管理

危机管理理论认为，最重要的是预防危机的发生并预见可能蔓延的危机。越早认识到危机存在的威胁，越早采取适当的行动，就越有可能控制危机的走势，在危机不可避免地发生时能从容应对，把损失降到最低。因此危机管理的重点应当放在危机发生前的防范，而不是危机发生后的“亡羊补牢”。饭店业应建立一套规范、全面的危机预警系统，把一些潜在的危机消灭在萌芽状态，把必然发生的危机损失降到最少。饭店危机预警管理主要包括以下几个方面：

1. 树立强烈的危机意识

饭店业进行危机管理应该树立一种危机理念，营造一种危机氛围，使饭店员工面对激烈的市场竞争，充满危机感，将危机的预防作为日常工作的组成部分。一方面，对饭店员工进行危机管理教育。“居安思危”，教育员工认清每个部门、每个环节和每个人的行为都与饭店形象声誉密切相关，危机的预防有赖于全体员工的共同努力。全员的危机意识能提高饭店业抵御危机的能力，有效地防止危机发生。另一方面，定期开展危机管理培训。危机管理培训的目的与危机管理教育不同，它不仅在于进一步强化员工的危机意识，更重要的是，让员工掌握危机管理知识，提高危机处理技能和面对危机的心理素质，从而提高整个饭店业的危机管理水平能力。

2. 建立危机预警系统

危机预警系统的建立有助于捕捉危机预兆，做好危机防范工作。首先，饭店危机管理人员要进行准确的危机确认，善于捕捉危机发生前的信息，在出现危机征兆时，尽快确认危机的类型，为有效的危机控制做好前期工作。其次，信息监测是预警的核心，随时搜集各方面的信息，及时加以分析和处理，把隐患消灭在萌芽状态。预防危机需要重点做好以下信息的收集与监测：

1）了解国家经济政策的变化，掌握饭店行业信息，研究和调整饭店的发展战略和经营方针。

2）随时收集顾客对饭店产品、服务的反馈信息，对可能引起饭店危机的各种因素和表象进行严密的监测。对监测到的信息进行鉴别、分类和分析，对未来可能发生的危机类型及其危害程度作出预测，并在必要时发出危机警报。

3）研究饭店竞争对手的现状、潜力、经营策略和发展趋势，进行同行业实力对比，做到知己知彼。

4）通过暗访和日常监督管理，了解饭店内部的质量信息，定期或不定期地聘请外部专家对饭店作出客观诊断和评价，并进行自我诊断，找出饭店经营的薄弱环节，力争最大限度消除饭店危机隐患。

3. 成立危机管理机构

饭店危机管理机构是顺利处理危机、协调各方面关系的组织保障。危机发生之前，饭店就要成立危机管理机构，制订危机管理计划、危机处理工作程序，并培养危机应急队伍。

1）饭店危机管理机构的具体组织形式，可以是独立的专职机构，也可以是一个跨部门的管理小组，还可以在饭店战略管理部门设置专职人员来代替，但必须明确主管领导和成员的职责。饭店可以根据自身的规模以及可能发生的危机的性质和概率灵活决定。饭店危机管理机构主要承担饭店危机的日常检测、诊断、评价和预警控制工作，对预测的危机提出应对措施，向公众标明饭店应对危机时认真负责的理念和态度。

2）制订危机管理计划和危机处理程序。饭店应该根据可能发生的不同类型的危机制订一整套危机管理计划，明确怎样防止危机爆发，一旦危机爆发立即作出针对性反应等。这套计划应该囊括饭店多方面的应酬预案，要重点体现危机的传播途径和解决办法。同时，饭店要认真总结相关危机经验和教训，将危机处理程序汇编成册，作为危机出现时可供参照的应急预案。

3）培养危机应急队伍。饭店全员危机意识的灌输是饭店危机管理的第一步，培养一支能够对危机作出快速、准确反映的饭店危机应急队伍是基本保障。饭店危机管理最便捷的途径是依靠全员力量，教会员工如何面对危机、如何化解危机的基本经验。

4. 做好公众沟通方案

沟通是危机管理的中心内容。随着信息技术的高度发展，社会舆论逐步成为影响饭店业形象声誉的重要因素。饭店业应该维护好与消费者、新闻媒体、社区公众、政府机构的良好关系，为饭店赢得外部公众的支持与信赖；同时饭店要强化内部沟通，了解饭店一线员工的工作想法和动态，提升内部凝聚力。饭店可定期、持续进行民意测验、形象调查，掌握内外部公众对饭店的态度，并与竞争对手进行比较，判断饭店在服务质量、价格、形象等方面存在的差异，制订以预防为主的公关计划，确保危机出现时的利益损失最小化。沟通对危机带来的负面影响具有最好的化解作用。饭店必须树立强烈的沟通意识，及时将事件发生的真相、处理进展传达给公众，以正视听，杜绝谣言、流言，稳定公众情绪，争取社会舆论的支持。

5. 进行危机演练

对各种危机的情景式模拟训练，是饭店进行危机管理的最有效方法之一。通过进行定期的危机模拟演练，一方面可以提高饭店危机管理组织的应变能力，强化员工危机意识，另一方面可以对饭店拟订的危机管理计划和危机处理程序进行检测，以便及时调整和完善。

三、饭店危机应急管理

饭店危机应急管理是指饭店危机发生后，饭店危机管理组织人员针对危机采取有效措施，作出妥善处理，化解矛盾，协调公共关系，做好善后工作，以重塑饭店形象和声誉的管理过程。

1. 饭店危机应急管理原则

由于饭店危机具有突发性、威胁性、急迫性、舆论关注性等特性，处理起来具有一定难度。因此，饭店面对危机要制订出一个快速反应、正确有效的处理程序，以避免盲目性和随意性，防止危机处理中的重复和空位现象。一般饭店危机应急管理应遵循以下原则：

（1）**有效控制原则** 当饭店危机出现时，不管是何种性质的危机，不管事故责任在何方，饭店都应当勇于直面危机，把握危机主动权，有效控制局势，防止事态进一步扩散和恶化。如果饭店对危机不管不顾，在原因尚未查明前，和公众、受害者等为责任而纠缠不清，结果只能会引起公众的强烈不满，失去对整个事态控制的主动权，陷于被动地位，最终导致饭店利益损失。

（2）**迅速反应原则** 速度是危机应急管理阶段的关键，决策要快速，行动要果断，力度要到位，迅速拿出解决方案。饭店以最快的速度启动危机处理计划。每次危机各不相同，应该针对具体问题，随时修正和补充危机处理对策。否则，延误了应对危机的最佳时机，危机的负面影响会很快传播到社会上，引起新闻媒介和公众的关注。只有在第一时间里迅速反应，才能越早控制危机，减小危机代价和不良后果，增加转化危险为机遇的可能性。

（3）**尊重事实原则** 饭店危机爆发时，社会舆论导向往往会抨击饭店。在事实尚未澄清前，饭店要以公众利益为重，实事求是地将事情的原委、事态的发展程度和饭店的弥补措施公布于众，必要时通过召开新闻发布会等形式，向社会传播饭店真诚的态度和实际行动，避免不利于饭店的传言上升为谣言，以获得社会公众的理解和支持。

（4）**承担责任原则** 危机发生后，公众关注的焦点往往集中在利益和情感两个方面。其中，利益是公众关注的焦点。饭店危机事件往往会造成组织利益和公众利益的冲突激化，从危机管理的角度来看，无论谁是谁非，饭店组织都应该主动承担责任。如果饭店目光短浅，为了保护自身、获取短期利益，在危机管理中不顾公众利益和社会责任，最终会为之付出巨大代价。相反，如果饭店具有强烈的责任感，宁愿以牺牲自身短暂利益换来良好的社会声誉，树立和不断提升组织和品牌形象，则会获得公众的认可和欢迎，实现饭店发展的基业常青。

（5）**坦诚沟通原则** 危机处理时，饭店组织遵循坦诚沟通原则，及时向公众发布真实信息，这既是对社会公众知情权的保障，也是饭店社会责任感的体现，可以为危机应对创造良好的外部环境，维护和树立饭店的良好形象。新闻媒体的新闻敏锐度极高，饭店一旦出现危机，会立即引来它们的关注。因此，在饭店危机发生后，危机管理机构应当快速调查事件原因，弄清事实真相，尽可能把真实的、完整的情况公布于众，各部门保证信息的一致性，避免公众的各种无端猜疑。配合有关调查小组的调查，并做好应对有关部门和媒体的解释工作以及事故善后处理工作。做好饭店的内外部沟通工作，处理好饭店业内部管理层和员工、直接消费者及客户、产业链上下游利益相关者、政府权威部门和行业组织、新闻媒体和社会公众等5类群体的沟通。

（6）**公众利益至上原则** 公众利益至上是饭店应对危机的首要原则。饭店一方面应该掌握宣传报道的主动权，通过召开新闻发布会，向公众告知危机发生的具体情况、饭店解决问题的措施等内容，发布的信息应该具体、准确，随时接受媒体和有关公众的访问，以公众利益至上的原则解决问题。另一方面，还可以利用权威性机构对解决危机的作用，邀请权威人士辅助调查，以赢取公众的信任。对危机给公众造成的损失，主动给予补偿，无法挽救的损失要主动承担相应责任。

（7）**灵活变通原则** 饭店危机应急管理既要遵循一定的基本程序和规则，又无绝对统一的模式可以照搬。危机管理高手们往往能结合事态形势的变化、组织自身优弱势、内外部资源条件等进行灵活处理和应对，不仅力挽狂澜成功跨越危机，甚至还将危机事件转变成提升企业形象的契机。因此，饭店危机应急管理还应秉承灵活变通的原则，力争化“危”为“机”，使饭店发展更上一个台阶。例如，可抓住危机爆发后，饭店被新闻媒体高度关注的时机，找准新闻的制造出另外一个迅速提升饭店形象和声誉的公关事件。当饭店作出的解释、发布的信息难以被公众接受时，可向知名专家学者或者权威机构核对验证，通过第三方传递信息，降低社会公众警戒心理，获得理解和信任。

2. 饭店危机应急管理程序

（1）**启动危机管理机构**　饭店危机爆发后，要立即启动饭店危机管理机构，全面开展应对危机的各项行动，防止危机进一步蔓延。一般饭店都设立有危机管理小组，其主要职能一是负责内外通知和联络，二是为新闻媒体准备所需材料，三是加强饭店内外部公众沟通，四是确立“发言人”制度。

（2）**调查情况，确定对策**　饭店危机管理机构应及时组织有关人员，深入调查，了解危机事件的各个方面，收集危机综合信息，形成基本调查报告，提交饭店危机管理机构，作为制订危机处理对策的基本依据。饭店危机管理机构会同饭店相关部门，进行分析、决策，针对内部员工、危机受害者、新闻媒体、上级主管部门等群体制订出相应的对策和应对方案。

对饭店内部，要告知全体员工应对方案，统一口径，协同行动；对危机受害者，要认真了解情况，实事求是地承担责任，表达歉意，并给予相应的赔偿；对新闻媒体，要确立发言人制度，主动向新闻媒体提供准确、真实的消息，表明饭店的立场和态度；对饭店主管部门、饭店行业组织、国家及地方政府，通过新闻媒体，适时地向社会公众发布信息，使外界和社会公众能够及时了解危机的客观情况，防止谣言的散布。

（3）**分工协作，执行方案**　饭店危机应急管理的方案执行涉及饭店的全体员工，是危机管理的中心环节。在执行过程中，各部门要相互配合，通力协作，以积极、友善的精神风貌赢得公众的好感。同时，后勤部门要保障危机管理的资源供给，综合考虑满足危机管理的重要方面和发挥资源的主要功能，尽力获取危机管理所需的资源，根据资源使用的综合效果配置资源，及时将资源提供给危机管理人员使用，以发挥资源的最大效用，确保危机应急方案的顺利执行。

（4）**正确评估，果断隔离危机**　由于各种原因，饭店不得不面对危机的蔓延。当危机进入蔓延阶段后，饭店就应当积极对危机继续蔓延造成的严重程度、蔓延的可能性、连锁反应的可能性、危机管理的有效程度、需要救治的人员、危机中隐含的机会等进行客观、正确评估。并采取果断措施，迅速隔离危机险境，防止事态继续蔓延，找出危机发生的主要原因，开展有效的公关活动，进行大规模化解。

危机的隔离首先要明确危机涉及的范围，确保危机范围之外的部门和岗位正常运转；其次，要进行必要的人员隔离，明确处理危机的基本成员，不得让其他人以危机管理为借口而擅自中断正常经营、服务工作；再次，要做好有关危机的财产隔离工作。

四、饭店危机善后管理工作

饭店危机应急管理并不是危机管理的终点，危机处理还包括饭店危机的善后工作，重塑饭店形象声誉的阶段。饭店危机的善后管理工作主要是消除危机处理后遗留问题和不良影响，并通过积极的公关工作来重塑饭店形象。危机发生后，饭店形象受到了影响，公众对饭店会非常敏感，要靠一系列危机善后管理工作来挽回不良影响。

1．认真总结、评估危机管理

在危机的善后处理阶段，要对危机管理工作进行全面的评价，包括对预警系统的组织和工作程序、危机应急方案、危机决策与处理等各方面的评价，要认真总结危机管理工作中存在的各种问题。关键是抓住危机的主要方面，总结、评估重大问题及其解决方案，确保危机应急程序的合理性和针对性。

2．整顿问题，提出整改措施

大多数危机的爆发与饭店管理不善有关，通过总结评估危机涉及的各类问题，有针对性地提出改正措施，并责成有关部门逐项落实，将各项整改措施归类成档，以备以后借鉴，完善危机管理内容。

3．重塑形象，寻找商机

危机的反面是机遇，饭店危机管理的根本在于饭店能否转化危机，使危机为饭店所用。危机给饭店制造了另外一种环境，饭店管理者要善于利用危机探索经营的新路子，进行重大改革、重塑形象，给饭店带来商机。首先，饭店应确立重塑饭店形象的明确目标。它包括：使危机受害者或其家属得到最大安慰；使公众对饭店有正确的认识；使饭店的合作者和支持者重新获得对饭店的信心和支持；使潜在的关心和支持者成为真正的饭店拥护者。其次，饭店应通过新闻媒介和公众坦诚沟通，引起他们对饭店危机的关注。开展大规模公关活动，寻找将危机转化为商机的有效措施。

本章小结

本章讲述了饭店安全管理的概念、特点、重要性、基本原则、主要内容和饭店危机管理的含义、饭店危机预警管理、危机应急管理、危机善后管理。总之，饭店安全管理贯穿于饭店管理全过程，不仅关系到饭店的形象和声誉，也关系到顾客的人身财产安全与健康，是饭店应当长期重视的一项工作。饭店安全管理应当以预防为主，同时安全工作必须是整体的行为，要求全员参与。而危机并不等同于失败，危机之中往往孕育着转机。危机管理是一门艺术，也是饭店发展战略中的一项长期规划。现代饭店在激烈的市场竞争中，应当“居安思危”，将安全管理和危机管理创新放到重要的位置上。一个饭店在安全管理和危机管理上的成败能够显示出它的整体素质和综合实力。成功的饭店不仅能够妥善处理危机，而且能够化危机为商机。

思考与练习

1．简述饭店安全管理的特点与基本原则。

2．饭店安全管理的主要内容包括哪些？

3. 饭店内部存在哪些不安全因素？
4. 饭店发生火灾的处理程序是什么？
5. 简述饭店危机管理的含义和特性。
6. 饭店如何进行有效的危机预警管理？
7. 饭店危机应急管理原则和程序是什么？
8. 如何做好饭店危机善后管理工作？
9. 案例分析

案例一

北京某饭店火灾事故案例

2002 年 7 月 13 日 23 时左右，北京某饭店 1020 房间发生火灾，造成住在 1022 房间两名赴京旅游的中国香港女学生死亡，住在 1021 房间的一名韩国女学生受伤。

据调查，住在 1020 房间的香港男学生邓某（12 岁）和李某（14 岁）承认，7 月 13 日 22:40 左右，在 1020 房间内划火柴玩，然后离开房间。经专家调查，鉴定这起火灾的起火原因是人为明火所致。由此，警方认定火灾由邓某、李某玩火造成。

思考：

（1）饭店消防安全的主要隐患有哪些？

（2）加强饭店消防安全的措施有哪些？

案例二

积极应对危机　饭店业逆境突围

“今年是饭店业艰难的一年，尤其是高星级饭店。”近日，全球知名饭店业顾问公司——浩华管理顾问公司发布的“全球饭店市场景气调查报告”，对 2009 年饭店行业的前景作出了这样的预测。

对四川省的饭店行业来说，不仅承受着金融危机的影响，因地震受损的“元气”也尚未恢复。在充满诸多不确定因素的 2009 年，四川省饭店行业面临着怎样的冲击？饭店行业开展了怎样的自救？

1．指数低迷市场不振

报告显示，整体饭店市场的景气指数仅为−34.2（景气指数范围从−150～+150，“−150”表示市场预期值非常消极；“0”表示市场预期值与上年持平，“+150”表示市场预期十分乐观），其中亚洲地区的景气指数平均值为−41，是全球表现最消沉的区域。我省的饭店行业，特别是高星级饭店受到冲击，据省旅游局 1～3 月统计，我省五星级饭店的入住率为 38.9%，44.21%和 38.03%，同比下降 9.32%，11.42%和 22.48%。“高星级饭店的高定位决定了它的目标客人主要是高端的商务客人。”业内专家戴雪英说，金融危机导致许多公司、企业减少了商务差旅和商务会议的频率、缩短停留时间，或者选择价格更低的住宿地点。

2．危机之中孕育商机

在我国，各主要城市的饭店业人士在展望 2009 年业绩时都感到了压力，而西南地区饭店业者则对未来的预期表现相对积极，平均景气指数为 2.1，位于所有区域之首。与其他大中城市相比，四川省饭店行业除了要应对金融危机的挑战，更面临着地震的“后遗症”，为何其景气指数反而“逆势上扬”？记者采访了多家饭店负责人，他们的共同看法是——灾后重建为我省饭店行业应对危机、谋求发展创造了契机。

目前，四川省灾后重建工作正在紧张有序地进行着，而各个灾后重建项目、对口援建项目的考察、评估、实施，以及由此带来的人流的流动，从广义上讲都是商务活动，饭店能从中获益是显而易见的。此外，四川省作为产业转移的重要承接地，也为饭店行业的发展提供了利好因素。近年来，承接东部产业转移已经成为四川省经济发展的一大亮点，随之而来的就是相关商务活动增多，对饭店行业而言，是一块极具潜力的市场。

3．立足国内寻求发展

大多数饭店业者分析认为，国内商务客源将是受影响最小的客源市场，其次是国内旅游散客和国内旅游团体客源。绝大多数饭店业者表示，今年已将客源目标转向国内市场。2008 年底，投资 4 亿元的锦江宾馆二期工程破土动工。目前饭店行业市场相对低迷，投资建设所需的人力、原材料等成本也有所降低，这将大大节省资金的投入。

瞄准国内需求市场，各饭店“大显神通”。锦江宾馆拓展经营思路，着力在餐饮方面开发新产品，通过承接喜宴、寿宴、百日宴等，挖掘新的利润增长点。九寨沟喜来登国际大饭店则和国航合作，推出“九寨自由行特惠”的低价牌。

思考：

（1）饭店如何认识危机？

（2）我国饭店应对金融危机的措施有哪些？

（3）金融危机对我国饭店有哪些启示？

第九章

饭店投资与筹划管理

学习目标

1. 了解现代饭店投资策划与可行性论证的主要任务与内容；

2. 熟悉饭店投资可行性论证书、筹建规划方案说明书、承接与开业筹划书的内容，学会撰写各种策划书；

3. 掌握现代饭店筹备期管理的基本原则和内容。

第一节　饭店策划与可行性论证概述

一、饭店策划概述

1. 饭店策划的基本概念

饭店策划是策划在饭店中的应用，是指饭店策划者为实现饭店组织的目标，通过对饭店市场和饭店环境等的调查、分析和论证，创造性地设计和策划饭店经营方案，谋划经营对策，然后付诸实施以求获得饭店最优经济效益和社会效益的运筹过程。简言之，饭店经营策划就是对某一饭店组织或饭店产品进行谋划和构思的一个运筹过程。

2. 饭店策划的过程与方法

（1）饭店策划的主要过程

1）选择项目。选择项目也称机会识别，即通过市场调查、第三方推荐、政策把握等多种形式搜集信息、分析比较信息，寻找、发现并识别市场项目机会的过程，这是策划的起点。有的会出具项目建议书。项目建议书是初步选择项目，其决定是否需要进行下一步工作，主要考察建议的必要性和可行性。例如，选择策划一个主题饭店。目前国际上主题饭店有多种类型：有以城市特色为主题的饭店；有以神话传说为主题的饭店；更有以历史遗迹与自然风光为主题的饭店。通过比较这三类饭店，确定选择模拟城市的主题饭店作为策划项目。

2）进行项目分析。通过收集、整理内、外部资料、数据和市场情况，对所选项目（如模拟城市的主题饭店项目）进行分析，从资金投入、土地使用、空间布局、功能划分、市场定位、客源市场、社区环境等方面进行前期可行性分析，从管理组织架构、人员招聘、经营管理方案、规章制度等方面进行中期可行性分析，从资金回报、综合效益、企业社会责任、可持续发展等方面进行后期可行性分析。

3）确立创意。确立创意即通过项目分析提出解决问题的思路、方法或方案。以上述模拟城市的主题饭店项目为例，由于主题是主题饭店的灵魂与生命，就需要策划方依据项目分析，围绕主题饭店环境和氛围营造，进行主题深度挖掘，提出总体上具有新颖性和创造性的想法，将拟建饭店建筑群体统一纳入创意想法中。中国首家主题饭店深圳威尼斯饭店，作为主题饭店代表，就是以威尼斯水城为主题的主题饭店，创意堪称经典。

4）整理策划方案。在明确了策划目标、确立了策划主题后，根据种种创意，整理出具体的策划方案，形成可行性报告书。一是要提出2～3种方案，供业主选择。二是要明确操作步骤、操作时间、期限。三是要明确本方案的优点和长处。具体在日后经营中从饭店硬件软件、设施设备和个性化服务等都要展现主题，体现出对客人的信任与尊重，打造传统饭店或旧的创意不可比拟的优势。

5）讨论完善。讨论完善主要是请相关人员发表意见，修改和完善策划方案。一般是聘请专家或者委托有资格的咨询公司进行工程项目评估，为项目投资决策把关。

6）方案实施与监控。这是关键阶段。要做好实施中的信息收集、反馈，及时消除实施中的偏差，通过资金控制、进度控制、质量控制、项目信息管理和组织协调等手段，以确保工程项目的总目标——费用目标、时间目标和质量目标的最优实现。

7）总结提高。在项目完成后，根据实际执行情况，进行总结，为今后的策划活动提供宝贵经验。

（2）**饭店策划的基本方法** 通常，饭店策划有下列4种基本方法：

1）WAPDS法。采取由调查分析效果检验的循环方法。其运作步骤是Watch（调查）——Analyze（系统分析）——Plan（创意）——Do（实施）——See（效果）。

2）需求3P法。需求3P法也称可能性分析法。该方法的要点是分析3个可能性（Possibility）：即区位的可能性、需求的可能性和资金的可能性。通过区位、需求、资金3个可能性的分析作为饭店策划的依据和基础。

3）FF法。FF法也称作业流程图法，该方法在饭店策划中的应用主要是借用工程中的作业流程图来表示饭店策划的工作重点和作业程序。

4）BSP法。BSP法也称饭店系统策划（Business System Planning）法，该方法是一种结构化设计方法，它把饭店策划当做一项系统工程，按多维的思想体系来组织和实施饭店策划。

二、饭店投资可行性研究概述

可行性研究是确定建设项目前具有决定性意义的工作，是在投资决策之前，对拟建项目进行全面技术经济分析论证的科学方法，在投资管理中，可行性研究是指对拟建项目有关的自然、社会、经济、技术等进行调研、分析比较以及预测建成后的社会经济效益。在此基础上，综合论证项目建设的必要性，财务的盈利性，经济上的合理性，技术上的先进性和适应性以及建设条件的可能性和可行性，从而为投资决策提供科学依据。可行性研究是投资前期工作的重要内容，它一方面充分研究建设条件，提出建设的可能性。另一方面进行经济分析评估，提出建设的合理性。它既是项目工作的起点，也是后续一系列工作的基础。

1．饭店投资可行性研究的主要内容

一般情况下，饭店投资可行性研究包括以下主要内容：项目背景、项目概况、项目建设方案、项目运作方案、项目资金使用方案、项目盈利能力分析和年收入分析、项目投资风险分析等 7 个方面，最后要给出明确的结论性意见。

（1）**项目背景**　项目背景是介绍投资方情况、主营业务、项目投资动机和追求目标等。

（2）**项目概况**　项目概况包括项目公用设施接入方案（给水、排水、排污、供电、燃气、通信、广播电视和网络等）、建设规模、设计标准、项目总投资以及土地、城市配套费用、项目建设费用和流动资金等分项投资情况。

（3）**项目建设方案**　项目建设方案包括项目建设目标和项目建设内容两方面。前者提出宏观、微观经营目标；后者提出土地、建设总面积、配套设施配置、人员培训和试营业等具体建设内容。

（4）**项目运作方案**　项目运作方案主要涉及当地发展现状、市场估测和建设周期等三方面。

（5）**项目资金使用方案**　项目资金使用方案主要包括投资估算（范围为：土地征用费、土建工程、项目配套设备、项目设计费等，即：第一部分工程费用，其他工程费用，不可预见工程费用）、资金筹措方案（投资方式、股权构成以及固定资产、流动资金等资产结构情况）和资金使用计划（按建设进度要求，分阶段投入）等三方面方案设计。

（6）**项目盈利能力分析和年收入分析**　需要列出年营业收入估算表、总成本计算表、利润估算（税前、税后）现金流量计算表和财务指标等。其中项目总成本主要由物料消耗费用、工资、燃料及电、水费用、折旧摊销、其他费用和修理费、营业税金等组成；财务指标是通过投资利润率和销售利润率体现出来的。

（7）**项目投资风险分析**　项目投资风险主要涉及项目建设和经营中的市场风险、管理风险、资本风险等内容。其中市场风险表现为项目市场竞争能力的好坏；管理风险表现为建设期和经营期管理工作的好坏；资本风险表现为资产增值和抗风险的能力。政策风险表现为宏观经济和政策环境。

（8）**结论**　通过上述分析，对项目是否可行给出明确结论。

2．饭店投资可行性研究的阶段与层次

提交项目可行性研究报告是投资前期工作的核心内容，但要形成准确、科学的可行性研究报告一般要经过机会识别阶段和初步可行性研究、辅助研究、详细可行性研究等 4 个层次。

（1）**机会识别阶段**　即选择项目的过程，通过市场调查、信息收集等识别市场机会，为下一步的研究奠定基础。该阶段形成的项目建议书是粗线条的，其投资估算一般根据国内外类似已建工程进行测算或对比推算，误差准许控制在±20%。

（2）**初步可行性研究**　饭店在对项目进行初步可行性研究时，重点应是对机会研究阶段提出的项目建议予以鉴别和估价，尤其是看其方法、出发点是否客观，判断项目是否真有前途，有无进行可行性研究的必要。对可行性研究阶段提出的影响项目可行性的关键因素，饭店在初步可行性研究阶段要确定是否对这些关键因素进行辅助研究。

（3）**辅助研究** 辅助研究是对投资项目中某些特殊的、重要的但又不明确的因素进行专题讨论，是支持可行性研究的重要手段，其研究重点有：市场需求，项目未来的前景，客户来源及稳定性等。

（4）**详细可行性研究** 详细可行性研究是一种以定量为主的研究，饭店应对事关项目投资成败的市场、技术、财务经济三方面的因素进行量化分析，在进行详细可行性分析研究时，必须分析投资的规模是否为饭店财力所允许，阐述筹资的渠道、方式及成本，核算生产成本，对可盈利率进行敏感性分析，测算出项目的预期投资回报率和预期投资回收期。饭店应运用净现值、净现值率、获利指数和内部收益率等动态标对项目投资效益进行衡量，评价，为项目决策服务。详细可行性研究必须对项目所需的各项费用进行精确的计算，误差要求不应超过±10%。

3．饭店可行性研究步骤

饭店可行性研究按5个步骤进行：接受委托，调查研究，方案选择与优化，财务评价和效益分析，编制饭店可行性研究报告。

三、饭店策划与可行性论证的类型与内容

1．饭店投资策划

饭店投资策划就是对饭店项目的投资进行可行性分析，撰写投资可行性论证书。可行性报告涉及项目概况、区位、市场分析、资金与收益等基础性方面。

2．饭店筹建策划

饭店筹建策划主要是从后期实际经营管理者的视角，针对饭店空间布局、功能划分、服务项目设置、水电动力、装饰装修、环艺绿化等方面提出要求说明。建筑设计、施工单位要根据饭店筹建策划方案说明书开展设计、施工和装饰装潢工作。

3．饭店承运策划

饭店承运策划是饭店经营管理者对拟承接经营的饭店的各项事宜进行策划，并通过承接与开业策划书来体现。

4．饭店经营管理策划

饭店经营管理策划是通过分析饭店内外部环境，识别市场机会，提出方案和做法以充分利用饭店资源（人、财、物、信息、时间）实现饭店综合效益（经济、社会、生态）最大化的过程。该过程主要通过经营管理策划书来体现。饭店经营管理策划通常涉及自身定位、经营战略、管理理念、管理方法等方面内容。

第二节 饭店投资策划

饭店投资策划就是对饭店项目的投资进行可行性分析，撰写投资可行性论证书。通常业主在进行饭店投资项目决策前，都要进行投资可行性分析。饭店投资可行性分析包括以

下几个方面的分析与论证：

一、项目概况及项目所在地宏观经济与旅游经济发展分析

1. 项目所在地及周边区域的整体发展分析

主要涉及所在地的城市地位、人口数量及其增长趋势、当地国民收入、国民生产总值、经济发达程度、市场开放程度、城市化、工业化水平和城市投资环境，周边城市群发展前景、经济发展水平和发展速度等方面。

2. 项目所在地旅游经济发展状况分析

主要涉及当地旅游业发达程度、旅游业在国民经济中的地位、地方政府对旅游业发展的态度（支持或限制）、旅游业产业体系完善程度以及未来的发展前景、当地旅游就业程度、旅游地旅游资源吸引力、旅游交通方便度、区域饭店业规模等。

3. 项目所在地相关行业的发展状况分析

主要涉及与旅游业和饭店业发展密切相关部门的发展成熟程度，对饭店业形成协作关系的旅行社、景区、航空公司、旅游购物等产业的发展程度，与饭店业的配套性、互补性等。

4. 项目重点竞争对象经营状况分析

主要涉及对饭店具有替代作用的社会小型旅馆、家庭旅馆、大型洗浴中心以及农家旅馆等住宿企业，甚至包括夕发朝至列车以及未来可能出现的一定数量的“红眼航班”等，作为替代品提供者，它们也是饭店的潜在竞争对手，构成对后者的挑战和发展空间的制约因素。

二、区位分析（Place）

1. 地理位置及用地情况说明

饭店投资可行性分析首先应对业主投资的饭店项目概况及用地情况进行详细的说明，其中涉及土地的审批、规划是否符合地方产业发展规划等方面。尤其当国家在经济发展的某个时期对特定地区采取倾斜性扶植政策时，地理区位的重要性就显得非常重要。

2. 社区环境

作为社区的一分子，饭店所在社区的自然、经济、人文、生态环境，甚至包括社区居民的文明素质、对饭店项目的态度（欢迎或者排斥）、社区的公共配套设施完备程度等都在很大意义上构成项目的现实“微观生态环境”，对项目的成败起关键甚至决定性影响。

3. 自然条件与气候

项目所在地的资源状况，包括劳动力资源、客源市场规模、物资资源、交通与通信的发达程度等自然条件对饭店投资的影响是不言而喻的。气候趋寒或趋暖会影响饭店投资建造及其设计，也会影响饭店开业后的客流量。

三、市场分析（Market）

市场是有维度的，市场的规模与消费水平也是有限的，市场的供给与需求规模的大小决定了拟投资饭店的营业与利润额。

1. 竞争对手分析

饭店的竞争对手主要包括现实存在的饭店及替代性产品、新的市场进入者以及潜在的市场进入者。从饭店业外部看，向消费者提供住宿、饮食以及相关综合性服务的企业，包括饭店、宾馆、大厦、中心、旅馆、旅店、旅社、度假村等都构成狭义的饭店竞争对手。从饭店业内部看，根据目标客源的需求不同可分为政（公）务饭店、商务饭店、度假饭店、会议饭店、旅游饭店、主题饭店、精品饭店、交通饭店、长住饭店（公寓）、家庭饭店（旅馆）十大类业态都构成广义的饭店竞争对手。除新投资饭店外，非饭店内部的餐饮业以及以培训中心名义出现的大量楼堂馆所都对饭店或饭店餐饮产生挤压效应。

2. 市场规模与消费水平分析

一般来说，市场规模与消费水平主要体现在市场信息的充裕度、收入（消费）水平、客流量（购买量）和购买者消费偏好等4个方面。

（1）**市场信息的充裕度** 信息不畅，购买者要支付更高的价格，承担信息搜索、甄别等额外承包；信息通畅，购买者的讨价还价余地较大，在博弈中就占主动权和优势地位。

（2）**收入（消费）水平** 购买者的收入水平直接关系其消费水平，购买者的消费水平直接影响饭店的档次定位和市场容量。

（3）**客流量（购买量）** 客流量大意味着潜在消费群体广阔，如果购买量增加，则可以提高饭店设施、设备利用率并同时节约饭店经营费用。

（4）**购买者消费偏好** 如果是大众性饭店项目，则购买者就有众多的选择机会；如果是特色化饭店项目，消费者首先考虑的就是特色化产品；如果饭店培养了忠诚顾客，则可以获得持久的消费者愿意支付的较高价格，实现利益最大化。

3. 消费群体（市场）分析

（1）**目标消费群体** 目标消费群体是饭店的主流消费群体，也是维持饭店经营发展的最重要群体。目标市场应具备以下特点：既是对饭店产品有兴趣、有支付能力的消费者，也是饭店能力所及的消费者群。饭店目标消费群体的选择可采取以下策略：

1）无差异目标策略。超大规模的综合型城市饭店适合采用这种策略。如拉斯维加斯的米高梅大饭店拥有5 034个房间，29个客户服务中心，都有24小时待命的主管，是目前世界最大的赌场旅馆，作为一个巨型游乐场和一座城市，对各类人群都具有吸引力，拥有大众化消费群体，可以采用“一网打尽”的无差异目标策略。

2）差异性目标策略。采用此策略有下列优势：产品的独特性能够带来较高的效益；顾客的忠诚度使企业避开了竞争；产品特性及顾客忠诚构成了进入壁垒。时下流行的主题饭店大多采用此种策略，其消费群体是“小众”的。

3）专一化策略。采用此策略有下列优势：专一化产品的经营成本低，在目标市场处于领先地位；产品的独特性使替代者的威胁降到最低程度。一些非常个性化的饭店如未来的“太空旅馆”可采用这种策略，其消费群体是经过超级细分形成的，往往以“族”为单位（如暴走族、丁克族、月光族等）。由于其产品的唯一性导致其对市场的高度垄断性，从而可以保持高价格和高利润。

（2）**辅助消费群体** 辅助消费群体是指饭店必须拓展的消费群体，其功能主要体现在弥补主要消费群体总量的不足，降低经营风险。如一些商务饭店采用以高端商务客户为主，以当地政府官员为辅助消费群体的策略。

（3）**潜在消费群体**　潜在消费群体是指具有潜在消费需求的群体，可以通过改变其消费偏好或提供“投其所好”的产品将他们转变为现实消费者乃至高忠诚度的群体。

四、投资定位分析（Position）

所谓定位，就是认清自己，是企业为自己在市场上树立一个明确的、有别于竞争对手且符合消费者需要的地位。饭店投资定位目的在于帮助投资者及受众群体明确饭店投资的真正价值地位。饭店投资定位应遵循以下原则：品牌制胜原则、绩效优先原则、市场领先原则和价值提升原则。

新饭店的市场定位有以下几个步骤：

1．确定饭店的目标市场

确定饭店的目标市场，进而研究目标市场顾客的需求和愿望及他们的利益偏好。

2．充分考虑竞争对手的优劣势

充分考虑竞争对手的优劣势，发掘自身的竞争优势，突出饭店自身与众不同的特色。

3．设计饭店的市场形象

市场形象设计的着眼点是目标消费者的心理感受，途径是对饭店整体形象的设计，通常可以通过创造产品差异、服务差异、目标群体差异来树立独特的市场形象。例如，“九寨沟喜来登”被称为中国第一家五星级景区饭店，围绕“景区饭店”这一定位，结合自身优劣势，饭店一开始就放弃对团体客户以外的消费者直接进行营销，而是采取针对性很强的策略：打开旅行社的通路，专做旅游团队。由于找准了影响销售的核心群体，他们在淡季保持了高出租率，获得了巨大成功。

4．树立饭店的市场形象

通过各种营销手段和宣传媒体向目标市场有效而准确地传播饭店的市场形象，以使饭店形象深入顾客的心目中，从而确立饭店的竞争地位。

五、饭店规模档次分析与论证（Scale & Rank）

饭店规模与档次的分析与论证内容包括以下几方面：

1．饭店类型议案

日常中较为常见的饭店类型有星级饭店、产权式饭店、主题饭店、经济型饭店、绿色饭店、饭店公寓、度假村、会所等。策划者可根据产品理念来进行饭店投资，即进行项目类别定位分析。在策划时要遵循主流市场（目标群体）、竞争对手缺失原则和潜在市场原则。其中潜在市场原则是通过发掘市场上未出现的新市场或是某一具有发展潜力的市场来确定饭店的类型。

另外，围绕市场需求和投资意向可将所有饭店分为三大系列，即主题型饭店、功能型饭店和综合型饭店。主题型饭店是国内外饭店经营中比较成功的一种，美国 PEST HOTEL 宠物饭店，以展示玛雅文化的博物馆式饭店玛雅岛饭店，西藏拉萨雅鲁藏布大饭店都是典型。功能型饭店以满足细分市场、突出某种功能为主的饭店，其中又可以细分为度假饭店、会展饭店、商务饭店、公寓式饭店等。综合型饭店是满足一般大众消费市场的饭店。

2．饭店规模议案

饭店规模议案主要分析论证拟投资饭店的规模，即确定饭店的建筑面积、客房数量、餐位数以及其他设施设备的规模。

饭店规模议案内容主要有：

（1）**饭店的建筑规模**　饭店的建筑规模主要是考虑饭店的建筑面积、建筑布局、主体楼层高度、外围辅助建筑格局与规模、饭店建筑风格、周围环境、公共区域规模以及景观设计和绿化美化等。通常是按照客房数确定饭店规模。按照惯例，拥有 1 000 间以上客房往往被视为特大型饭店；500～1 000 间可视为大型饭店；300～500 间可视为中型饭店；300 间以下为小型饭店。

（2）**功能项目规模**　根据投资额多寡和功能定位，饭店功能项目的设置可以是："大而全"如涵盖"行、游、住、食、购、娱"旅游业全要素的综合型度假饭店，也可以是"小而专"如经济型饭店的"B&B"服务模式。

（3）**主要设备规模**　主要设备规模要与建筑规模、项目规模相适应，尤其是水（冷热）、电（强弱）、空调、锅炉、电梯等后勤设备。

（4）**配套设备规模**　配套设备规模要遵循整体性、经济性、合理性、协调性原则，根据分析调查结果，结合主要设备规模合理配搭项目功能的组成配套比例。

3．饭店档次议案

根据投资额和目标客源情况，确定是建设豪华型（高星级）、中低档或经济型饭店。无论哪种档次，必须保证目标消费群明晰，消费规模适宜，消费水平稳定，既有"质"的可观，又有"量"的稳定，从而保证市场的可进入性和经济性。

六、投资回报分析（Invest & Rewards）

投资的成败以能否达到盈利目标以及如何达到盈利目标为评价依据。投资回报是反映投资成败的直观指标。投资回报分析也称为收益分析，是投入与产出的分析，也是饭店投资者最为关心的问题。投资回报分析包括投资额估算、投资回收期计划、年营业额预算、成本效益分析等内容。

1．投资额估算

投资额也即投资建设饭店所需支付的成本，主要是初期开发成本（包括建造饭店、购买设施设备以及进行饭店装修等）和饭店的经营成本。投资额估算主要包括：

（1）**项目每月费用预算**　费用预算包括给每一独立（施工）任务分配的全部费用，以获得度量项目执行的费用基线。从分类上讲，费用预算包括三部分：直接人工费用预算、辅助服务费用预算和采购物品费用预算。

（2）**项目每月经营费用预算**　经营费用包括：成本、薪金福利费、其他（直接）费用。关于经营费用的预算编制方法，饭店常用的是销售收入比例法，即根据未来各期预测的销售收入，分析上两年财务报表中销售收入与各项费用之间的相互变动状况，同时参考行业和历史最高水平，设定出预算期收入与费用之间的比例关系，并计算各期相关费用，编制出部门预算损益表。

2．投资回收期计划

投资回收期计划又称“投资返本年限法”，是计算项目投产后在正常生产经营条件下的收益额和计提的折旧额、无形资产摊销额用来收回项目总投资所需的时间，与行业基准投资回收期对比来分析项目投资财务效益的一种静态分析法。

3．年营业额预算

营业额预算应当包括饭店全部营业项目收入，包括自营和对外承包经营以及提供社会化服务获得的收入。主营收入通常包括客房收入、餐饮收入、康乐收入、委托代办收入及其他部门收入。

4．成本效益分析

成本效益分析是通过比较项目的全部成本和效益来评估项目价值的一种方法，成本效益分析作为一种经济决策方法，将成本费用分析法运用于项目的计划决策之中，以寻求在投资决策上如何以最小的成本获得最大的收益。成本收益分析的三种主要方法：净现值法（NPV）、现值指数法和内含报酬率法。

5．项目经营风险评估及防范措施

风险是指某一行动结果的不确定性。风险包括经营风险、财务风险以及灾害风险等多方面内容。经营风险是因为经营方面的原因给企业盈利带来的不确定性。饭店企业的经营风险可能由国家有关政策法规等宏观环境层面而引起；也可能由于饭店自身经营的微观层面引起；如由于业务项目的外包等活动带来的风险，或者由于聘用的管理者能否认同企业原来的文化，以及利用快速发展的信息技术而带来的风险。饭店的财务风险是指因企业自身投资和筹资等活动而带来的风险。

面对诸多的风险因素，饭店企业必须建立有效的风险管理系统，制订风险防范措施：实施风险权限管理，在规定的风险权限范围内对相关人员进行严格限制；建立风险控制责任制，使当事人明确其在事前、事中和事后的不同风险控制责任；建立风险预警系统，对潜在的风险进行预先示警；各经营部门要充分利用现有渠道对环境进行分析，及时了解环境变化可能会带来的影响，以便及时采取有效措施，防患于未然；对风险进行识别、分析和评估；建立风险报告制度。

第三节　饭店筹建策划

饭店筹建策划是对饭店的筹划、设计与建设进行策划，撰写筹建规划方案说明书或规划设计方案说明书。饭店筹建规划方案说明书内容包括以下几个方面：

一、空间规划（设计）要求说明

1．建筑布局要求说明

饭店建筑平面布局可分为：分散式布局、集中式布局和混合式布局三种方式。这主要取决于饭店投资者的投资意向、饭店类型以及经营管理方的意见。

（1）**分散式布局** 分散式布局的特点是饭店各功能区独立、单幢存在，多见于园林式、度假型饭店、别墅型饭店。适用于宽敞基地，各部分按使用性质进行合理分区，布局需紧凑，道路及管线不宜太长。建筑主体一般属于1～3层低层建筑（高度低于10m)。这种布局的优点是互不干扰、宁静、私密、舒适，其缺点是物品、能源传输消耗大，客人和服务员流线长，活动不便。

（2）**集中式布局** 集中式布局可分为水平、竖向、水平与竖向相结合的集中式布局。水平集中式是客房、餐厅、员工设施等各自相对集中且在水平方向上相互连通的布局方式；竖向集中式是饭店各功能区集中在单体建筑物内，一般多见于摩天大楼等高层建筑。高层饭店具有紧凑，集中的特点，大量标准客房在竖向叠合，竖向交通必须流畅，高速直达电梯等垂直传输装置不可缺少。水平与竖向相结合的集中式布局是高层建筑带裙楼的形式，目前是国际上较为流行的形式，其优点是灵活实用、可塑性大。

（3）**混合式布局** 混合式布局是分散与集中相结合布局的形式。

现代高层饭店大多要进行竖向空间分区。竖向一般可分为地下室，低层公共活动部分，客户层，顶层公共活动部分，顶部设备用房5个部分。地下室一般设置饭店办公区、洗衣房、员工培训室等后台设施、设备和后勤工作用房等，地上一层安排大堂、咖啡厅等，地上二层、三层一般是各种类型的餐厅，四层以上设客房区，顶层公共部分一般设空中餐厅、豪华套房，顶部配置电梯机房、给水水箱等。

2．流线规划（设计）要求说明

流线是指人员、物品、服务在店内的流动路线，包括水平流线和竖直流线，具体可分为客人流线、服务流线和物品流线。流线设计原则是：互不交叉，互不干扰。饭店流线设计的优劣直接影响饭店日常经营管理的效果、效率和效益。

（1）**顾客流动路线设计要求** 顾客流线是顾客在饭店内活动的必经的路线。应区分住店顾客和宴会顾客，分别设计。住店顾客流线以方便进入楼层客房的快捷通道为主线，同时兼顾住店顾客的访客需求，突出安全；宴会厅应单设出入口，宴会出入口应避免单独对外，以保证宴会顾客需求。

（2）**物品流动路线设计要求** 饭店的布草、食品和垃圾是主要物品，要设计专门流线。基本要求是：布件脏洁分流，互不交叉；食品清污分流，生熟分流；垃圾分类，统一处理。

（3）**服务流动路线设计要求** 服务流线是现代饭店设计的重要内容。其基本要求是：顾客与员工流线分别设置，员工从单独出入口进出，不占用顾客活动空间。

（4）**信息流动路线设计要求** 饭店信息流线由饭店主机通过通信电缆连接各营业场所的终端机构成信息传输系统。设计时要考虑前后台系统管线规划设计和安装的统一性，避免安装不足、不到位，而影响日后使用。

3．出入口设置要求说明

从功能上，饭店的出入口主要有客人出入口、员工出入口、物资出入口和垃圾出入口。饭店入口设计装饰的类型分花园式、支架式、门面式等三种类型。饭店出入口设计应合理，既要方便出入，也要利于安全监控。

（1）**顾客出入口** 客用出入口从功能上可分为团队出入口和散客出入口，团散原则上应分别设置，如果混用，则要做好顾客疏导替代预案。在设计上应突出美观、实用、便捷。

（2）**员工出入口**　应从方便员工上下班、为顾客提供服务考虑，设计上突出便利性，避免增强员工劳动强度，降低工作效率。

（3）**物资出入口**　应从方便物品进出考虑，设计上突出独立性、经济性和隐蔽性。

（4）**垃圾出入口**　应从不影响顾客观瞻、不影响员工操作考虑，按照“就近、安全、隐蔽”的原则，合理配置垃圾临时存放点和出入口。

二、功能项目规划（设计）要求说明

1．饭店功能项目规划原则

在饭店诸项规划中，功能性规划处于首要地位。饭店前期规划中的功能性缺失或缺陷造成的往往是“硬伤”，会给后期的经营造成极大的困难和麻烦。反之，合理的功能设计和施工布局为后期经营奠定良好的基础，带来业主、顾客、管理者和员工的“四满意”。所谓好的设计是成功的一半。功能性满足是经营成功的要素之一，从具体操作层面看，饭店功能规划应遵循的总原则是以人为本、方便管理、方便服务。

（1）**充分满足顾客需求原则**　饭店经营的出发点和落脚点是满足自身的盈利性需求，根本途径是满足顾客各种合理需求。从本质上看，是一种“先利人后利己”的事业，唯有达成顾客的最终满意才能最终实现饭店自身的满意。顾客需求的满足是顾客满意的前提，顾客满意是饭店经营成功的重要标志。饭店作为一种特殊的供应方，提供的无非是一种温馨舒适的消费空间，其中融入员工高水准的服务从而为顾客创造出一种轻松的消费环境。正是这种与众不同的消费环境，一方面，使顾客从“头回客”变成了“回头客”，进而变成“忠诚客”。另一方面，也使顾客把一次次的饭店消费经历升华为一种消费“体验”到处述说，通过“口碑效应”并最终为饭店带来了一批批“忠诚客户群”，最终实现了饭店利益的最大化。顾客需求满足的最大化是饭店经营利益最大化的基础和前提。因此，在做饭店项目规划时，必须突出功能性，强调满足顾客需求。

（2）**体现经济效益的原则**　饭店业属于盈利性企业，追求经济效益是其基本经营目标。在作功能性规划时，应当考虑投入产出比，进行成本费用核算，做好经济效益评估。对于能够带来良好效益的功能要优先考虑，重点保障，反之，则可予以删减、弱化。比如，超豪华的五星级饭店或白金五星饭店可以考虑空间宽敞、装饰考究的大堂，突出饭店的豪华气派、富丽堂皇，树立饭店在高端客户群中的良好形象，满足顾客追求身份、地位等社交心理需要，从而实现了丰厚的经济回报；经济型饭店则不需要在大堂上花费过多资金，面对大众性消费群体只要能够做到大堂明亮、悦目即可，把省下来的钱投入到客房、餐厅等核心区域改造上，实现饭店和顾客的“双重经济”。从功能设计和经营角度上，两者都是成功的，都体现了经济效益原则。

（3）**注重美感与文化氛围的原则**　饭店从本质上是一种文化性经营企业。饭店消费具有物质和精神满足的双重属性。顾客在饭店的消费过程其实也是一种审美过程，包括对饭店设施设备、实物产品、员工服务、环境氛围和安全卫生等多方面的卫生审视、体验。仅从实物产品的菜点质量，顾客就对菜品的“色香味形器养”、温度、质感、卫生等有多要素考评，正是通过对饭店硬件软件、前台后台、一线二线、高层到基层以及部门、岗位和一个个具体服务操作细节的一系列考察，顾客最终得出“100=1”的饭店评价。因此，饭店必须从满足顾客需求和适应竞争的要求，重视并做好自身文化氛围的营造。大堂中心艺术品、客房挂画、走廊绿色植物、员工统一整齐的工装和店徽以及甜美的微笑、抒情的背景音乐、适宜的温湿度、方便的电器控制按钮等，无不构成饭店良好的消费环境，也符合饭店和顾客对美的追求，对顾客最终满意度提升意义重大。

2．功能区域规划（设计）要求说明

（1）**饭店室外设施及园林规划** 饭店外环境的塑造，主要涉及景观、朝向、风向、交通、消防、出入口、防噪声、绿化和相关的公共工程，在设计时应尽量美化、绿化，形象突出、内外环境的和谐协调，并考虑到节能设计。具体规划要求如下：

1）符合城市规划、市政工程的要求。

2）交通组织合理，车流、人流路线清楚，不受干扰。

3）庭院绿化要讲究，可设置广场绿化、庭院、花园等多种形式。

4）饭店出入口应标志明显，饭店出入口与职工、货物出入口严格区分，职工和货物出入口应设在饭店背部或侧面，要留有残疾人通道。

5）门厅外应有停车场、回车道、人行道、雨篷等设施。

（2）**饭店服务区域规划** 饭店服务区属于饭店的一级功能区，又称前台服务区，是为客人提供直接面对面服务的区域。该区域是饭店的“窗口”区，规划中要考虑满足顾客需求、方便员工服务、展示饭店形象品质等多方面因素。

（3）**饭店公共区域规划** 饭店公共区从理论上介于一级、二级功能区之间或兼有二者属性，但从顾客消费的角度看实际上仍属于一级功能区。因此，在设计中要考虑满足顾客需求、方便员工服务、便于管理等多重需要。

（4）**饭店后勤区域规划** 饭店后勤区属于饭店的二级功能区，又称后台服务区，是为饭店后勤人员工作的主要场所。在规划中应考虑方便员工操作、降低劳动强度、提高工作效率的要求。

3．主要项目规划（设计）要求说明

（1）**大堂规划（设计）要求说明** 大堂是饭店顾客出入最多，饭店最重要的公共活动场所。大堂的设计水准高低往往代表饭店形象的好坏。设计时应注意功能区分与空间分隔，突出氛围和文化品位。

1）大堂空间。大堂空间可分为运动空间和停滞空间，运动空间主要用于顾客活动和员工提供服务，应留有足够以保证人员活动畅通无阻。停滞空间主要供顾客休闲，可设在运动空间附近，运用地毯、隔断、雕塑、台阶、沙发和不同颜色的石料装修分隔，线路组织避免交叉干扰。

2）大堂面积。作为饭店的“脸面”，大堂是最主要的公共区域，是饭店的寸金之地。其面积通常取决于饭店类型、客流量、饭店规模和等级，同时，也和客房的数量有密切的关系。一般情况下，饭店的主前厅或大堂（包括前厅）的面积按每间客房 0.8～1m^2 设计。

3）大堂装饰。大堂装饰应依据饭店的风格来定，基本原则是突出该区域的整体性、专业性和舒适度。例如，度假型饭店应突出轻松、休闲的特征，而城市饭店的商务气氛则应更浓一些，时尚饭店的艺术及个性化氛围应更强烈一些。大堂石材一般选用花岗岩居多，色彩设计以暖色调居多。要根据饭店的主题和整体的风格，可以是展现民族风格、地方风格、突出人文特色的色彩设计，但色彩配色不能太多、太杂。

4）大堂风格。大堂的设计风格离不开饭店的市场定位，受文化背景制约。各种类型的饭店会有不同的设计风格。比如，度假饭店的整体风格必然是轻松、跳跃、亮丽、休闲的，而商务饭店的功能性是第一位的，其风格是简约、明快。不同的风格要求不同的建材、饰材、色彩、灯光、配饰与其相配套。

（2）**客房规划（设计）要求说明**　客房是饭店主体和基础设施，是顾客休息、工作或会客的场所，设计应突出安全、舒适、经济等特点。饭店客房楼层的建筑结构主要有塔式、板式与内天井式三种，每一种形式又衍生出多种平面设计。随着环境科学和行为科学的发展，饭店大堂设计在解决使用功能的同时，还应注重突出精神功能，满足顾客的精神需求。

客房层应主要位于塔楼里，布局呈垂直排列，保证相同功能位于一个立面上。

客房层由客房区、交通枢纽、服务区等构成，客房区可以走廊两侧布局，门可以错开排列以增加私密性，走廊居中，明确，简洁，并和客房有噪声分区；服务区主要有楼层服务台、开水间、清洁工具间、储藏室、机房及员工卫生间等相应设施，顾客流线与服务流线要分开。

客房类型结构应根据客源需求有一个合理的比例。应根据客源设置房型，房间数量应与客房类型与档次相适应。尽可能保持客房结构分布科学、合理。

客房单元应具有安全舒适性。内部空间主要有休眠空间、书写阅读空间、起居空间、储藏空间和盥洗空间。环境氛围营造要通过家具、软包、灯光、设备、色彩、艺术品来表现。客房实际上是文化主题和技术要素的结晶，它的系统性、功能性、方向性、标准性和艺术性都很强，一切必须“以人为本”。目前在全球饭店设计风格中大致有欧美大陆风格、南部国家及太平洋的度假饭店风格、现代主义风格和我国大陆风格。在客房系列中不同的色彩表达不同的情感，例如，欧美设计的色彩艳丽、丰富、直观；现代设计的色彩则清淡、冷雅。在形态方面，欧美设计中以“线型”为主，而现代风格的设计则以“体面”为主，运用“面”体现充满理性的视觉组合和虚实关系，使客人形成鲜明的印象。其中，现代主义风格的客房设计，更为越来越多的业主和客人所关注。

三、动力、水电系统规划（设计）要求说明

1．动力系统规划（设计）要求说明

动力系统是指发生、变控、传递和供应动能的系统，主要有锅炉、制冷机、变、配电设备、发电机组以及水泵、风机等。

2．水暖系统规划（设计）要求说明

饭店的水暖系统主要包括消防系统、空调系统、给排水系统、供热系统等。

（1）**消防系统**　完善的消防设施系统包括火灾报警系统、消防控制系统、消防灭火系统及防、排烟系统四大部分，在设计时都要兼顾。

1）火灾报警系统。饭店火灾的自动报警系统由火灾探测器和火灾报警控制器构成。饭店常见的火灾探测器有烟感式、温感式、光感式三种。火灾报警控制器是电子元件及继电器组成的高灵敏火灾监视自动报警控制器。由于火灾发生时的情况较为复杂，火灾探测器

也不可能遍布饭店各个角落，因此实践中还需要通过人工报警系统加以辅助。

2）消防控制系统。消防中心的主要设备有火灾报警控制器、设备运行状态监视屏、总控制台和备用电源。

3）消防灭火系统。消防灭火系统主要有以下两部分组成，一是消防栓灭火设备，包括消防栓、水龙带和水枪。二是自动喷淋装置，有自动喷水灭火系统和自动喷淋报警系统两种。

4）防、排烟系统。高层饭店的疏散楼梯和消防电梯必须是防烟的。防烟功能包括以下两部分：一是排烟系统，分自然排烟和机械排烟两种方式。二是正压通风系统。在发生火灾后，启动进风风机，向楼梯间加压送风，使楼梯间的气压大于走廊内的气压。

（2）**空调系统** 饭店的空调系统分集中式、半集中式和局部式三种。其中局部式空调系统又分窗式、分体式两种。饭店的规模、档次和布局决定采用不同的系统，通常大型、集中式布局饭店采用集中式系统，小型、分散式布局饭店多采用分散式系统。

（3）**给排水系统** 饭店的供水系统分为冷水给水、热水给水系统两种，给水方式有高位水箱、气压水箱和水泵等。排水系统所排废水包括生活污水、粪便污水、冷却废水、屋面雨水和特殊废水等5类，对废水要分别采取单独排放、合流排放、循环利用等不同方式。其中水的选取、处理也是不可忽视的内容。

（4）**供热系统** 现代饭店常采用集中式供热系统。根据热介质不同，主要有蒸汽供热、热力管网供热、电热器等方式。锅炉供热是大部分饭店通常采用的方法，可分成两种方式：一是蒸汽锅炉生产蒸汽，提供洗衣房、冬季空调取暖需要的热能。二是热水锅炉生产热水，供给饭店各部门使用。热力管网供热具有供热稳定、污染小等特点，但成本较高。电热器主要是指电热炉具和电热取暖器，使用空间较小。

3. 供电系统

电力应用按照电力输送功率的强弱可以分为强电与弱电两类。强电一般是指交流220V50Hz及以上的，主要向人们提供电力能源，例如，空调用电，照明用电，动力用电等。弱电主要有两类，一类是国家规定的安全电压等级及控制电压等低电压电能，有交流与直流之分，交流36V以下，直流24V以下，如24V直流控制电源，或应急照明灯备用电源。另一类是载有语音、图像、数据等信息的信息源，如电话、电视、计算机的信息。

饭店供电系统可分为强电系统与弱电系统。饭店中常用的弱电系统主要有以下几种：电话通信系统、计算机局域网系统、音乐或广播系统、有线电视信号分配系统、保安监控系统、消防报警系统、出入口控制系统、停车场收费管理系统、楼宇自控系统等9大方面。强电系统包括输电系统、照明系统和电力系统。供电系统规划包括配电设备、输电设备和用电设备等方面，应侧重安全性、应急性考虑。

四、环境氛围规划（设计）要求说明

饭店环境氛围的设计塑造主要包括主题文化、色调、装饰用材、灯光照明以及绿化等方面的规划设计。

1. 主题文化选择与设计要求说明

1958年，美国加利福尼亚的Madonna lnn率先推12间主题房间，后来发展到109间，成为世界最早、最具代表性的主题饭店。主题文化是主题饭店形成鲜明特色和独特个性的灵魂，统领着主题饭店环境氛围的营造和主题产品的设计，是形成主题饭店商业感召力的核心支点。通过主题文化选择与设计，其目的就是要使饭店形成其“差异性”，塑造饭店独特个性。确定饭店文化主题的因素主要有区域、历史、民族宗教、时代名人、文学艺术、地名、集团与行业、科技主题等。目前世界上最豪华、最奢侈的阿拉伯联合酋长国迪拜阿拉伯塔饭店、具有典型中国民族建筑风格的台湾圆山大饭店、洋溢着浓郁的儒家文化山东曲阜的阙里宾舍、融汇东西方建筑风格和现代高新技术的上海金茂大厦、美国纽约麦迪逊大道的“图书馆饭店”等都是主题选择的成功典范。毫无疑问，市场调研、大量实践、注重细节、反复提炼是形成饭店优秀主题文化的途径。

2．色调设计要求说明

每一种颜色都具有特殊的心理作用，能影响人的温度知觉、空间知觉甚至情绪。不同颜色对人的情绪和心理的影响有很大差别：红、黄、橙等暖色系列能使人心情舒畅，产生兴奋感；青色、灰色、绿色等冷色系列则使人感到清静，甚至有点忧郁；白色、黑色是视觉的两个极点。色彩设计是现代旅游饭店规划与设计中至关重要的一个因素。在饭店色彩设计中，要遵循主题性和功能性原则、主色调与陪衬色调相协调的原则、稳定性和平衡性原则、韵律性和节奏性原则以及统一中有变化等原则，要考虑主色调和辅助色调相协调，进行分区设计。如杭州萧山国际饭店的新客房，房间的主色调呈乳白色，地毯为淡青色，配以灯光、空间的整体专业设计，使整个房间显得格外宽敞、明亮、简洁、柔美，就给人带来耳目一新的感觉。饭店餐厅色彩的设计，宜采用暖色系，一般多采用黄色、红色系列。不过，创新是饭店业的永恒主题。墨西哥精品饭店巨头Habita集团旗下的第八个饭店“首都地带”（Distrito Capital）在2009年2月开业，法国设计师Joseph Dirand用招牌的黑、白、灰色调，与周围的灯红酒绿划清界限，使处于墨西哥城心脏地带的这家饭店脱颖而出，以它如水墨画般的色彩诠释了“精彩”并不需要太多的颜色来诠释，给旅居者以另类的新奇饭店体验，取得了巨大成功。

3．装饰用材要求说明

一家饭店的装修改造能否成功，除了精美的设计和高质量的施工以外，合理地选材、用材也是一个重要环节。高中低档饭店的区分，除了规模、设施、服务项目之外，装修材料也是重要标志，高档饭店的装修，一定要选用适量的高档装饰材料，大堂选用进口的意大利大理石、花岗石装饰地面和坪面，餐厅、宴会厅选用进口的加拿大枫木或美国橡木装饰，卫生间选用进口的高档洁具，客房选用高档木材包门和贴坪纸，这些都是可以的；中档饭店除重要部位选用适量的进口高档材料外，大部分应用国产材料或少量进口泰国油木装饰板，不要大面积使用进口高档材料，国产高档大理石和水曲柳木板也可以装出好的效果来；低档饭店的装修应主要选用国产材料装修，就是卫生洁具，也应选购国产洁具。现在不少国产马桶也有了虹吸式的，质量、效果都很好，中低档饭店都应考虑选用。饭店在规划设计时应突出装饰的独特性、节约性和美观性。

4．灯光照明规划（设计）要求说明

饭店照明设计应充分利用光的一切特性，结合饭店的各项功能和饭店设计理念，遵循舒适性、艺术性、统一性、安全性的设计原则，为客人创造舒适的环境氛围。一般来说，饭店灯光设计需要考虑视觉环境、视觉表现、视觉舒适这三个层面，通过不同光色（冷光色、暖光色、中性色）的应用，营造出不同的环境氛围。饭店经营者应根据不同区域功能需要，选择不同的照明光源、色彩、亮度和照射方式。如厦门首家艺术主题饭店——艾美饭店，利用高科技为饭店的每个客房里都装上了一个背景灯心情板，能变换多种颜色，顾客可根据自己的心情将颜色定格，给人耳目一新的感觉和独特的居住体验。

5. 绿化规划（设计）要求说明

饭店绿化可以增加室内的自然气氛，是饭店美化消费环境的重要手段。饭店绿化规划包括店内绿化和外部环境绿化，在规划中应遵循美感、实用、色彩协调、构图效果合理和经济原则等 5 大原则。饭店室内设计绿化布局形式是多种多样的，但概括起来不外乎有点式、线式、面式和综合式等四种形式。综合绿化组合时要注意高低错落、形状大小、聚散等关系，既要有统一性，也要有对比，使综合布置形式更为丰富多彩，主题突出。

具体上，饭店内部绿化形式很多，如在博古架上摆设盆花盆景；以透空隔扇栽种攀缘植物，来分隔空间，还可以设置山石、水池、喷泉及其他园林建筑小品。广州白天鹅宾馆的室内绿化的主题为“故乡水”，以水帘式流泉为主，结合亭、廊、山石、植物，成为一座立意新颖、造型优美的室内庭园。室内绿化可与室外绿化相互渗透，如利用窗台进行攀缘绿化，或摆设盆景等。在外部空间设计中应始终注重社会化、人性化要求：应将道路与驻足活动空间用花坛、绿化带、树池进行分隔，充分考虑驻留活动空间、流动空间以及必要的穿行、路过空间的安排；在选择园林植物时，一是要以适宜本地生长的乡土树种为主，避免盲目引进外地的园林植物品种。二是在配置植物材料时，应按照自然、生态原则进行设计，合理搭配乔木、灌木、花草地被植物，让人们感受到四季交替。

饭店绿化布置应追求两个效果：一个是“遮丑”，二是美观。因此，可请饭店室内设计专业团队进行综合设计。一是要选择形态优美、装饰性强、季节性不大明显、在室内容易成活的植物。由于植物的种类不同，观赏价值也有差别。如有供观花的月季、海棠、一品红和倒挂金钟等；有供观叶的文竹、万年青、橡皮树等；有供观果的金橘、石榴等；有散香的珠兰、米兰、茉莉等。二要考虑植物的形态、质感、色彩和品格与房间的性质、用途、空间体量相协调。比如，面积较大的门厅配置铁树、茶花之类的植物在体量和品格上较为好些，小型客厅可以配置文竹、小型松柏类，使空间气氛幽静典雅。

6. 艺术品规划（设计）要求说明

艺术品在饭店文化中作用不仅仅是点缀，而是饭店文化和企业形象的具体的体现，会使得饭店在艺术氛围上得到质的提高。如在饭店大堂中央挂着一幅富有本地风情的油画，使游客更快地了解到本地的风土人情；在豪华套房搭配上恰当的艺术品，会衬托出居住者的地位，在情侣套房则会增加浪漫的气息。在饭店艺术品规划设计时要注意：一是与饭店文化内涵的协调。作为中国首家具有鲜明地质学特色的赏石文化饭店，南京山水大饭店一是代表地矿特色的“山水奇石”（馆），天造地设，栩栩如生，形象直观地展示了饭店的主题，往往使游客过目难忘。二是从客人的欣赏角度选择，避免个人爱好主导。三是应从饭店类型、特色和经营需要出发，符合饭店定位。白金五星级的广州花园饭店大堂的《红楼梦》大观园壁画（全国最大的饭店大理石镶金壁画）、南京金陵饭店大堂的《仙客来》雕塑都是饭店艺术品中的精品，作为体现饭店特色与文化的载体，起到“锦上添花”的效果。

第四节　饭店承运策划

饭店承运策划是饭店经营管理者对拟承接经营的饭店的各项事宜进行策划，并通过承接与开业策划书来体现。饭店承运策划内容包括饭店承运的前期策划、饭店承运的合同策划、饭店承运的过程策划和饭店承运的后期策划 4 个方面。

一、饭店承运的前期策划

1．承运标的选择

承运标的对承接经营者而言是饭店。对业主而言是承接经营者。选择是相互的、双向的。承接经营者的考虑因素有：饭店的地理位置、档次、布局、配套设施和盈利前景。业主考虑因素有：承接经营者的资质、管理能力和经验、团队条件和信誉度。

2．承运方式选择

承运方式选择是指饭店业主和承接经营者共同确定的承接经营方式或经营管理模式。其基本原则是契约原则和利益最大化原则。

（1）**任命委派式经营**　由所有者投资并自己经营管理的饭店多采用这种方式。任命式经营多见于传统的事业性质的国有饭店，其负责人享受相应的行政级别，拿固定薪金，经营利润由委派机构支配。委派式多见于饭店集团委派人员对下属饭店或签约饭店进行管理，管理者与饭店集团签订经营目标协议，约定管理者报酬、集团提成等事宜。

（2）**承包经营**　承包经营即一般甲方对经营场地装修和主要经营设备投资后，甲乙双方签订承包经营合同；乙方在承包期内按合同约定向甲方支付承包金，享有饭店资产使用权、经营权，独立核算、自负盈亏；甲方只对饭店原有资产保留所有权；承包时间长短由双方商定。甲方将承担法人的责任。其好处是甲方只需按合同收取承包金，乙方经营良好，甲方的利益可以得到保障。其弊端是乙方在承包期间会出现重经营，轻维护保养的掠夺性经营现象；不利于饭店品牌的创建，且如果经营不好，乙方有可能退包。

（3）**租赁经营**　租赁的形式主要表现为以下几种：

1）直接租赁形式，即承租的公司使用饭店的建筑物、土地、设备等，每月缴纳一定的租金。在租赁合同中要明确：租赁的年限；是否租借包括全套设备、家具、用具；家具和设备的更新改造、大修理费用应由哪方负责；财产税、火灾保险等固定费用应由哪方负责。一家饭店要经营成功需要较长的时间。

2）分享盈利的租赁形式，即所有者企业根据收入或利润分成作为租金。其计算方法有以下三种：①按总收入的百分比计算，比如，向所有者缴纳总收入 15%的租金。②按经营利润的百分比计算，比如，向出租者缴纳 70%的经营利润的租金。③按总收入和经营利润混合百分比计算，比如，向出租者缴纳 75%的经营利润和 3%总收入的租金。为降低风险，一般来说，出租企业较喜欢根据总收入百分比来计算租金，在协商租金时，往往还要求加上一条最低租金的限额作为保障条款。

3）出售—回租形式，即企业在将饭店产权转让给他方的同时要求将饭店租回再继续经营。这种租赁形式在国际上相当流行。

企业出售饭店的产权具有多种动机：将饭店资产变现，想减少风险，负债太多等。这些公司通过签订出售—回租协议在将产权出售给另一公司时仍然经营该饭店，定期向买方缴纳租金。

4）管理合同关系，饭店的业主由于缺乏管理饭店的经验或者不愿意经营饭店，通过聘用饭店集团的管理公司，使用饭店集团的名字，并成为饭店集团的一员。业主必须与管理公司签订管理合同。管理合同与租赁关系有某些相同之处，但这两种关系性质不同：在租赁关系中，经营饭店的公司在立法上完全独立于所有者企业，它属于经营公司，必须对职工负责。经营公司还必须承担经营饭店的风险，若经营亏损（比如，租金大于经营利润），则亏损由经营公司承担。在管理合同关系中，管理公司是饭店产权所有者的代理人，它代所有者经营饭店，但不承担经营风险。管理公司只是代所有者公司管理企业和职工。管理合同是一种互惠合同：对于管理公司来说，它可不直接投资建设饭店或购买股份，而在世界各地扩张饭店；对于聘用管理公司的企业而言，由于管理公司具有管理饭店的成功经验，由他们来管理饭店成功的概率较大。

5）饭店名称使用权转让，即出让企业出让某项已经出名产品的权利。出让企业应先树立自己饭店的品牌，然后才能向其他公司转让经营同名饭店的权利。在转让饭店名使用权的同时，出让者为受让方饭店制订经营饭店的标准程序和方法，并提供技术、市场营销等方面的帮助，受让方饭店有责任确保饭店达到饭店集团应有的经营标准。受让方饭店还有责任向转让者缴纳转让费。转让费包括转让初始缴纳的一次性转让费，另外定期还要缴纳一定费用，计算方法有的是每月缴纳固定数额的费用加上预订系统预订客房的预订费用，有的是根据饭店总销售额的一定百分比或客房销售额的一定百分比计算。因此，受让方饭店在选择出让饭店名使用权的饭店时，要综合分析，慎重选择。

另外，也要做好承运介入时段的选择。理想的状态是在筹建阶段提前介入，但现实中往往做不到。导致前后脱节，设计、建、管、用脱节，造成很大问题。往往需要“二次改造”，给后期经营管理制造很大障碍。

二、饭店承运合同策划

1. 承运关系策划

其核心是理顺所有权和经营权的关系。前者属业主，后者属承接经营者。

2. 承运合同制订

承运合同制订是指在饭店的承接经营过程中，为明确承接双方即饭店所有者和经营者之间的责、权、利三者关系，以合同的形式，用法律的方式明确双方的权利和义务关系。因承接的方式不同，在饭店的承接过程中主要有承包经营合同、租赁合同、管理合同等几种合同形式。

（1）**承包经营合同** 承包经营合同一般包括：承包方、发包方基本信息，承包费用、付款方式和期限，保证金的收取与退还，双方权利和义务，双方违约责任，合同的订立、变更、终止、解释，争议解决，其他约定事项。

（2）**租赁合同** 租赁合同一般包括：出租方、承租方基本信息，饭店物业（租赁标的）情形，租赁内容及条件，租赁期限，饭店物业的经营与盈利模式，包括租金数额、计算方式、支付方式，双方权利和义务，饭店资产的重置及交还，双方违约责任，争议解决，其他约定事项。

（3）**管理合同**　管理合同一般包括：委托方、受托方基本信息，托管方式、范围，管理机构及责任，收费标准，饭店固定资产处置及采购审批权限，管理人员的薪金福利待遇及保险，冠名权（印刷标记和商标使用），双方权利和义务，合同的转让、变更、解除，争议解决，合同的解释及效力，其他约定事项。

三、饭店承运的过程策划

1．饭店章程拟订

饭店章程是饭店依据有关的法律法规，是从饭店整体出发制订的有关饭店经营管理活动和饭店组织结构、组织制度的基本准则，是饭店日常经营管理活动的依据，也是饭店全体成员都必须遵守的行为总则。

2．证件办理

1）办理特种行业许可证。

2）消防验收合格证。

3）办理卫生许可证。

4）办理从业人员健康证。

5）办理营业执照。

6）办理税务许可证。

7）办理组织机构代码证。

8）环保排污批准证书。

另外一些手续可请施工单位申请办理，主要包括：卫星收视许可证、电梯使用许可证和锅炉使用许可证等。

3．组织机构议案

组织机构议案主要体现为饭店组织机构图、部门组织机构图和管理人员工作关系表，还包括有管理层人员配备与选择等内容。

4．管理制度议案

一项完整的饭店管理制度包括制度名称、制度目的、管理职责、项目运作规程（具体包括执行层级、管理对象、方式与频率、管理工作内容）、管理分工、管理程序与考核指标等项目。其主要体现在管理层，如层级管理制度、质量控制制度、市场营销制度等。

（1）**定岗定编和人员招聘议案**　其具体内容包括确定岗位编制原则、人员招聘原则、应聘人员条件、招聘途径、招聘程序与招聘考试等方面。其中应聘人员条件主要通过拟订的服务和专业技术人员岗位工作说明书、服务项目、程序与标准说明书和工作技术标准说明书来体现。

（2）**劳工制度制定**　劳工制度是在劳动定岗定员的基础上，通过员工工资、福利与劳保等形式合理计划和组织员工向客人有偿提供服务产品的制度。目前国有饭店行业实行的主要的是结构工资制，它又称分解工资制或组合工资制，是在企业内部工资改革探索中建立的一种新工资制度。该制度基于工资的不同功能划分为若干相对独立的工资单元，各单元又规定不同的结构系数，组成有质的区分和量的比例关系的工资结构。员工工资体系由工资和福利构成。工资一般包括 5 个部分：一是基础工资，基础工资即保障职工基本生活需要的工资。二是岗位工资或技能工资，是根据岗位（职务）的技术、业务要求、劳动繁重程度、劳动条件好差、所负责任大小等因素来确定的。它是结构工资制的主要组成部分。三是效益工资，是根据企业的经济效益和职工实际完成的劳动的数量和质量支付给职工的工资。四是浮动工资，浮动工资是劳动者劳动报酬随着企业经营好坏及劳动者劳动贡献大小而上下浮动的一种工资形式，形式多样。五是年功工资，是根据职工参加工作的年限，按照一定标准支付给职工的工资。此外还包括奖励工资、年终奖、半年奖、节假日加班工资等。

福利是饭店为改善员工生活，解除其后顾之忧而采取的工资以外的奖励措施。福利包括基本福利（养老保险、失业保险、医疗保险、工伤保险、退休金、人身保险、家庭财保、疗养费、独生子女费等）和特殊福利（交通补贴、通信补贴、住房补贴）等。

5. 设备用品配备与采购议案

设备用品配备与采购议案的内容包括设备用品配备原则与要求、设备用品采购计划、设备用品管理等内容。

（1）**设备用品配备原则与要求** 设备用品配备应遵循以下原则：技术先进性、生产实用性、配套性、经济合理性、环保性。

（2）**设备用品采购计划**

1）采购管理的主要内容：分析饭店业务活动的需要，依据市场情况，科学、合理地确定采购物资的种类与数量；选择最合适的供货商，并及时订货或直接采购；控制采购活动全过程，堵塞漏洞，使物资采购按质、按价、按时到位；建立科学的采购表单体系，为每一环节的工作流程留下可供查询的原始凭证；制作并妥善保管与供货商之间的交易合同；协助财务部门做好饭店对供货商的货款清算工作。

2）采购的基本程序：使用部门制订采购计划并经审核、审批；采购部门提出采购申请并经审核、审批；选择供应单位，签订供货合同或订单；发货；验货；入库；发放使用部门（出库）。选择采购方法：市场直接采购、预先订货、“一次停靠”采购法和集中采购法。

（3）**设备用品管理** 饭店物资的验收管理包括验收的内容、程序和特殊情形（拒收）的处理。

1）验收的内容：检验（凭证检验、时间检验、数量核查、质量核查、价格核查）和收货。

2）验收的程序：前期准备工作；验收操作，物资入库；记录验收结果。

3）特殊情形（拒收）的处理：要认识到只是交易过程中常见的问题，而不是供购双方的纠纷；要尽快告知饭店的采购部门和相关的物资使用部门，敦促他们及时寻找替代品。在退货通知单上要详细写明退货的原因，并请送货人签字证明，为与供货商的进一步交涉留下原始凭证。

四、饭店承运的后期策划

饭店承运后期策划包括资金管理与运作策划、岗前培训与开业准备议案、制度建立与标准作业流程议案、制定物品采购清单、开业前营销计划、开业典礼策划等内容。

1. 资金管理与运作策划

资金管理与运作策划的内容包括：预算编制与审查；启动资金的预算与分配；资金管理制度等。

2. 岗前培训与开业准备议案

（1）**岗前培训**　岗前培训主要有公共培训和专业培训。公共培训的内容包括：饭店简介与员工手册，企业文化与团队协作，服务礼仪礼貌与形体训练，职业安全知识培训，设施设备使用、维护与保养等知识。公共培训的对象为全体员工。培训方式采用全脱产集中方式，由人事培训部门负责考勤与考核。专业培训一般由各部门组织，人事培训部门提供协助与指导。培训内容以岗位专业知识和服务技能为主，通常采用操作示范和情景模拟训练等方法。

（2）**开业准备**　饭店各部门在各项准备工作基本到位后，应进行部门模拟运转。这既是对准备工作的检验，又能为正式的运营打下坚实的基础。模拟运转包括演练、评估和整改三个步骤。

1）演练。根据饭店各个服务项目、服务程序与标准说明书的要求，开展专项演练。可单项进行，也可按照服务流程或客人在饭店活动路线综合进行。演练可以多次开展。

2）评估。总经理负责组建评估小组，成员可以由饭店中高层管理人员组成，也可聘请行业、高校等专家担任。根据标准，评估小组对演练做成客观、真实、全面、公正的评判，并提出建设性意见。最好形成书面的评估报告。

3）整改。针对评估小组提出的整改意见，对不达标、不合格、不理想的服务项目提出整改方案，逐条落实，责任到人，集中整改。对有必要进行二次演练的项目，要进行演练、评估，直至达标，为正式开业创造理想条件。

3. 制度建立与标准作业流程议案

（1）**基本制度的建立**　饭店管理制度包括两面内容：宏观的管理制度和饭店内部的管理制度。宏观的管理制度是由国家、地方、部门、行业针对饭店经营活动所规定的规范。饭店内部的管理制度是由饭店所制订的职工行为规范。建立组织管理制度包括：基本制度、部门制度、专业管理制度和饭店工作制度等方面。

饭店的基本制度包括员工手册、服务规程、岗位责任制、经济责任制等。

（2）**标准作业流程议案（SOP）**　标准作业流程（Standard Operation Procedure，SOP），就是将某一事件的标准操作步骤和要求以统一的格式描述出来，用来指导和规范日常的工作。SOP 的精髓，就是将细节进行量化。具体到饭店，它主要指的是部门化运作规范（包括管理人员岗位工作说明书、管理人员工作关系表、管理人员工作项目核检表、专门的质量管理文件、工作用表和质量管理记录等内容）和服务项目、程序与标准说明书（针对服务和专业技术人员岗位工作说明书的要求，对每一个服务项目完成的目标、为完成该目标所需要经过的程序，以及为各个程序的质量标准进行说明）。

4. 制订物品采购清单

饭店开业前事务繁多，经营物品的采购是一项非常耗费精力的工作，在制订饭店各部门采购清单时，应考虑到以下问题：

（1）**本饭店的建筑特点**　采购的物品种类和数量与建筑的特点有着密切的关系。

（2）**行业标准**　国家旅游局颁布了《星级饭店客房用品质量与配备要求》的行业标准，

是饭店制订采购清单的主要依据。

（3）**本饭店的设计标准及目标市场定位** 应从本饭店的实际出发，根据设计的星级标准，参照国家行业标准制作清单，同时还应根据本饭店的目标市场定位情况，考虑目标客源市场对客房用品的需求，对就餐环境的偏爱，以及在消费时的一些行为习惯。

（4）**行业发展趋势** 应密切关注本行业的发展趋势，在物品配备方面应有一定的超前意识，不能过于传统和保守，应注重节能环保。

（5）**其他情况** 在制订物资采购清单时，还应考虑其他相关因素，如：出租率、饭店的资金状况等。部门在制订采购清单的同时，需确定有关物品的配备标准。

（6）**应及时配备各类表单** 饭店所需的表格种类很多，一线营业部门主要有：

1）前厅部：入住登记表、留言单、预订单、行李寄存单、贵重物品寄存单、收费单、定金收据、外币兑换水单、客人账单、房间及房价变更单、钥匙卡套（欢迎卡）、前厅部摆放服务项目宣传品、客房价目表、出租车卡片、信封（2种）、商务中心收费价目表、商场价目标签、折扣单、礼品申请单、换房单、现金 PAID OUT 单、酒水单等。

2）客房部：楼层布草交收表、房务中心工作记录表、物品借据、每日客房酒水消耗表、物品破损报告、客人遗失物品记录单、楼层主管查房表、楼层领班查房表、失物认领表、楼层钥匙领用表、楼层物品领用表、楼层布草盘点表、楼层客衣登记表、每日房态表、楼层服务员工作表等。

3）餐饮部：饭店厨房申购单、领料单、宴会预订单、订菜单、营业日报表、酒水单、点菜单、餐饮结账单、客房送餐预订单、收货单、餐饮部日营业收入报表、酒水饮料进货单、厨房部门领料单、餐饮酒吧存货消耗表等。

4）康乐部：点歌单、酒水单、康乐部结账单、订菜单、营业日报表等。

5）财务部：部门收银单、借款凭证、转账凭证、报账凭证、收账凭证、付款凭证、收款收据、交款报告单等。

此外，现代饭店一般都采用专业化管理软件，其中都附带有各种种类齐全的表格，有利于提高效率，便利员工操作。

5．开业前营销计划

应组织积极、高效的营销团队，制订周密的宣传营销方案，围绕饭店的市场定位和客源方向，至少在距饭店开业三个月前就开展营销宣传工作，确保饭店有较好的开局。

（1）**开业前传播计划** ①要了解产品情况（投资规模、硬件设施、服务项目设置、人员素质与服务水准）。②进行 SWOT 分析。③进行竞争对手分析（时空考虑）：按空间距离，划分不同层次和辐射范围。④进行消费者分析：包括消费者来源、需求、追求，提炼消费特征。⑤提出传播策略：宣传目标（短期和长期）。

（2）**开业前销售计划** 通过不同的形式：公关，沟通对象——目标消费群、媒体政府相关组织；直效行销，沟通对象——具体的职业；广告，沟通对象——目标消费群。选择不同的渠道：电视、报纸、现场展示等。

（3）**开业前公关计划** ①要确定主题，如“枫丹白露——法国浪漫之旅”，主题的宣传分开业前、开业中、开业后三阶段进行。②核心在新产品开发。通过新产品开发，制订公关计划，进行公关，树立项目的良好形象，提高知名度和美誉度。③选择直邮为公共渠道。

④把握最佳时机。包括项目奠基、项目竣工验收、管理层正式入驻饭店、开业前新闻发布会等时机。

6．开业典礼策划

要做好开业典礼策划方案，争取“开门红”，做到一鸣惊人。策划方案通常应包括主办方简介、活动目的、活动举办理念、活动策略构思、活动参与者、广告计划、活动现场运作计划、庆典现场布置以及安全保卫及应急措施、后勤工作等9个方面。

第五节　饭店筹备管理

饭店筹备是指饭店从申请立项到饭店举行开业典礼正式开业这一段时期的运作过程。筹备期的运作管理是饭店管理中的一个重要环节，它具有先决性，它运营得好坏将直接影响饭店的正式开业，也会影响饭店今后的正式经营管理。

一、饭店筹备管理的基本原则

1．计划性原则

饭店开业筹备涉及人财物信等方方面面，主要有人事制度的建立以及人员招聘和培训、饭店营运物品选样、招标、采购、饭店工作流程、管理制度建立、设施设备运转测试等，千头万绪，需要制订周密详细的工作计划，否则会降低效率，影响工作进度。

2．限期性原则

限期性原则要求饭店的各项工作不仅要按质完成，而且要按期完成。饭店进入筹备期后，要严格按照时间表开展工作，一些重要部门甚至要倒排进度，各部门应统筹兼顾，避免因某一环节出现问题而耽误整体进度。

3．系统性原则

饭店开业筹备涉及各个部门、各岗位、每个员工，是一项系统工程。饭店管理决策者在筹备期必须有科学的统筹决策意识，随时了解工程情况，不能盲目地纸上谈兵。人员、物资、工程、财务工作要分工明确，杜绝多头管理，要成立专门的协调委员会统一调度，及时处理棘手问题。

二、饭店筹备管理的基本内容

饭店筹备管理的基本内容包括工程筹备管理、人事筹备管理、物资筹备管理和社交筹备管理等4个基本内容。

1．工程筹备管理

工程筹备管理内容庞杂，主要包括：水、电、气、空调、消防等设施设备安装、运转测试；饭店员工宿舍、员工浴室、更衣室、员工餐厅等后勤区域的装修；申办电梯、消防等特种行业设备许可证；家具、灯具等室内设施配置等工作。

2. 人事筹备管理

饭店人事筹备管理工作主要指饭店管理人员和普通员工的招聘与培训教育工作。饭店各部门的员工招聘与培训，需由人事部和饭店各部门经理共同负责。在员工招聘过程中，人事部根据饭店工作的一般要求，对应聘者进行初步筛选，而饭店各部门经理则负责把好录取关。培训是部门开业前的一项主要任务，饭店各部门经理需从本饭店的实际出发，制订切实可行的部门培训计划，选择和培训部门培训员，指导其编写具体的授课计划，督导培训计划的实施，并确保培训工作达到预期的效果。

3. 物资筹备管理

饭店物资筹备管理主要包括一次性用品类、客房布草类、陶瓷玻璃器皿、中西厨设备类、家具、电器、日用品、工艺美术品等多个门类，几乎无所不包。要做好采购工作，必须采用科学的采购方法、合理的采购渠道，选择信誉好的供应商、控制经济的采购量，只有这样才能保证质量，节约成本。

4. 社交筹备管理工作

社交筹备管理主要是饭店通过举办开业庆典、答谢会、主办社会公益活动等公关形式，加强与社区、政府、主管部门、社会团体的关系，取得各方支持，树立良好的社会形象，为饭店正常的经营活动创造良好的环境。

三、饭店筹备期的组织管理机构

饭店在筹备期通常要设立临时机构负责筹备工作，在设立时应遵循一些原则。

1. 饭店组织机构设置的原则

（1）**控制成本原则** 饭店在筹备中容易出现由于人员到位早，而工程装修、物资设备迟迟未能完工和到位结果导致管理人员、骨干人员的流失跳槽流失，造成饭店筹备财力、物力、精力、时间上的巨大浪费。因此，饭店筹备期的组织机构应当科学地安排各部门员工有序上岗，掌握恰当的时机，做到既不影响开业前的培训，又不因员工过早上岗增加不必要的经营开支。

（2）**权责分明原则** 饭店筹备期的组织机构设置要做到权责分明，使各个层级管理者明确自己的权利和责任，既分工又协作，各司其职，避免混乱。

（3）**统一管理原则** 饭店筹备期的组织机构要遵循统一管理，实行总经理负责下的统一指挥、统一领导，避免多头指挥，号令不齐，影响执行力。

2. 饭店筹备期组织管理机构设置的基本内容

（1）**核心层** 在饭店装修工程开始以后，筹备处就开始着手组建饭店管理机构，成员包括总经理、副总经理、人事部、工程部、稽核科等人员和机构设置。这些机构对工程、人事、财会等先期工作进行管理。

（2）**中间管理层** 开业前 8～10 个月招聘部门总监和部分重要技术岗位骨干人员。通常在大堂、客房、餐厅等装修工程进展到一半或 3/4 以上，开始招聘服务人员。当然考到大、中、小型饭店各自的具体情况不同，资金保证情况不一样，各家饭店可视具体情况，灵活掌握，安排人员逐步到位。

（3）**基层人员**　因资金或工程的原因，许多饭店往往是先开部分楼层，或先开客房、餐饮，后开娱乐、茶楼、桑拿等娱乐项目。在这种情况下，人员的招聘要遵循精简、高效的原则来进行，先招部分，随着饭店其他项目、楼层的逐步营业而不断补充人员，逐步培训到岗、到位。在开房率不一定很高的情况下，一般可按定编的80%～120%来招聘服务人员，待运转正常，再逐步调整。饭店招聘的时间可根据人员情况具体确定，但要留出足够的时间对新人进行开业前的入职培训。

本 章 小 结

本章讲述了饭店策划的基本概念、过程与方法以及饭店投资可行性研究的基本内容，涉及投资可行性研究主要内容、阶段与层次、研究步骤等内容，并综合探讨了饭店策划与可行性论证的类型与内容。

饭店策划包括饭店投资策划、筹建策划、承运策划和经营管理策划等诸方面。项目概况及所在地宏观经济分析、区位分析、市场分析、投资定位分析、饭店规模档次分析与论证和投资回报分析等6项构成了投资策划的主要内容。

饭店筹建策划则涵盖了空间规划、功能规划、动力水电规划和环境氛围规划等4个方面。饭店承运策划则贯穿了前期策划、责任与合同策划、承运过程和承运后期策划的整个过程。

对饭店筹备管理的基本原则、基本内容进行了介绍，探讨了建立饭店筹备期组织管理机构的途径和各层级人员的不同要求。通过学习，可以对饭店的策划、投资与筹建管理有全面的把握，帮助投资者较为详尽地了解饭店投资的方法程序，降低投资风险，避免遭受后期经营中的麻烦和困境。

思考与练习

1. 饭店投资可行性论证书包括那几方面内容？如何进行市场的分析与论证？
2. 饭店筹建规划方案说明书有什么作用？如何撰写饭店筹建规划方案说明书？
3. 饭店承运策划包括哪几方面内容？
4. 开业前营销计划有什么作用？如何撰写开业前营销计划？
5. 现代饭店的筹备管理有哪些基本工作内容？
6. 案例分析

中国地产饭店投资失败案例触目惊心

过去的三年时间里，中国的房地产开发商得了一场饭店投资的“高烧”，导致多个城市里高星级饭店诞生速度达到历史高点，预计2008、2009年都将是新饭店开业的高峰期。有人士总结，鉴于对饭店行业的认知不足却又盲目投资，开发商吃了很多哑巴亏。

失败案例一：可怕的扩张

林丹（化名）是深圳南山一家五星级饭店的公关经理。虽然饭店要到第三季度才开业，但她却在年初就开始了忙碌的公关工作，因为来自同行的竞争压力让她意识到早做谋划的重要性。据了解，在深圳南山，有丽兹·卡尔顿、四季、喜来登、香格里拉、威斯汀等几大国际饭店品牌的驻扎，竞争的硝烟让这片土地上未来的市场格局变得扑朔迷离。这样的现象并不仅仅发生在深圳，无论是北京、上海，还是广州，伴随着国际饭店巨头跑马圈地，高星级饭店诞生的速度达到历史最高点。有趣的是，这一场饭店扩张战役中，房地产开发商成为最大的幕后推手。以富力地产（02777.HK）、保利地产（600048.SH）、金茂集团、华侨城集团等为代表的一大批发展商，正以快速而且大规模的投资跻身饭店行业。

与此同时，来自国际品牌饭店管理公司正借着这场东风在中国攻城略地。洲际是在国内扩张最快的国际饭店集团，这个集团在 2008 年的开业计划是 125 家新饭店；发展最为保守的万豪旗下品牌丽兹·卡尔顿，也规划了 9 家国内饭店。伍昊是深圳一家由开发商投资的豪华饭店的副总经理，他也是这个饭店最早到位的管理人员。在他看来，无论是深圳还是其他城市，开发商的饭店投资行为中确实存在不理性的因素，表现在有部分开发商对市场调查以及项目可行性分析不够而造成的盲目投资。

失败案例二：开发商的先天不足

一家负责饭店投融资业务的负责人赵先生指出，开发商是这一轮饭店投资中的主力军，但存在对饭店运营管理完全陌生的先天不足的缺憾，这导致开发商在投资过程中走了很多弯路。据介绍，一个饭店的投资时间平均为 36～48 个月，在这过程中，如果与管理公司没有进行足够的、详细的沟通，将注定后续遇到非常多的麻烦。具体表现在：物业的设计达不到管理公司的要求；用料不合适；基础或者客房尺寸不达标等。这些麻烦的后果便是：按照管理公司的标准重新施工、投资超出预算甚至推迟开业时间……2004 年 7 月，富力地产集团与全球两大饭店业巨头——万豪国际集团和凯悦国际饭店集团一起携手在珠江新城打造国际顶级豪华饭店——富力丽兹·卡尔顿饭店和富力君悦饭店。当时富力地产预计的开业时间是 2006 年底。但到了今年 3 月和 4 月，这两家饭店才得以相继开业。而深圳的一家饭店则因为物业总达不到管理公司确定的开业标准，导致开发商追加投资高达 1.6 亿元。有业内人士透露，五星级饭店合理的客房数量在 250～350 间，按照每间客房的造价约 150 万元计算，一家五星级饭店的总投资额在 4 亿～5 亿元。追加 1.6 亿元相当于追加了总投资的 30%。因为国际饭店管理公司都有自己的品牌标准，这个标准涵盖了物业从选址、打基础、设计、用料等方方面面。越是高端的饭店品牌，其标准就越为严格和苛刻。开发商的物业一天达不到这个标准，就必须改造以达到开业标准。

失败案例三：一个特殊的人群

毫无疑问，开发商与管理公司之间，需要的是融合剂，以实现双方的有效沟通，减少不必要的损失。

在这个问题上，伍昊的观点是，开发商需要懂得尊重专业的人员，并通过专业人员对市场进行准确的分析和调研。据介绍，伍昊所指的专业人才，在行业内被称为饭店的“业主代表”。即代表业主方参与饭店的投资及经营方面的决策。但遗憾的是，国内很多饭店的业主代表是饭店开业之初才到位，这就让开发商在投资阶段缺少了专业的支持。业内人士感叹，目前这个特殊的人群中存在三个问题，一是不能及时到位，二是名不副实，三是身在位置上却不知道该做什么事。伍昊称，这个人最好在拿地的时候就介入，他能够替开发商考虑到回报，了解老板对项目收益的预期以及投资的预算；同时能对市场有清晰的判断，并对各个不同品牌的管理公司风格有所了解。

专家支招：饭店管理者，要奢华也要文化

根据公开资料显示，排在世界前 10 位的顶级饭店品牌如丽兹·卡尔顿、卡尔森、凯悦等已悉数登陆中国。“我们对饭店的选择有严格的把关，用哪一个牌子有相当明确的方针。按照不同的市场需求，一线城市最多进入三个品牌，二线、三线城市逐次递减。”环球凯悦集团中国区副总裁戴毅表示。凯悦集团目前在中国拓展的饭店各不相同，“在软件上，每个饭店都有它的文化。比如，本周二在东莞正式开业的松山湖君悦饭店，周边留有荔枝园，饭店主打荔枝红茶。在硬件上，我们也有自己具体的技术标准。凯悦集团中国地区技术服务总监王大承透露，北京、上海、深圳五星级的饭店一般造价在 1 500～1 300 美元/m^2。凯悦集团属下君悦品牌一个饭店的总房间数在 400～300 间，每个房间基本为 45m^2，每个房间的造价约为 30 万～35 万美元；凯悦每个房间约为 38～40m^2，造价约 25 万美元，柏悦由于是精品饭店，总房间数控制在 200 间左右，每间房造价更高，约为 45 万～50 万美元。对于另一家饭店巨头丽兹·卡尔顿来说，它们更注重理念与观点上的相互统一。深圳丽兹饭店总经理表示，丽兹·卡尔顿“热心公益”，在注重自身企业发展的同时，希望关心和回馈社会。公司注重人才培养，在为客人提供无微不至的服务的同时，也响应社会不同阶层的需要，把理念化为实际行动，组织多种社会活动，融入社会。另一方面，合作方还必须对“奢华”有着共同的见解。据透露，深圳丽兹·卡尔顿饭店造价 10 亿元人民币，楼高 24 层，拥有 273 间客房。其中 43 间是豪华套房，9 个套间还有独一无二的宽大阳台。除景观硬件奢华外，丽兹·卡尔顿还要求为客人提供顶级的配套设施，以体现全方位的人性化服务。据悉，所有房间均配备拥有最新技术发展水平的无线上网，ipad 底座的闹钟，宽屏电视以及 DVD 等先进设备，其中部分饭店客房设计了俯瞰全城景致的可站式浴缸。

专家支招：饭店投资盲点

饭店区别于住宅开发，是一项长期回报的投资，一定比例的长线投资将很好地完善公司的财务收支；而饭店区别于写字楼的是，高端饭店往往能够提升周边区域的整体价值。不过，饭店行业还处于发展阶段的中国，以及对饭店缺乏基本认识的开发商在投资中，存在着几个明显的盲点。一是对饭店商业运营模式认识不清晰，对管理公司或者饭店品牌的理解不深刻。一般来说，国际上知名饭店管理公司都是世界 500 强企业，经过了数十年甚至上百年的积累后，都制订了严格的品牌标准。该标准对其管理的饭店的全方位的规定非常细致，以致这些品牌标准的文件堆起来有 1m 高。这注定很多开发商没有那么多人力和精力来仔细研究这些品牌标准，从而导致物业的建设、装修等很多方面发生错位，最终难以通过管理公司的标准审查。二是预算失控。国内开发商很多都在这一轮房地产热潮中赚得钵满盆满，但其人员的素质与跨国公司之间存在较大差距。在充足的财富支撑下，开发商容易自我意识膨胀，并选择最高端的饭店品牌。不过，开发商在好大喜功地选择饭店品牌之后，往往看不到品牌背后的代价：不知道品牌饭店对材料有苛刻的要求，不知道品牌饭店在细节上精益求精，不知道品牌饭店在细小的东西上往往都吹毛求疵。再加上国内和国际惯例存在差异，例如，地毯，国内标准与国际标准就不一样，开发商原本的材料可能根本达不到管理公司的要求。而这种认知的不足往往导致最终预算失控。三是合同谈判中往往处于被动地位。一般来说，管理合同的谈判中涉及几大核心问题：管理费的高低、管理公司所需要提供的服务、业主方授权的程度以及衍生的责任条款。现在很多开发商都因为饭店投资和经营经验的空白，导致合同谈判过程中处于被动地位。

思考：

（1）地产饭店投资失败的原因有哪些？

（2）怎样做好饭店投资与筹划？

第十章

饭店品牌管理

学习目标

1. 了解饭店品牌的作用；
2. 掌握饭店品牌的基本特点与功能；
3. 掌握饭店品牌的主要组成部分；
4. 掌握饭店品牌定位的基本原则；
5. 了解饭店品牌传播的主要途径；
6. 学会应用饭店品牌推广和维护的方法和措施。

第一节　饭店品牌概述

一、饭店品牌的概念

1．品牌

英语“品牌”（Brand）一词源于古挪威语的“brandr”，意为“打上烙印”，即在牛马的身上烙上记号，以表示牛马的归属。最早的品牌标记出现于中世纪，当时欧洲的行会经过努力，要求手工业者把商标贴在他们的商品上，以维护市场秩序，并使顾客免受劣质产品的伤害。

美国市场营销协会对品牌的解释是：“品牌是一种名称、术语、标记、符号或设计，或是它们的组合运用，其目的是借以辨认某个销售者，或某群销售者的产品及服务，并使之与竞争对手的产品和服务区分开来。”美国哈佛大学商学院 David Arnold 认为，品牌就是一种类似成见的偏见，成功的品牌是长期、持续地建立产品定位及个性的成果，顾客对它有较高的认同。一旦成为成功的品牌，市场领导地位及高利润自然随之而来。

杜纳·E·科耐普（Duane E. Knap）认为，品牌不仅仅是特指某一产品或包装好了的货物，还是“一种思想方法和企业的主要经营战略”，是“以某些独特的品质属性为特征的事物的集合”。他认为，好的品牌具有巨大的影响力和吸引力，能使顾客从中受益。

以上对品牌的定义在表述上各有不同，但是它们无不认为，品牌是顾客用来区分产品和服务的名称、标志等，通过品牌，顾客可以获得附加利益。

2. 饭店品牌

饭店品牌包含了丰富的含义，按照营销大师科特勒在《营销管理》中的解释，可以把饭店品牌的内涵分解为品牌属性、品牌利益、品牌价值、品牌文化、品牌个性和饭店品牌的使用者等6个要素。其中品牌价值、品牌文化和品牌个性是饭店品牌最本质的内涵。对于饭店来说，品牌体现在饭店的名称、标志、商标、建筑设计、室内装修风格和服务特色等方面。饭店产品和服务是饭店品牌的物质载体，名称是饭店品牌的形象符号，商标是饭店品牌的法律界定。

饭店的表现形式分为企业品牌和服务品牌两种形态。饭店的企业品牌往往是以饭店公司或单体饭店的母公司为整体形象而设计的品牌，如圣达特集团、雅高集团、万豪集团公司等。服务品牌是饭店品牌的基础和核心，共享同一服务品牌的饭店具有相同或相似的目标市场、服务设施和服务标准，如假日饭店和皇冠假日饭店，对于顾客来说，服务品牌是他们更关心的品牌，至于服务品牌后的企业是谁，顾客很少在意。应该说这两种形态是相互依托的，有的饭店公司的服务品牌和企业品牌采用了同一核心名称，如香格里拉饭店集团的豪华饭店品牌——其服务品牌之一，仍是“香格里拉饭店”。但是不同形态的饭店品牌分别使用不同名称的现象在发展成熟的国际饭店公司中更加普遍，如雅高集团的饭店服务品牌中没有一个以“雅高”命名的，全部都是另行确立。

二、饭店品牌的特征

相比较一般品牌，饭店品牌具有如下特点：

1. 整体性

饭店在向顾客提供产品时是由不同的人、不同的环节组成的，但给顾客的感受却是一体的。与一般有形产品不同，顾客在选择饭店时注意的是整套系统及其供应者，更在意饭店的整体形象、市场信誉和知名度、美誉度。因而在饭店业多采用的是企业品牌模式。

2. 表象性

品牌是饭店的无形资产，不具有独立的实体，不占有空间，但它最原始的目的就是让人们通过一个比较容易记忆的形式来记住某一饭店产品或饭店企业。因此，品牌必须有物质载体，需要通过一系列的物质载体来表现自已，使品牌有形化。品牌的直接载体主要是文字、图案和符号；间接载体主要有饭店产品的质量、服务、知名度、美誉度、市场占有率。没有物质载体，品牌就无法表现出来，更不可能达到其整体传播效果。

3. 服务性

饭店品牌以服务行为过程为载体。服务质量的评价是一家饭店品牌的最基本依据，饭店的服务质量要素包括：有形（设备设施）、可靠（服务）、保证（高素质的员工）、移情（顾客角度）。

4. 人本性

饭店是劳动密集型行业，服务质量的好坏依赖于员工的素质和积极性的发挥，饭店产品的特性决定了人是企业最宝贵的资源。同时饭店服务的对象也是人，所以在设计饭店产品的时候，要充分考虑到顾客的需求。

5．扩散性

顾客对饭店有形产品和无形产品的信任和好感会延伸到企业本身，相对于有形产品来说，服务业的品牌通过对顾客口碑进行传播的效果更明显，饭店更应重视忠诚顾客的培养。

6．创新性

创新性能形成饭店自身产品的差异性和品牌特色，形成对顾客的独特吸引因素，创造顾客对产品和企业的忠诚。饭店产品很容易被竞争对手仿冒，只有创新，才能不断保持饭店的竞争优势。

三、饭店品牌的价值

1．对社会的价值

（1）**彰显地区、国家的竞争力**　驰名饭店数量与质量是国家、区域或城市形象的标志之一，在国际、国内交流与合作中扮演重要角色。可以说，一个国家或地区饭店品牌数量的多寡在一定程度上反映了该国家或地区饭店业的发展水平，甚至代表了当地的经济繁荣程度和政治稳定状况。

（2）**带动相关行业发展**　饭店涉及吃、住、行、游、购、娱等各方面，所以一个城市饭店业的快速发展能产生强大的辐射带动效应，能有力拉动与之相关行业的发展。而品牌饭店的产品质量好、市场占有率高、经济效益显著，它的带动作用、对相关行业的促进作用和示范效应会更强。

（3）**优化资源配置作用**　品牌饭店通过兼并、收购扩张、战略联盟、品牌延伸等途径，对资源配置与产业结构优化会起到明显的作用。

（4）**有利于公众监督**　在法律和舆论监督之外，饭店品牌为社会提供了公众监督的渠道。

2．对顾客的价值

（1）**便于识别，减少搜寻成本**　饭店产品主要表现为无形的服务，顾客无法在消费前对饭店产品的服务质量和效用作出准确的预测。品牌有助于消费者识别饭店，并选择自己所喜爱的饭店和所需要的饭店产品，品牌充当了产品质量和价格的识别信号。

（2）**降低购买风险**　知名的饭店品牌代表了良好的质量档次、代表了保证的服务品质、代表了良好的形象和信誉，能增强顾客对饭店产品或服务的信任感，树立消费信心，消除顾客购买前难以预估的金钱、社会与安全的风险认知，甚至顾客认知的就是品牌本身。

（3）**凸显顾客的身份**　对于大多数顾客而言，品牌意味着身份，在一个拥有著名且受欢迎品牌的饭店里消费，等于把自己与强势品牌联系在一起，无形中提升了自身的地位。

（4）**使顾客获得归属感**　良好的品牌可增强顾客的心理归属感。饭店为顾客创造的价值超越其期望或竞争者水平，对于保持老顾客、吸引新顾客并使得他们成为忠实回头客、拥有好的口碑效应非常重要。

3. 对饭店的价值

（1）**提升凝聚力** 饭店品牌的美誉度和强大的社会影响力可以帮饭店聚拢八方人才，使员工充满自豪感和工作热情，企业内部可强化“群体意识”，增强员工的向心力和参与感，从而对员工产生强大的凝聚力。

（2）**有助于市场扩张** 饭店企业可以利用优势品牌开拓新的市场，帮助饭店企业通过入股、并购、特许经营、管理合同等方式进行资本扩张。饭店品牌扩张按范围不同，分为业内扩张和跨行业扩张。

（3）**维护饭店的竞争优势** 美国品牌理论专家史蒂芬·金认为：一件产品可以被竞争对手模仿，但品牌是独一无二的，产品会很快过时落伍，但成功的品牌是经久不衰的。成功的品牌对企业的经营有着持久的影响，是企业获得持续竞争优势的重要手段。但同时品牌又是脆弱的，如果你不细心呵护，品牌形象受损，也会使企业业绩不佳，并会危及企业的发展。同时相对于同档次的饭店来说，拥有驰名品牌的饭店一般能获得更高的售价、更好的销售量与更高的利润率，可以产生溢价效应。

（4）**与外部良性互动** 成功的饭店品牌能与外部产生良性互动，对于饭店来说，其业务发展机会既可以源自客观资源（如资金、技术等），又可源自社会各界对其的主观解释（如企业的形象、声誉等）。良好的饭店品牌有利于提升社会对其评价、与社会达成对品牌形象的认同、争取优势资源配置。

（5）**使企业价值增值** 饭店不仅可用品牌资产带动顾客消费，降低分销和促销成本，建立竞争壁垒等，而且可表现为股票价格增长或品牌使用费增加、市场拓展能力和资本扩张能力增强，从而使市场价值增大。

（6）**减少企业的经营风险** 饭店业是很脆弱的，它不仅要面对行业内部市场竞争的压力，还要提防行业外的政治、经济波动和其他突发事件对企业的冲击，良好的饭店品牌会拥有大批忠实的顾客，增强饭店的抗风险能力。

四、饭店品牌经营

饭店品牌经营的实质就是使品牌价值保值、增值，在饭店企业经济活动中发挥巨大的作用，增强饭店企业产品的市场拓展能力，提高饭店企业的综合实力。饭店品牌经营的主要内容如下：

1. 奠定品牌资产基础

奠定品牌资产基础是创立饭店品牌，它开始于规划品牌识别系统，设计品牌的视觉识别系统，建立品牌的核心价值和理念，确定饭店品牌的未来发展方向，规划好饭店品牌系统结构与系统策略，有效建立“品牌家族”。

（1）**个性化定位饭店品牌** 瞄准特定的目标市场，针对它的特点设计出该目标市场欣赏、接纳、喜欢并乐意购买的品牌，使产品在消费者心中有无可替代的位置。塑造饭店品牌个性可以依赖于饭店产品或服务的自身表现，可以寻找目标市场顾客共有的特点，也可借用饭店品牌代言人或创始人传递给饭店品牌独特的品质。品牌个性是饭店品牌最有价值的东西，它可以超越饭店产品而不易被竞争品牌模仿。品牌个性的人性化价值、购买动机价值和情感感染价值构成了品牌的核心价值。

（2）**设计饭店商标**　这是从法律角度对饭店品牌进行保护，商标从饭店品牌的名称、图案、字体等方面在法律层面上对饭店品牌进行界定。品牌的名称要个性鲜明、精炼概括、易于辨认、赋予联想并且要国际通用；商标标志要简洁鲜明、独特新颖、寓意深远、准确相符、优美精致；标准色是代表饭店品牌标志的特殊颜色，即标志色。设计时要本着求精求简的原则，颜色不宜超过三种，要区别主副色。同时色彩还应与标志、名称、经营风格等相呼应。饭店的标准字的设计要考虑标准字与其他外显要素的配合，并能反映饭店的精神气质，同时要兼顾汉字标准字与英文标准字的配合。

（3）**情感诉求设计**　如果饭店的产品和服务是满足顾客需求的物质外壳，那么饭店品牌的情感诉求就是满足顾客需求的精神性东西，它使得饭店品牌形象清晰，可以与顾客建立比较稳定的关系。饭店的情感诉求一般是通过饭店的标志语和饭店的服务和营销体现出来的。品牌标志语是除了名称、标志外对品牌的又一大识别因素，是品牌名称和品牌标志功能的深化，能够更明确地实施对品牌的定位和再定位策略。如北京贵宾楼饭店的“昔日帝王府，今朝贵宾楼”，广州花园饭店“非凡汇聚，商务之最”等。品牌名称的使命首先是识别性，而标志语的使命首先是沟通性，它可以弥补品牌名称本身沟通性的不足。标志语的识别功能的实现主要依赖于创意的形式及广告媒体的强度。著名的饭店品牌一般都有自己的服务主题，并据此开展相应服务主题活动。如香格里拉饭店集团的“殷勤好客亚洲情”，开元国际饭店管理公司的“开元关怀”等。这些服务主题及相应的活动，对于提升饭店的服务品质，确立自身的品牌，起到了良好的促进作用。

2．提升品牌资产

提升品牌资产就是要建设饭店品牌，这一阶段的主要任务包括：塑造饭店品牌形象，累积品牌资产；传达饭店品牌定位，建立品质认知度；塑造饭店品牌个性，建立顾客关系；整合各种传播工具，维护饭店品牌识别的一致性；注重各种变化，不断完善饭店品牌。饭店品牌建设的重要实现手段是进行品牌传播。饭店品牌定位与建立饭店品牌个性是提升品牌资产的两个关键点。同时为保证饭店品牌的持续发展，饭店品牌要不断寻找新的利益点，创新产品和服务，更新传播和创意，保持饭店品牌的现代化和新鲜感，仍然要维护饭店品牌的核心价值。

3．实现品牌资产

通过运作饭店品牌，实现品牌资产的价值。适时进行饭店品牌资产的评估；实现品牌的有效保护，防止品牌形象受损或被侵权；利用品牌杠杆进行企业的兼并，实现低成本扩张；利用饭店品牌，实施品牌延伸，如进军娱乐业；利用品牌实力，实施品牌输出，如管理合同、特许经营等。

五、饭店品牌延伸策略

饭店品牌延伸策略按照品牌与产品的关系及扩展方向，大致可分为单一品牌策略、主副品牌策略和多元品牌策略三种。

1．单一品牌策略

对于饭店企业而言，所谓单一品牌策略就是指在品牌扩张时，直接使用饭店或饭店集团的公司名称作为产品品牌名称，也可称之为公司品牌策略。例如，马里奥特饭店集团的

Marriot Hotels，Resorts and Suits（马里奥特饭店，度假村和套房）的品牌以及希尔顿饭店集团的 Hilton Hotel（希尔顿饭店）品牌都是使用公司品牌。但是这种品牌策略在当今西方大型饭店和饭店集团中已非常少见，其主要原因是大型饭店或饭店集团在多个档次的细分市场中开展业务，因此对所有等级的饭店产品都使用公司品牌容易造成公司品牌形象的模糊。

相对而言，单一品牌策略对于一些采取集聚战略的饭店和饭店集团来说是非常合理的。例如，香格里拉饭店集团（Shangri-La Hotels & Resorts）和加拿大的四季饭店集团（Four Seasons Hotels & Resorts）主要在全球豪华市场竞争，均使用单一品牌，无论是产品品牌还是公司品牌，体现的都是豪华的形象，不存在品牌模糊问题。产品和公司使用相同的品牌，体现了产品和公司形象的高度统一。

2．主副品牌策略

把主品牌和副品牌结合在一起的品牌策略称为主副品牌策略。原有品牌即主品牌，也称之为母品牌（Parent Brand），在饭店和饭店集团的品牌中，能充当主品牌的主要是饭店或饭店集团的公司品牌（Corporate Brand）。附加在主品牌后面或前面的新品牌，称为副品牌、次品牌或子品牌（Sub-brand）。副品牌的作用是改变主品牌的联想，增加主品牌的个性与活力，从而使主品牌获得新的内涵。

3．多元品牌策略

多元品牌策略是指饭店或饭店集团的各类饭店产品使用完全不相关的品牌名称，构成各个独立（产品）品牌（Individual Brand）的组合结构。在西方饭店集团中，部分公司使用这一品牌策略，例如，饭店数量排名第一位的圣丹特集团（Cendant Corp.）所拥有的天天客栈品牌（Days Inn）、豪生品牌（Howard Johnson）、骑士客栈品牌（Knight Inn）等都与圣丹特集团的公司品牌毫无关联；饭店数量排名第五位的精品国际饭店集团（Choice Hotels International）采用的也是独立品牌结构，旗下的 9 个品牌彼此相互独立，且与公司品牌无任何联系。

第二节　饭店品牌定位

研究发现，在同一产品领域中，顾客能够接受的品牌最多不超过 7 个。如何才能在众多的竞争对手中使本饭店的品牌脱颖而出，被顾客接受，成为饭店品牌记忆中的 1/7，首先需要进行品牌定位。

一、品牌定位的概念

定位理论最早应用于产品定位，现在发展为含义更广的品牌定位。产品定位基于产品实体的差异性，而品牌给产品实体加上了联想和价值，品牌定位则要更多地顾及消费者的心理感受。简单来讲，饭店的品牌定位就是通过设计一个独特的饭店品牌，使其在目标市场的顾客心中占据一个独特的、无可替代的位置。要做到这一点，实施定位是必须仔细研究目标市场的顾客和竞争者，以确定选择什么样的细分市场和什么样的差异优势来作为主攻方向。

二、饭店市场细分与目标市场选择

饭店的品牌定位是建立在对目标市场顾客需求正确分析的基础之上的，而确定目标市场首先要对饭店市场进行细分。

1. 饭店市场细分

所谓的市场细分是指企业根据消费者的需要与欲望、购买动机、购买行为和购买习惯等的不同将某一市场划分为若干个不同的、各具特点的购买者群体的过程。市场细分可以使饭店集中使用人力、物力等资源在竞争中获得优势。可以按照以下因素对饭店进行市场细分：

（1）**地理因素**　根据消费者所在的地理位置、地形、气候、城市规模、人口密度等因素细分市场。一般相同地区的消费者需求特点往往具有相似性，同时它的需求数量和变化趋势通过建模也可以进行预测。

（2）**人口特征**　按人口特征细分市场是指按消费者的年龄、性别、职业、家庭规模、婚姻状况、经济收入、教育、信仰、民族等为依据划分不同的细分市场。如按照消费者的年龄可以将市场细分为儿童市场、青少年市场、中年市场和老年市场。不同的年龄具有不同的消费特征。

（3）**消费者心理因素**　根据消费者的生活方式、性格特征、态度、兴趣、心理变量和动机等心理特征细分市场。消费者对饭店产品需求行为总是心理活动的结果，因而，能更准确的区分细分的市场特征。

（4）**消费行为**　按消费者不同的购买动机、偏好程度、使用频率及消费行为特征细分饭店市场。

细分市场后，饭店企业需要对市场状况、竞争对手的情况作出准确而清晰的判断。市场状况基本可以通过国家或地区公开发布的一系列统计数据的收集和整理来获得。而且有些研究机构或大专院校可能已经作过了相关的调查研究，可以使用他们公开发表的研究成果。竞争对手的情况可以通过该品牌的广告、促销等市场行为能够大致判断出来其基本情况。对于更详尽的信息，则可以通过调查顾客或进行实地消费和观察来获得。

2. 根据本饭店的竞争优势选择目标市场

市场细分的目的在于确定饭店的目标市场。所谓目标市场是指饭店在市场细分的基础上从满足现实和潜在的目标顾客的需求出发，并依据自身的营销条件而选定一个或几个特定的市场。饭店选择目标市场的主要标准是可衡量性、可进入性、可获利性。饭店目标市场营销战略有无差异性营销战略、差异性营销战略和集中性营销战略三种。有时本品牌优势有多种，这些优势不一定全部用于定位，应该选择最适合本品牌的优势。因为顾客的信息获得量是有限的，传递太多的信息反而使他们无所适从，难以对本品牌产生深刻的印象，严重时还会对饭店品牌产生不信任感。

3. 饭店类型

饭店在选择了相应的目标市场后便形成了不同的类型。如可以根据满足顾客消费层次不同把具有相应设施和服务质量的饭店分为白金级五星级饭店、五星级饭店、四星级饭店、三星级饭店、二星级饭店、一星级饭店、无星或未评星饭店或是豪华饭店、高档饭店、中档饭店、经济档饭店；也可以按照满足顾客的不同旅游动机将饭店分为商务饭店、度假饭店、会议饭店、机场饭店。

三、品牌定位的基本原则

不同的目标顾客，在不同的心态下和不同的环境中，看到同一品牌后所联想到的品牌个性会有所不同。当一个品牌的定位存在时，该品牌的识别和价值主张才能完全得到发展，并且具有系统脉络和深度。对某些品牌而言，品牌识别和价值主张被整合成一套程序，并将其用于品牌定位，但在大多数情况下，前者的内涵明显大于后者。例如，干净、清洁是麦当劳品牌识别的重要内容，但却不能成为它的品牌定位，因为干净、清洁并不能将麦当劳区别于其主要的竞争对手。另一种情况是，在品牌识别及价值主张的情况下，品牌的定位是可以被改变的。所以对饭店来说，在品牌定位时要结合品牌识别及价值主张，使顾客相信自己的饭店品牌不仅是独一无二的，而且是出类拔萃的。

1. 创造清晰、明确的品牌形象

创造独特性，使自己的品牌与竞争对手的有明显区别，它注重品牌的特点，让顾客感觉到产品的与众不同或无与伦比，从而在市场上最先引起顾客注意。这种策略可以使饭店品牌保持长久的盛名，也可能让品牌的美名好景不长。如果能在早期进入市场，并有品牌个性，则可很快获得可观的市场份额。但如果选择的品牌特色被同行或新的市场进入者模仿，则会影响已有市场份额，甚至导致品牌的衰落。随着科技进步，这种模仿的速度还在进一步加快。

2. 树立良好的饭店声誉

推行这种战略的饭店，其主导品牌得到了市场广泛的认可，从而增加了潜在的市场竞争者的进入壁垒。在饭店集团中实行基于饭店信誉的品牌定位战略，可以通过一两个优秀的单体饭店或饭店品牌让新的饭店或品牌获得很高的市场地位。一个著名的品牌可以跨越不同的市场界限，在不同的行业范围内享有盛名，例如，雅高集团旗下的雅高饭店和雅高服务两个业务的互补。但是如果饭店形象管理不当，就会产生连锁反应，使以饭店声誉和主导品牌为基础的单体饭店或品牌岌岌可危。

3. 定位应取得顾客的认可

取得顾客的认可在很大程度上依赖于精确的市场细分和市场调研，而且顾客的需求和市场范围总在不断变化。饭店如果不了解市场结构和市场机制，又不能紧跟顾客的需求和欲望，品牌定位就很可能失效。饭店在深入了解其目标消费群的需求后，才能有效地把饭店品牌定位于不同的消费群体，有利于品牌顺利进入并维护客户市场，建立密切的客户关系。品牌的差别化能够向足够数量的顾客让渡更多的价值，同时饭店品牌定位所增加的成本最终会反映在价格增加上，这会不会让顾客觉得物有所值呢？这就需要得到顾客的认可。

4. 品牌定位能为饭店带来盈利

有效的品牌定位应该使饭店获得更多的利益，包括饭店利润增加、市场占有率提高、忠实客户增多等。美国的 Budget Motels（经济汽车旅馆）成功的市场定位对我们很有借鉴意义。20 世纪 60 年代，该饭店品牌针对中低端市场的需求，取消了饭店的会议室、宴会厅和名目繁多但利用率低的娱乐休闲设施，只提供舒适、卫生且廉价的客房。这一定位对中低端顾客具有很强的吸引力，并迅速使 Budget Motels 品牌赢得了目标顾客的信任。20世纪末以来，国内旅游业的发展促进了我国中低端住宿市场的发育，这一市场正是四星、五星级饭店所舍弃的，而一些中小饭店却往往不屑于做中低端市场，对最适合自己经济实力的市场弃而不顾，反而通过追加投资、设备更新或增加等希望提升本品牌的档次，与高端饭店品牌竞争。用自己的弱势与别人的强势竞争，这种定位显然无法使中小饭店获得最大的利益。

四、饭店品牌定位的方法

对饭店品牌的定位其实是在市场上寻找一个“卖点”，并且让顾客相信，本品牌的特点是其他饭店品牌所不具备的。

1．根据产品的具体属性及其能满足的需要定位

根据产品的具体属性及其能满足的需要定位，把饭店产品属性展示给顾客，加强顾客对产品属性的认知，使饭店品牌有尽可能发挥自己实力的空间，弱化竞争者的影响。如希尔顿饭店则强调自己优越的地理位置。

2．针对竞争对手定位

此方法又称市场空隙法，定位于竞争对手所没有的属性或利益，适用于一些新建饭店的品牌定位，市场蛋糕已被已有的饭店切分掉，新进入者一般不愿刚进入市场就碰到激烈竞争，便转而寻找一些还少有其他饭店涉足的市场领域。只要这个市场空隙具有鲜明的特色，具有一定的规模，便常常成为新饭店品牌进入市场的敲门砖。也有一些在竞争激烈的细分市场中碰壁的老品牌，会尝试在冷门市场中另起炉灶。这是一种常见的定位方法，通过对比强烈的广告宣传更可以加深顾客对本品牌的印象。

3．根据顾客的需求定位

需求定位的方法在与生活方式有关的饭店市场中非常常见。它的两个基本要素是身份地位与威望（与财富成就相关）和自我改善（与非财富成就相关），二者都源于人们自我表现的渴望。大多数人都需要以某种方式表现自己，饭店品牌，尤其是高档饭店品牌可以帮助人们实现这种自我表现的欲望，依托饭店品牌展示顾客的经济实力和个人成就。然而，高档饭店目标消费群的人口基数较少，如何在有限的市场容量中通过服务的高附加值等因素实现盈利，也是饭店品牌定位需考虑的问题。

4．根据饭店品牌能提供的价值定位

价值定位不仅与顾客支付的价钱有关，还包括两个要素。首先，性价比——饭店能提供给顾客的价值与价格相符，例如，我国的经济型饭店品牌“如家”就把客人对食宿的基本需求和适当的价格契合得很好。其次，情感价值——顾客和品牌之间的情感纽带。后者的重点是价值而非价格，但是如果过于重视价格就会导致产品中心论，不易于打造知名品牌，获得更广的品牌溢价。

5．情感定位

情感定位能单独使用，但更常用的方式是和其他策略结合使用，以增强其效果和作用。长久以来，饭店经营者都把“客人是上帝”奉为首要的经营理念，但其实被尊重这不是顾

客的唯一情感需求，如一位旅行者在长途奔波后更需要的是一种家庭温馨。如家的品牌定位“家外之家”就很好地抓住了这一点，它的口号“洁净似月，温馨如家”就具有很强的亲和力，它的设施、服务都紧紧围绕“家”这一情感定位。

6. 个性定位

品牌个性是品牌标志的核心部分。有些饭店打造了与众不同的品牌个性，但是如果其细分市场未能感知这些个性，那么其影响就微不足道。在某种程度上，品牌定位就是向目标顾客展示品牌的核心价值。如果顾客对该品牌反映积极，再辅以其他战略就会占据可观的市场份额，获得很高的忠诚度，实现巨额利润，并长期保持竞争优势。这种战略需要对目标顾客有真实的了解并投入大量资金，确保顾客在任何场合都能对品牌个性有一致的感受。

7. 只争第一

第一品牌是整个市场的领导者，即使服务质量、设施设备等硬件与其他饭店没有太大的区别，冠上“第一”、“专家”的品牌也能使饭店与众不同。这种战略可以使饭店作为市场领导者的地位被顾客广泛接受，如能不断创新，则这一地位可以长期保持。但是如果品牌处于不断创新的过程中，就必须时刻站在最前沿，还需要投入大量资金进行市场调查和产品开发。

五、品牌定位应注意的几个问题

1. 严谨与创造

准确把握市场脉搏是成功定位的重要基础，因此一定要保持严谨的态度，不要凭空想象。定位是攻克顾客最复杂、最难以琢磨的心理，所以还需要睿智的头脑、丰富的感情、独特的视角和大胆的创造。一方面要立足现实，进行客观、科学的分析；另一方面还要突破常规，让顾客眼睛一亮，心中大喜。严谨与创造，这两方面既相互制约，又相互促进。

2. 简单与复杂

品牌定位有时看上去很简单，就是一句宣传语，有时它又变得很复杂，被称为品牌战略定位或是品牌定位战略，是指导饭店所有营销活动的罗盘。这是品牌定位在不同层次的不同表现形式。对外，品牌定位要凝练传神，饭店管理者要选择能浓缩品牌定位的核心思想；对内，品牌定位要详尽周密，饭店管理者要找到经营管理、服务流程中有密切联系的因素。无论简单或复杂，品牌定位都需要经历一系列缜密的思考和分析过程。一个品牌可以只涵盖一种产品，也可以涵盖多种产品。对于饭店来讲，如果一个品牌包括不同客源的饭店，情况或许还好。但如果用一个品牌代表两种档次差距很大的饭店，就会发生所谓的“跷跷板”现象，非常不利于品牌的定位。

3. 变化与坚守

在消费需求、市场结构变化越来越快的现代社会，怎样维持品牌定位的相对稳定性成为一个较难把握的问题。不跟着变，怕被淘汰；变得太勤，又担心失去品牌的稳定性。从严格意义上讲，没有哪一种品牌定位是一成不变的，只是有一些在变化中失去了自身的特色，有一些却能在变化中逐渐形成不变的稳定特质。定位的具体内容或许需要根据市场的变化不时地调整，但支撑定位的基本理念却可以长期坚守。

第三节　饭店品牌的推广与维护

一、饭店品牌的推广

饭店品牌的创建只是品牌管理的第一步，接下来就需要通过各种途径向外传播推广品牌，让市场了解并接受该品牌，让品牌接受市场的考验。品牌传播是指品牌所有者找到自己满足消费者的优势价值所在，用恰当的方式持续地与消费者进行交流，促进消费者的理解、认可、信任和体验，产生再次购买的愿望，不断维护对该品牌的好感的过程。品牌传播投入应从不同时间、不同空间和不同传播途径全方位进行。

1．利用大众传媒推广品牌

大众传媒途径就是特定的社会集团通过文字（报纸、杂志、书籍）、电波（广播、电视）、电影等大众传播媒介，以图像、符号等形式，向不特定的多数人表达和传递信息的过程。其主要特征有：首先，通过文字、图像、声音等服务进行传播；其次，拥有广大受众；最后，信息可以复制。目前在营销传播中常用的媒体包括报纸、杂志、广播、电视、直邮和户外广告等。不同的媒体传播效果不尽相同，每种媒体都各有其优劣，营销传播的目标是要找到一种媒体组合，以使传播用最低的成本、最有效的方式把品牌特征传播给尽量多的目标受众。电视能给人以直接感受，覆盖面广，但费用相对高，同时电视易分散广告的注意力；广播传播及时、费用低，受众注意力不易集中；报纸信息及时、成本低、传播区域可以有选择，受众注意力易分散、时效短；杂志易细分目标消费群、可重复阅读，传播不及时、受众窄；户外广告重复率高、可进行反复宣传，广告形式相对比较单一；邮寄对象明确、选择性强、信息全面，宣传面窄、被拒绝的可能性大。

2．利用促销推广品牌

促销是为了引起顾客的注意，并采取让步、诱导或赠送等方法使顾客获得好处，从而激励其购买。在饭店中促销是全员的共有活动，促销只是一种工具，并不是越多越好，它最终是为了强化饭店品牌的定位，建立顾客的品牌忠诚度。

促销推广分为顾客促销推广和贸易促销推广两类。顾客促销推广是鼓励消费者将品牌推荐给其他消费者，例如，向顾客传递这样的信息："把我们饭店介绍给你的朋友，你将会收到一份礼物。"顾客促销可以通过让顾客试用样品，给顾客发放优惠券，以较低价格或免费提供产品，对饭店常客提供现金、服务等形式回报、饭店现场促销、游戏促销等方式进行。贸易促销是通过价格折扣和折让等方式刺激代理商提前付款、大量采购或产生淡季购买等行为，对饭店品牌、产品进行更有效的、更广泛的宣传。

促销中要确定促销的规模、促销的效果，决定促销推广的时间。促销的规模不是越大越好，饭店可以根据不同产品所处的特定生命周期来促销。一般新产品顾客不了解，往往需要密集的、形式多样的促销引起市场注意，刺激顾客购买。而成熟期的产品往往已经有了一批忠实顾客，这时的促销更有针对性；受饭店财务状况、市场环境和经营理念等因素的影响，促销活动要适时推出，并且要控制促销周期，即决定促销推广的时机和持续时间；饭店是应该节省促销成本还是追求促销效果，这就需要制订促销推广预算。制订预算的方法有量入而出法、销售百分比法、竞争对等法和目标利润法等。

3. 利用服务推广品牌

服务虽然不能在顾客购买之前被感觉到、触摸到，但服务中的可见要素可以帮助顾客感知和评价服务。利用服务推广品牌要关注真实瞬间，实施服务创新，引入品牌化服务，培养品牌员工。

（1）**关注真实瞬间** 真实瞬间就是客户和服务提供者之间进行买卖交易的一系列过程，是指在特定的时间和特定的地点，服务提供者抓住机会向客户展示其服务质量。真实瞬间是一种真实的机遇，一旦错过时机，就无法弥补顾客已感知的服务质量，每个瞬间都是饭店用服务这一载体进行品牌传播的机会，每个服务人员都是饭店品牌的“说明书”。

（2）**实施服务创新** 服务创新既包括服务理念和产品创新，也包括服务组织与管理的创新，其关键是服务模式的创新。在新的环境和形势下，我国饭店的服务呈现两大趋势：一是以中低档饭店为主体的简洁、快捷的服务模式；二是以高档饭店为主体的、在标准化基础上的高度个性化的定制化服务模式。

（3）**引入品牌化服务** 引入品牌化服务就是引入与饭店经营理念相一致，被顾客理解和接受的、叫得响的、具有饭店个性和特色的服务。个性化服务是在提供规范、标准服务的基础上进行的，是与众不同的，因人而异的，有针对性的新、奇、特和具有差异的服务形式和服务项目。通过实现品牌名称，可以确保顾客获得统一的服务标准和经历。

（4）**培养品牌员工** 员工是饭店向顾客传播品牌的最有力的媒体，能为品牌创造活力和个性，能使顾客最直接地感受品牌。通过员工的行为，可将“文字—视觉”品牌转化为“文字—视觉—行为”品牌。因此，饭店管理人员不仅要向员工解释品牌，与员工分享品牌的理念与主张，培训和强化与品牌宗旨一致的行为，最重要的是，要通过建立开发潜能的培训机制和价值取向的激励机制，激发员工的自豪感，充分授权给员工，让员工创造性地解决顾客所提出的问题，培养品牌员工。马里奥特强调“员工是饭店成功之本”，其家族的经营哲学是：人是第一位的，他们的发展、忠诚、兴趣与团队精神是最重要的。迪斯尼品牌的成功则源于企业坚持了以下主张：员工意识到无论何时，在顾客面前，他们总是“站在舞台上”。企业正是通过这种方式鼓励员工把自己作为演员来认识自己的作用，处处提供让旅游者快乐的服务。

4. 利用组织推广品牌

组织推广包括内部组织推广和外部组织推广。

（1）**内部组织推广** 内部组织推广就是饭店内部运用可能的媒介去传播统一的品牌形象，这些企业可以控制的媒体使用权、所有权和支配权都属于饭店，在传播信息时应该是最经济、最灵活的。饭店可开发利用的载体有以下几类：饭店的建筑造型和环境布置，各类办公用品，饭店运输工具，饭店员工制服系列，各类指示性、标志性物品，顾客用品系列，店内广告。饭店在利用这些媒介进行品牌宣传时，应出奇制胜，或是用精练的语言，或是用幽默的画面，来表达既有品牌特色，又能被广大公众乐意接受的品牌信息。组织内部的有效沟通会影响顾客的品牌选择与购买决策，同时起到强化品牌形象的作用。

（2）**外部组织推广**　外部组织推广中，饭店可利用的组织分为中介组织、饭店业界组织、旅游相关行业组织和政府。中介组织可以起到 4 个关键性作用：充当信息中介，在饭店与顾客之间传递信息；充当交易者，负责预订房间和钱款交易；在顾客参加某个会议时向顾客提供建议；协助饭店协调顾客在旅游过程中的种种需要（如租车、预订机票），提供增值服务。加入国际性或区域性饭店组织同样对饭店经营有重要作用，如可以加强与国际国内同行之间的沟通，了解行业内的最新进展；同时可以借助这些饭店组织所提供的饭店管理咨询活动加速与国际先进管理经验接轨；此外国际性或区域性饭店组织还是一种客户来源和质量保证的象征。除了旅行社和会议安排组织之外，饭店可以利用的中介组织还有航空公司、娱乐和餐饮消费场所、饭店联合组织、景区景点等。世界上许多著名饭店集团都通过单独实施或与航空公司、银行、汽车租赁公司等企业联合实施频访者计划，促进顾客的品牌忠诚。频访者计划除了刺激顾客重复购买之外，对饭店来说也是一次很好的传播推广时机，能让顾客感知到饭店对他们的重视，从而对饭店产生亲近感。我国的饭店很多都有国有制的背景,与政府的融洽关系可以影响政策法规的制定朝有利于饭店的方向发展。

二、饭店品牌的维护

当一个饭店有了自己的品牌或使用了管理公司的品牌以后，它需要做的重要工作之一就是努力使自己的品牌价值、承诺和标准等通过饭店的产品和服务表现出来，使顾客实际感受到的价值与饭店对外传播的价值一致。品牌是“易碎品”，在瞬息万变的市场环境中，饭店如果不悉心进行品牌的维系和保护，再辉煌的品牌也会成为明日黄花。

1．饭店品牌的维系

品牌的维系可以分为两种形式：积极性维系和保守性维系。前者是指饭店采用的提升饭店形象、品牌形象的传播经营手段以及内部产品创新、管理创新等方式，是一种积极开拓市场、加强品牌形象的进攻性战略，其核心是追随消费者心理变化与市场变化，不断创新。后者是指在饭店品牌经营中采用非进攻性的、用于稳固品牌地位和声誉的传播及经营手段，一般包括常规品牌维系与品牌危机处理。

（1）**积极性维系**　在积极性维系中要注意以下原则：

1）产品是基础。产品是品牌的基础。维系饭店良好品牌的市场地位时，必须从市场需求出发，始终如一地提供高质量的产品、良好的有形展示和优质服务。饭店必须时刻保持对目标市场需求的高度敏感，在饭店产品的设计和创新方面积极响应市场的变化，保证饭店提供的产品既要在功能上满足顾客的核心利益，为顾客带来更多的附加利益，还要在服务上超越顾客的需求和期望，以增加品牌竞争力，维系品牌地位。

2）质量是根基。进行质量管理是品牌维系的根基。饭店要维持其品牌地位，必须在质量上遵守将品牌传达给顾客的承诺。饭店要建立先进的质量管理体系，运用系统的理论和方法来研究和处理质量问题，强调全员参与质量管理。

3）广告是手段。广告宣传的选择对于企业品牌经营的成败起着巨大的作用。有效的广告创意、合理的实施计划，能够不断重复品牌在消费者心中的印象，引导消费者在品牌选择中建立品牌偏好，逐步形成对品牌的忠诚。饭店在广告宣传中要针对目标市场的特点，不断强化品牌形象和彰显品牌个性。

4）全员参与。一个成功的品牌塑造，不是一个人、一个部门或一个专业公司能够独立完成的，它需要企业全体员工的参与。饭店一线员工对品牌的传播，只是整个饭店品牌管理系统最后一个环节，是整个系统运营的结果。全员品牌管理的实质是每个员工对顾客负责，而不是对上级负责。顾客对饭店的信任就来自每个执行的细节上，床单上或卫生间的一根头发、杯子上的一滴水都可能会抹杀全部努力。品牌不是广告打造出来的，品牌是员工一点一滴做出来的。饭店在入职培训和日常培训中就应该有品牌管理的内容，保证每个员工都要有品牌意识。在日常的工作中赋予员工更多的责任和权利，使员工的积极性提高。

5)顾客监督。从顾客那里得到的反馈意见能使饭店了解自己在品牌维护中存在的问题，这样才能在以后的品牌管理中有努力的方向。顾客参与的形式有填写“顾客意见调查表”、员工反馈顾客的意见和建议、大堂副理的工作记录、定期的顾客意见调查等。饭店可以从多个渠道了解客人的反馈，关键是如何获得并有效处理这些信息，而不是流于形式，如“顾客意见调查表”被员工当废纸扔掉、大堂副理记录一些不疼不痒的问题等，这些现象会掩盖问题和矛盾，使饭店无法获得真实信息，无法保证品牌的质量。

（2）**保守性维系** 保守性维系主要是对品牌危机的处理。品牌危机是指由于始料不及的企业内部和外部突发原因造成的品牌形象严重损害和品牌价值的降低，以及由此导致的使企业在经营管理中陷入困难和危险的状态。

1）单体饭店所面临的危机种类。它包括引起品牌危机的安全问题和其他问题两种。品牌危机的安全问题包括饮食安全、装修材料与用品的安全、客人的人身意外或自杀、盗窃（外部人员盗窃和员工盗窃）、火灾以及由于水、空气等没有达到清洁卫生标准所引起的问题。引起品牌危机的其他问题包括大众媒体的新闻报道、不合理的服务价格、违规经营、财务危机、管理层的离职、劳资纠纷等问题。以上各种影响饭店品牌的危机最终都可能演变为市场危机（多与饭店的顾客有关）、法律危机（涉及饭店的顾客和各种利益相关者）和社会危机（来自公众参与）。这三种危机可能互为因果，一种危机的出现可能导致其他危机的出现，当危机足够严重时，三种危机肯定会同时出现，会让饭店难以应付。

2）饭店危机预防策略与方法。它包括完善内部管理、建立危机处理机制、危机培训与模拟演习、树立良好的公众形象。大部分品牌危机可以通过内部的管理程序避免，饭店内部可以贯彻和执行严格的管理制度，把管理制度的要求写进各个岗位的岗位职责和工作流程中，尽可能减少饮食安全、消防安全、财产安全、人身安全、装修材料安全、设备安全、财务危机、违规经营和劳资纠纷等问题；日常管理防范中出现危机时，由谁处理、如何处理和各部门的协调配合等，饭店须有详细的规定，告诉员工如何处理危机。一般来说，危机的处理流程不宜太细，但必须明确处理的原则、处理的方法并分清责任；饭店必须有针对性地对各级员工做好专业培训，要致力于培养员工的忧患意识和危机意识，尤其在员工入职前和平时的培训中。除了理论方面的培训，饭店还应该举办一些模拟演习活动，以检验培训效果，加强实战能力；饭店平时要注重在所在社区和城市建立良好的公众形象，与所在社区和谐相处，这样有利于在危机出现时赢得各方支持。

3）危机处理策略与方法。它包括启动危机处理机制、充分利用各种沟通渠道、做好危机处理善后工作。较轻危机发生时，饭店要成立以总经理为总负责人的危机处理小组，实地调查危机涉及人员情况、判明危机产生的原因、可能影响的范围，在此基础上制订危机的具体处理方案。较重危机出现时还要第一时间报告防疫站、公安局或消防队等部门；面对危机时，饭店需要与公众进行足够的沟通，以消除公众的误解和猜疑，尽量补偿好受害人，争取政府管理部门、新闻媒体、各种协会组织和内部员工的支持；危机处理后，饭店主要负责人应及时通过媒体告知大众，危机已经得到圆满解决，感谢有关各方的支持。同时，应该展开一系列的公关和广告活动，重塑市场形象，赢得顾客的信任。如果是饭店内部危机，应该通过正式方式告知全体员工，使员工重新恢复对饭店的信心。

总之，饭店产品在很大程度上是情感消费品，面对消费心理千变万化、难以琢磨的顾客，饭店更要注意品牌危机的防范，要使全体员工树立危机意识，设立应对危机的常设机构，建立危机预警系统。出现品牌危机时，要迅速弥补顾客的损失，表现饭店对顾客积极负责的态度，主动与新闻界沟通，控制并消除危机事件的负面影响。同时，要尽快查清事实，公布造成危机的原因，以事实为突破口找到转机。

2．饭店品牌的保护

品牌保护实质上就是对品牌所包含的知识产权进行保护，即对品牌的商标、专利、商业秘密、域名等知识产权进行保护。

（1）**商标权的保护**　商标权是商标使用人对其商标依法享有的权利。商标权包括商标的独占使用权、续展权、禁用权、转让权和使用许可权等，其中独占使用权是核心权能。从字面解释，商标是产品和服务的标记或标志。商标是指由文字、图形或二者的组合所构成的，用以区别不同的生产经营者所提供的产品或服务的显著标记。商标经注册后，商标权拥有者对其所注册的商标享有所有权，即享有排他的支配权，可以被继承、转让、独占使用，可以质押或允许他人使用，并通过商标权的利益获得利益。注册商标享有知识产权，是一种无形资产，是实施品牌战略的重要武器和工具。

1）饭店商标注册。为了更好地保护自身品牌以及适应品牌发展的需要，饭店在进行品牌商标注册时应该坚持以下几个基本原则：①先期注册原则，即饭店在筹建期间或新产品生产前就应该申请注册。因为我国商标注册采用先申请原则，这要求品牌所有人应提前申请注册商标，以免耗费大量的资源对饭店进行营销宣传后，却落得为他人做嫁衣的后果。②宽类别注册原则，即饭店在申请注册时，不应仅在某一类或某一种商品上注册，而应该同时在很多类商品上注册。这一方面有利于防止竞争者使用与自己商标相同的商标生产经营其他类别的商品，以免引起消费者的误会，影响饭店的品牌形象；另一方面注册类别过窄，会使品牌延伸受到限制。③防御注册原则，即在同一商标注册申请中申请注册除正商标以外的多个近似商标（又称“联合注册”），防止他人利用自己的商标规避法律谋取不正当的利益，损害饭店的品牌形象。④宽地域注册原则，即商标注册的地域要广，不能仅仅在某一个国家或某一个地区注册，而应同时在多个国家或地区注册。品牌的市场占有与拓展能力是品牌价值的重要体现，打入并占领国际市场是品牌成功的标志之一。但商标权具有地域性，即商标专用权仅仅受注册国或注册地区的法律保护。因此，如果品牌想实施跨区域和跨国战略，宽地域注册商标是不可或缺的。

2）珍惜商标权。饭店依法取得商标专用权后，还要注意：

第一，注册商标具有时间性，仅在法定的续存期内有效，受法律保护，一旦有效期届满，就会丧失商标权，不再受法律保护。我国《商标法》第 37 条和第 38 条中有明确规定：“注册商标的有效期为 10 年”。企业应该在期满前 6 个月内申请续展注册，可以继续获得 10 年的保护，续展次数不限；在此期间，没有提出申请的，可给予 6 个月的宽展期；宽展期满仍未提出申请的，其注册商标将被注销。因此，饭店应该在商标有效期期满前续展，并且只要企业及时续展，就可以无限期使用注册商标。

第二，定期查阅商标公告，及时提出异议，防止他人冒用或注册相同或相似商标。商标公告是商标注册的必经程序，也是饭店进行权益救济的一个途径。饭店应定期查阅商标公告，一旦发现侵权行为，就应该及时提出异议，收集异议的证据，最大限度地保护自己的合法权益。为避免该类情况，企业可以在同类或相似的商品或服务上注册若干相同或类似的商标，不给他人留有投机的空隙。

第三，正确使用注册商标。一个新建饭店可以在正式施工之前就申请注册，开业后投入使用，保证注册工作及时完成、又按规定使用。投入使用的商标要与批准注册的商标一致。商标的使用范围与注册时的商标或服务范围应一致，使用者如果超范围使用商标，即使用于类似的商品或服务，该商标也可能被取消注册。

第四，申请认定驰名商标。我国于 1996 年 8 月 14 日出台了《驰名商标认定和管理暂行规定》，其中第一条规定："本规定中的驰名商标是指在市场上享有较高声誉，并为相关公众所熟知的注册商标。"同时《驰名商标认定和管理暂行规定》对驰名商标的保护作出了明确规定，主要体现在 3 个方面：一是在驰名商标申请注册方面，不适用申请在先原则。二是在防止他人注册方面，损害到商标注册人利益的，不管该商标是否在中国注册，驰名商标注册人都可以申请驳回他人的注册。三是驰名商标享有更高程度的保护。对于一个饭店来说，如果已经具备了驰名商标的基本要件，就要按规定提交相关材料，及时申请认定，以便得到更好的保护。

第五，商标权转移或变更商标时，要登记注册。

第六，饭店在转制时，也会遇到商标归属问题。商标归属主要有两种情况：一种情况是在饭店转制时，无视注册商标的价值，不将其作为企业资产参与转制，不进行量化评估和作价，造成资产流失。另一种情况是饭店在转制合同中未提及注册商标的归属问题，使商标归属含糊不清，产权关系不明晰，造成日后的经济纠纷。

（2）**专利权的保护** 商标、商号、域名是品牌的识别特征，而专利、商业秘密则是品牌的内在性特征。专利的魅力在于其经济价值，国家通过授予一定时期的垄断权，让专利人可以在短时期内独霸市场。对于饭店来讲，能申请专利的项目不多，但是也应该充分认识到申请专利的重要性，在开发新技术、新产品的同时要重视申请专利保护饭店的智力成果。

（3）**品牌的自我保护**

1）要保护商业秘密。商业秘密最显著的特征是秘密性和经济性，保护商业秘密能为其所有者带来巨大的经济利益和保持长期的垄断地位。因此，保护商业秘密是品牌保护的一个重要方面。任何商业秘密的泄露都会对饭店不利，尽管权利人依靠诉讼可能会挽回一些损失，但预防重于救济，饭店应采取有效的措施来保护自己的商业秘密。主要应注意：第一，宣传要适度，不能自我泄密；第二，内部管理要严密，防止泄密。

2）要注重互联网域名权。域名是网络时代一家饭店与外部社会交流的身份证，它不但是饭店的网上商标，也是顾客与饭店双向交流的高速路入口。注册域名是饭店进入互联网世界进行电子商务的第一步，一个好的域名能帮助饭店建立良好的品牌形象，在宣传时起到事半功倍的效果。对于饭店来说，特别是网上预订中潜在的商业机会，使饭店互联网域名权注册日益重要。

3）要实施服务创新。品牌的美誉度是品牌保持旺盛生命力的关键，其核心就是优质服务，饭店要始终保持优质服务的形象，就必须不断进行产品和服务的创新。

本章小结

品牌是饭店企业的旗帜。在市场经济时代，饭店企业为赢得竞争优势，应当根据市场和自身的实际情况进行品牌定位，确定自身的品牌策略，并精心设计品牌，从而为饭店品牌的传播奠定基础。在此基础上，饭店企业应当构建品牌传播体系，积极通过多种品牌渠道传播自身品牌，以提高品牌的知名度和美誉度。最后，饭店企业还应当管理和保护好自身的品牌资产，维护其自身利益。

思考与练习

1. 简述饭店品牌的特征与功能。
2. 饭店如何进行品牌定位？
3. 分析比较 3 种不同的饭店品牌策略的差异。
4. 饭店品牌的传播途径有哪些？如何进行传播？
5. 如何进行饭店品牌的保护？
6. 案例分析

广州大厦的前身是广州市人民政府的接待基地——榕元大厦。为了适应改革中的广州市政府对接待基地的需求，广州市政府办公厅于 1993 年在榕元大厦的基础上按四星级标准建成了现在的广州大厦，并于 1997 年 9 月 28 日开业。广州大厦在起步之初聘请了饭店管理公司进行管理，管理公司将大厦定位为商务饭店，拟仿照商务饭店的经营管理模式立足市场。由于定位不准确和经济大气候的影响，大厦的经营一直难以打开局面。为扭转这种状况，广州大厦组建了一套新的领导班子。新的领导层上任后，对饭店重新进行了定位，即创立全国“首家公务饭店”的品牌形象，这一形象的释义为：以公务客户、公务活动为主要目标市场，以规范化的饭店服务为基础，以鲜明的公务接待为特色。由此广州大厦实现了从商务饭店向公务饭店的转型。其采取的基本措施是：创新品牌特色，增强品牌识别；充分发挥自身优势，为公务饭店品牌注入亲和力，塑造独特的品牌认知与形象；创造适合公务活动的服务模式；通过参与公务活动，强化品牌形象；利用各种途径，实施有效的品牌传播。这些途径包括：第一，在服务中传播，在传播中营销。第二，改进服务质量，通过口碑传播提升饭店形象。第三，创新营销策略，提高品牌忠诚。第四，积极开展多种有效的公关活动。由于定位准确，传播到位，措施得力，广州大厦不仅取得了良好的经济效益，而且也取得了良好的社会效益。

思考：案例给了你什么启示？

第十一章

饭店集团化管理

学习目标

1. 了解饭店集团的概念与发展的原因和特征；
2. 掌握饭店集团的主要优势；
3. 了解中国饭店的发展现状与发展趋势；
4. 学会应用饭店集团扩张的方式。

第一节 国际饭店集团发展进程

一、饭店集团的定义

1. 定义

饭店集团是以饭店企业为主体、以经营饭店资产为主要内容，拥有、经营两个以上的饭店，通过各种经营方式（如产权交易、资产融合、管理合同、人员派遣以及技术和市场网络等方式）而形成的相互关联的企业经济实体或系统。这些饭店采用统一的店名、店标，统一的经营管理方式，统一的管理规范和服务标准、联合经营形成的系统。在国外，饭店集团又称为饭店联号或连锁饭店。

具体来看，饭店集团大体上有3种类型，第一种是实体性集团，是以资本为主要纽带。第二种是饭店管理公司，是以管理模式为主要纽带。第三种是饭店联盟，饭店联盟以共同的关注点为主要纽带，严格地说，就是以市场的一些共同性作为主要纽带。

2. 特征

饭店集团一般拥有属于本身产权的饭店，有其经营管理权；饭店集团采取统一的经营管理，包括使用统一的店名、店标，统一的经营程序、管理水平，统一的操作程序和服务标准，便于饭店统一营销和统一管理，形成品牌和进入市场推广；饭店集团是饭店的联合经营体。各饭店之间可实行联合促销、联合培训、管理输出，同时可互荐客源、互为预订等。

二、饭店集团的发展过程

饭店集团和连锁经营形式起源于美国。1907 年，美国的里兹公司首次出售特许经营权给饭店，开始了饭店联号的经营形式，开始时连锁经营规模并不大，这被认为是饭店集团经营的雏形。第二次世界大战后，饭店集团开始迅速发展，现在已经走上国际化、多元化发展道路。

1. 三个重要的发展阶段

（1）**区域发展阶段（20 世纪 40、50 年代）**　第二次世界大战后，世界范围内，尤其是欧美国家出现了相对的社会稳定和经济繁荣，私人汽车及短途商用飞机得到普及，这些直接促进了世界各国商务与休闲旅游市场的蓬勃发展，也有力地刺激了世界各国对商务与旅游饭店的供给与需求。为了满足市场需求并获得更多的利润，一批饭店集团在欧美等国家开始产生与发展。如斯塔特勒（Statler）就是其中最早的一个现代饭店联号。1946 年，泛美航空公司组建了首家由航空公司所有的饭店集团，即洲际饭店集团。凯蒙斯·威尔逊（Kemmons Wilson）则在 20 世纪 50 年代创办了赫赫有名的假日集团。

但是由于受交通条件的制约，各国的商务与休闲旅游大多数仍局限在本国境内和周边邻国的小范围区域内。当时成立的饭店集团基本上处于巩固与发展各自国内市场或周边区域市场。这些饭店集团，如美国希尔顿集团、洲际饭店集团、喜来登饭店集团、假日集团等，依托其人力、物力、财力和网络等资源优势及规模优势，逐步取代了单体饭店在国际市场上的竞争地位。饭店集团的出现加速了饭店管理和服务模式朝标准化、制度化、规范化、程序化和国际化的方向发展。

（2）**洲际发展阶段（20 世纪 60、70 年代间）**　20 世纪 60 年代，世界各国的民航业都先后进入了辉煌发展的阶段。如当时投入使用的波音 707 喷气式飞机与波音 747 巨型飞机。不仅速度快，而且载客量大，这大大缩短了旅游人群在各国之间往来的时间。伴随着发达国家民航业的发展与洲际高速公路交通网络的逐步建成，各国的商务与休闲旅游的范围也从本土性、区域性向洲际性、国际性方向发展。于是，部分饭店集团利用其品牌不断拓展，开发过去由于交通障碍难以到达的本国城镇与其他周边国家。同时，许多国际著名的航空、电报、电信公司以及其他行业的跨国公司也在追求效益与多元扩张的战略目标指引下，兼并、收购那些已初具规模的饭店集团。

在 20 世纪 50 年代末期与 60、70 年代，相继出现了华美达、霍华德·约翰逊、马里奥特、凯悦、四季饭店集团、雅高集团等饭店集团。

（3）**全球发展阶段（20 世纪 80 年代至今）**　20 世纪 80 年代至 90 年代，全球饭店集团的发展开始了以收购兼并为主要形式的扩张战略，出现了许多大规模、多品牌的饭店巨头。目前，世界饭店也已在一定程度上被这些大型饭店巨头所控制。进入 90 年代后期，国际饭店集团开始向亚洲、东欧、拉美等区域发展，大型饭店集团所涉及的国家范围不断扩大，并于 90 年代末期形成饭店集团全球化发展的雏形。这些饭店集团的迅速扩大且全方位发展的趋势将对那些目前幸存的单体饭店、区域性饭店或小型饭店管理公司形成了极大危险。今后，由于亚洲、非洲带动的新兴市场将成长迅速，且顾客消费的个性化与品牌化倾向进一步明显，以及全球市场竞争的逐步激烈，将进一步促进饭店集团朝多元化、规模化、多品牌的方向发展。

2．饭店集团迅速发展的原因

饭店集团产生和迅速发展的主要原因在于：

（1）**世界经济的发展** 第二次世界大战后经济的复苏，人们生活水平的提高，汽车和其他形式交通工具的发达，人们有能力和条件前往他们想去的地方。随着旅游需求剧增，经营者经营饭店有利可图。当时的一些大企业、大财团纷纷把饭店业作为一种投资方式，大财团的投资又促进了饭店业的发展。20 世纪 50 年代跨国公司的组织形式又为饭店集团化发展提供了发展模式。

（2）**相关行业与饭店业的竞合关系** 第二次世界大战后旅游业空前发展，航空公司与洲际公路的发展也有利地推动旅游业的发展。航空业、其他行业对饭店业的介入与渗透，使航空业与其他行业的公司拥有多家饭店，隶属关系与其本身的优势，以及竞争因素使这些饭店联合形成集团。

（3）**传统饭店和单体饭店的自身弱点** 20 世纪 50 年代末期、60 年代初期，饭店业的发展趋势对传统饭店越来越不利，由于交通方式的立体化，减少了人们对传统饭店的需求，饭店业竞争也日趋激烈，饭店间的相互联合、吞并，重新组合资本，使得传统饭店和单体饭店的业主看到自身的弱点，意识到互相联合组成实力雄厚的经营公司扩大市场、增强实力的必要性。

于是在这些因素共同作用下，互相联合组成实力雄厚的经营公司成为发展趋势。

3．饭店集团化发展进程的特征

在世界范围内，饭店集团从 20 世纪初产生，40、50 年代迅速发展至今，其集团化发展进程具有以下几个特征：

（1）**集团规模扩张迅速** 饭店集团的发展从 20 世纪 50、60 年代至 80、90 年代规模扩张迅速，特别是近年来受美国的《不动产投资法案》的影响，国际饭店业盛行大规模的收购活动，从 90 年代初期至今，世界著名的国际饭店纷纷进行兼并和收购活动，导致在世界范围内集团规模扩大，总量扩张迅速。随着饭店集团控制与运作更多的单体饭店与区域性饭店，饭店集团的规模越来越大，整个饭店市场将逐步被数家巨型集团所垄断。

（2）**国际化趋势明显** 饭店集团国际化的原因之一是向国外市场转移独特的核心竞争力。饭店集团通过将其所拥有的核心能力以及自己的产品与品牌转移至国外的市场，可以获得更好的规模经济效益与更佳的规模经济效应，饭店业国际化经营的步伐是非常迅速的。如到 1999 年，国际化经营涉及国家最多的巴斯（Bass）饭店联号已经在世界上 95 个国家管理饭店。饭店集团的国际化经营主要表现为发达国家主导的格局。以 2001 年的数据为例，在全球排名前 30 位的饭店集团中，涉及的国家有美国、英国、法国、德国、荷兰、加拿大和西班牙，其中美国就占了 18 家。

（3）**集团经营联合形式多元化** 饭店经营的一体化趋势明显，饭店集团的一体化经营形式有前向一体化、后向一体化、水平一体化。前向一体化是指饭店从销售的角度出发与销售商、航空公司等联合形成集团。饭店介入航空公司不仅有助于招徕客源，也有利于保证顾客入住，许多集团同时经营旅行社，通过旅行社招徕顾客。后向一体化是指集团从保证质量、控制成本出发与各类供应商联合，如饭店与酒厂、饭店与用品公司、饭店与装修公司联合，并开设农场以保证供应，形成集团。水平一体化是指饭店与饭店间的横向联合形式，饭店集团靠横向联合形成企业规模，横向联合的饭店数越多，集团的规模越大。目前世界上集团规模最大、拥有与控制饭店最多的是圣丹特集团。

多元化经营是饭店集团发展的另一个特点。通过多元化经营，实现范围经济效应，是未来饭店集团发展的另一个趋势。多元化是饭店在有机组合投资收益的同时，分散经营风险，使其在竞争激烈的市场环境下保持国际竞争力。饭店集团多元化经营的动机包括：规避集团经营风险，通过多项目运作实现收益的稳定增长，挖掘集团内部资源潜力，实现企业规模经济与范围经济，以及把握市场中出现的新机会等。在集团化的进程中，由于企业品牌声誉的扩大，产生了未被充分利用的市场，而现有产品与满足这些需求之间存在关联性，从而顺利地实现产品线的延伸，实现跨市场与跨区域的多元化经营。

（4）**饭店品牌多样化**　饭店集团在为新产品与服务设计品牌时，面临两种战略型抉择：一种是直接使用饭店集团已有的著名品牌作为品牌名称，即单一品牌策略。但是如果大型饭店集团在多个细分市场中开展业务时，对所有等级与种类的饭店产品都使用原有品牌容易造成品牌形象的模糊，它的适用范围是市场定位相同的才使用这种策略。另一种是集团饭店在不同的细分市场使用完全不同的品牌名称，即多品牌策略。多品牌策略是国际饭店集团的发展趋势之一，用不同品牌区分饭店的类别，以避免消费者对集团原有驰名品牌概念的混淆与模糊。使用多品牌策略时，饭店集团对不同的饭店产品使用不同的品牌名称，甚至对同一类别的产品使用两个以上的独立品牌。

4. 国际饭店管理模式的演进过程

国际饭店集团管理模式经过了以下的演进过程：全球范围内，早期的国际饭店集团多是通过购买不动产方式达到扩张的（如希尔顿、喜来登、Statler Hotel Chain 等）；20 世纪 50 年代起，希尔顿饭店集团和假日饭店集团分别以委托管理和特许经营的方式扩张；到了 20 世纪 90 年代，越来越多的饭店集团通过特许经营和委托管理模式发展，直到目前发展壮大。另外，近年一些新兴的、以强有力的技术资源支撑的饭店联盟以及联销经营迅速崛起。表 11-1 反映了在不同的发展阶段饭店集团所采取的发展方式。

表 11-1　国际饭店集团发展进程与发展模式

发展阶段	时　间	发展模式
区域发展	20 世纪初 40、50 年代	通过投资饭店，购买不动产进行品牌培育及扩张
洲际发展	20 世纪 60～70 年代	以委托管理和特许经营为主要方式扩张
全球发展	20 世纪 80 年代至今	委托管理、特许经营、联销经营交错运用

三、饭店集团经营的主要优势

1. 经营管理优势

饭店集团一般具有较为先进、完善的管理体制，以及行之有效的管理方法和高标准的规范。能为所属的饭店制订统一的经营管理方法和程序，为饭店的建筑设计、内部装饰布局提供服务。为饭店的服务和管理制订统一的操作规程，使得各连锁饭店的经营管理达到所要求的水平，同时根据经营环境的变化，确保饭店集团经营管理的先进性。饭店集团定期派遣巡视人员到所属的饭店进行检查，不断提出建议和进行指导，从而提高饭店的经营管理水平。饭店集团还对所属的饭店员工进行培训。

2. 技术优势

饭店集团有能力向所属的饭店提供各种技术上的服务和帮助，这些服务和帮助通常根据所属饭店的需要有偿提供。饭店集团化经营也为生产和技术的专业化及部门化提供条件。

3. 财务优势

饭店集团的规模经营可以充分利用资金，发挥自己的优势。对外利用强大的资金实力容易得到金融机构的信任，在筹资方面具有优势。同时饭店集团还能为所属饭店提供金融机构的信息，并帮助推荐贷款机构。这样饭店集团有能力更新改造设备、采用新技术、推出更新的服务项目。对内集团总部可以通过资金的集中使用，帮助成员饭店解决短期的营运资金不足的问题；同时集团长期形成的一套比较完备的财务管理方法可供成员饭店借鉴，帮助饭店盈利。

4. 市场营销优势

品牌是饭店集团对自己的产品和服务规定的有利于识别的名称和标志。进行多元化经营和市场细分化经营的国际饭店集团，还具有多个品牌和标志，帮助顾客区分不同类型和档次的饭店产品。饭店集团品牌的一致性、辨认度和可识别性通常较高，在市场宣传和推广时，便于在公众中留下深刻的印象，也节约宣传促销成本。同时凭借品牌的声誉，易使顾客产生信任感，促使其作出购买决策。

5. 采购优势

饭店集团为了保持其产品和服务稳定的质量水平，要求其所属饭店的设备和原材料规格化、标准化。饭店集团内标准化程度高与其规模大的特点，使之便于发挥集中采购的优势。饭店设备标准化，便于维修；饭店消费品如床单、毛巾、香皂与其他卫生用品、文具、餐具、家具标准化，便于更换与补给。这两方面的标准化，使饭店集团可以集中向生产商大批量地订购或采购，从而有可能得到优惠价格或其他优惠条件，这比中小批量的交易要经济得多。

6. 预订优势

饭店集团在世界各地建立起自己独立的全国乃至全球性的客房预订中央控制系统，或与其他集团联合，使用共同的预订系统。通过这一系统，可以在世界各地本集团的旅馆里办理对其他姊妹饭店的客房预订。一般都开设免费预订电话，公众可以通过它随时了解该饭店集团内某饭店的客房占有情况。如果你要预订，无需放下电话，可以方便地知道你将住在哪个房间，里边有什么设施，房价是多少等情况。20 世纪 90 年代，GDS 全球预订系统成为国际饭店业争相采用的新技术，GDS 是一种共享的信息网络系统，大的饭店集团较之小的饭店更有实力支付使自己的庞大预订系统与 GDS 兼容所需的、必要的、大规模的投资，因此大集团更有可能开发出能够掌握顾客信息的系统。

7. 人才优势

饭店集团可以从整个饭店集团的实际需要出发，集中聘请各方面的专门人才。如工程技术、装潢、会计、促销、经济分析、人事管理、计算机技术、食品技术等方面的专家，为饭店集团内的各饭店服务。他们有专门技术，了解集团整体的战略与经营状况，处理事故快，解决问题合理。国际饭店集团业重视培训和开发合格的普通员工和高素质的管理人才，形成饭店集团内部配合默契的团队和独特的管理风格。饭店集团人力资源部门负责在全世界范围内招聘、考评各级员工，建立员工能力和绩效档案以及员工职业生涯发展计划，便于集团合理、有效地使用不同能力和文化背景的员工，这样可以做到“人尽其才，才尽其用”。

8. 抗风险优势

饭店集团，特别是大型的国际饭店集团，由于它的饭店分布地域广，产品品种多，因此，饭店集团有较强的应变能力与抗风险能力。

第二节　中国饭店集团发展进程

饭店行业是集中度很高的行业，在世界范围内，200 家最大的饭店集团基本上垄断了饭店市场，成为市场的主导力量。为鼓励、支持和引导我国的饭店业创建自己的饭店集团，增强我国饭店业在国内外市场上的竞争力，政府出台了各项政策积极扶持发展我国饭店集团，中国饭店业出现了一批以模仿外国饭店集团经营模式为特征的中国本土的管理公司和饭店集团。

一、国际饭店集团在我国的发展历程

根据国际饭店与餐馆协会的资料统计，截至 2010 年底，世界饭店管理集团排名前 10 家的洲际、温德姆、万豪、精品国际、最佳西方国际、希尔顿、雅高、喜达屋、卡尔逊、凯悦的下属多个不同品牌都已在中国拥有多家饭店，其迅速发展的势头日益引起业界与学术界的关注。国际饭店集团在我国的发展大致分为 3 个阶段，分别为 20 世纪 80 年代的引进初期阶段、20 世纪 90 年代的全面铺开阶段和 21 世纪初的纵深发展阶段。

1. 引进初期阶段

假日集团（现已更名洲际饭店集团）于 1984 年管理北京丽都假日饭店，并在 5 年之内先后在拉萨、桂林、广州、西安、厦门、大连、成都、重庆等城市形成网络，成为当时中国境内管理饭店最多的国际饭店集团。20 世纪 80 年代进入我国市场的还有喜来登（Sheraton）、希尔顿（Hilton）、雅高（Accor）、香格里拉（Shangri-La）、新世界（New World）、拉美达（Ramada）、凯悦（Hyatt）、太平洋（Pacific）、马尼拉（Manila）等十余家饭店管理集团。在引进初期，进入我国的国际饭店集团以经营中高档为主，多数分布在沿海的中心城市，尤其是直辖市与著名的旅游城市。国际饭店集团进入中国市场的第一个十年里，只有假日集团形成管理十家以上饭店的规模。

2. 全面铺开阶段

20 世纪 90 年代，尝到了甜头的国际饭店集团进入中国市场的步伐明显加快。这一时期既是我国旅游业蓬勃发展的阶段，也是国际饭店集团积极扩大市场份额的时期。于是，形成了一批中国市场份额在两位数以上的国际饭店集团，如：六洲（原 Bass，曾经并购 Holiday Inn）、马里奥特（Marriott）、香格里拉、雅高等。马里奥特、最佳西方国际（Best

Western)、天天（Days inn）、凯宾斯基（Kempinski）、喜达屋（Starwood）、海逸（Harbour Plaza）、文华（Mandarin Oriental）、威士汀（Westin）、豪生、瑞迪森、罗顿等数 10 家国际饭店集团也纷纷进驻中国市场，出现了群雄逐鹿的局面。根据国际饭店与餐馆协会的资料统计，2000 年世界饭店管理集团排行前 10 家的为圣丹特（Cendant）、六洲、马里奥特、雅高、精品国际（Choice）、希尔顿、最佳西方国际、喜达屋、卡尔逊（Carlson）、凯悦，除了圣丹特集团未进入中国市场外，其余 9 家国际饭店集团已在中国建立或管理饭店，并逐步涵盖了高中低端所有的消费档次，中国成为著名国际饭店集团的集聚地。

3．纵深发展阶段

进入 21 世纪初期，国际饭店集团在我国的发展呈现网络化、两极化、本土化的特征，饭店数量的增长、地区分布、经营格局更加合理。在中国市场形成规模和特色的国际饭店集团越来越多，这既是国际饭店业发展的必然趋势，也是全球经济一体化的必然结果。例如，洲际集团到 2010 年在我国内地已经拥有超过 200 家饭店，其中有 23 家洲际饭店，85 家皇冠饭店，超过 100 家假日，Hotel indigo 2010 年也在上海开业，还有快捷假日品牌也在中国各地分布。同时集团不光在一线城市分布，在成都、重庆、昆明、贵阳等西部城市均有分布；截至 2010 年底，公开的资料显示希尔顿在中国运营华尔道夫、康拉德、希尔顿及希尔顿逸林 4 个品牌 14 家饭店，在建饭店 47 家。未来 5 年计划在中国新开超过 100 家饭店；喜达屋在中国营业饭店 62 家，即将开业 87 家，计划 2 年在中国的饭店数翻一番；香格里拉计划 3 年内将中国区 30 家饭店的数字翻倍到 60 多家，大量进入三线空白市场拓展。目前已经有 30 多家新饭店在建；万豪在中国经营约 60 家饭店，并计划在未来 5 年内把这一数字翻一番达到 120 家。

二、国际饭店集团在我国的发展策略

国际饭店集团进入中国已 20 多年，虽然并未达到全面覆盖市场的格局，但是目前我国饭店业的高端市场基本都控制在国际饭店集团手中。据国家旅游局公布的资料，国外和外资饭店占全国饭店客房总数的 20%，但它们却占有饭店业 80%的利润。它们除了采用品牌化、全球化、集约化的战略决策外，集团内旗下饭店的管理方式、经营理念、企业文化也值得我们借鉴与深思。

1．多品牌策略

国际饭店集团依靠其成功的品牌经营，建立为顾客所熟悉与信任的品牌，保持顾客对品牌的忠诚，以其获得更高的价格和更稳定的客源。品牌优势在构成强大进入壁垒的同时，也有利于形成产品差异，满足不同消费群体的需要。实证研究表明，第二个出现的品牌只能享有第一个品牌市场份额的 75%。要想达到与第一个品牌相同的市场份额，平均需支出第一个品牌广告费用的 3.5 倍。

洲际集团刚进入中国时，推出的品牌只有假日品牌饭店，为了满足商务顾客的需求，又陆续推出皇冠假日、洲际等品牌；马里奥特集团在中国市场的扩张就是运用了其强大的品牌优势，它进入中国市场首推的是万豪品牌，目前该集团已推出全品牌发展战略，既有高档的丽嘉·卡尔顿、万豪、万丽，又有中高档的万怡、新世纪、拉美达，共达 11 个品牌。即使是马里奥特的同一档次品牌，各品牌间的差异也体现了不同的风格，如万豪是体现欧美古典式风格，万丽则追求智能化的商务现代派风格，不同的风格适应不同的市场需求。

2. 两极化策略

饭店市场中的超豪华品牌饭店与经济性饭店是国际饭店集团在我国重点发展的两大极端市场。过去相当长的一段时间超豪华品牌饭店在中国是空白，20 世纪 90 年代末期仅有北京圣·瑞杰斯国际俱乐部饭店和上海丽嘉·卡尔顿及金茂君悦饭店 3 家。近年来，随着我国旅游业的发展以及国际性商务活动的增多，知名国际饭店集团对我国饭店市场表示出极大的信心，纷纷推出超豪华品牌饭店，在中国打造他们自己的旗舰。例如，开业不久的上海瑞吉红塔饭店成为喜达屋集团在中国开业的第二个圣·瑞吉斯品牌饭店；2001 年底开业的北京东方君悦饭店是凯悦集团在中国继上海金茂君悦饭店之后管理的第二家君悦品牌饭店；2002 年元月开业的上海四季饭店是著名的四季饭店集团在中国的第一家饭店。

随着国内旅游业的迅速发展，国内游客已经成为饭店不可忽视的客源。据统计，2010 年我国国内旅游达到 21 亿人次，这是一个多么大的市场。对中国旅游者而言，多数对高档饭店消费不起，而大部分低档饭店的设施卫生、服务条件太差，又难以入住。现在缺乏的是中、外顾客需要的、符合国际标准的经济型饭店。未来需求趋势是装修朴素、干净卫生、设施便利、价位适中的经济型饭店将成为国内游客所看重的饭店业类型。一些知名国际饭店集团一致达成共识，经济型饭店已成为继高档饭店之后的饭店业发展的又一新热点、新机会。较早进入中国经济型饭店市场的是美国的天天饭店集团，该集团于 20 世纪 90 年代末期进入中国市场，并与中国建设银行联手推出了 11 家天天品牌饭店。洲际、雅高、马里奥特等集团的管理层都明确表示了在中国发展经济型饭店的意向，近期纷纷来华调研中国市场，或专门请咨询公司，了解中国未来饭店业发展趋势，希望在拓展豪华品牌饭店的同时，也以经济型饭店品牌进入中国市场。

3. 网络化策略

国际饭店集团开始进入中国市场时，往往先选择经济发达的中心城市或旅游资源丰富的城市立足，如香格里拉在中国开业的 17 家饭店基本分布于北京、上海、哈尔滨、长春、大连、青岛、南京、武汉、北海、西安等城市，其中北京就有四家（香格里拉饭店、中国大饭店、国贸饭店、嘉里中心饭店）。如今，迅猛发展的国内旅游业推动着该集团向二线城市扩张，有一批香格里拉饭店在颇具有市场潜力的二线城市开业，如 2003 年中山、郑州两家香格里拉新饭店开业，2004 年福州香格里拉也开门迎宾。六洲集团除中心城市和旅游城市外，早已开始在二线城市布点，如 2001 年在石家庄、济南、太原、武汉、长沙等城市都有洲际集团的饭店开业。各个国际饭店集团都在考虑和实施不断抢占新阵地，扩大覆盖面，使其在中国拥有和管理更多的饭店。

拥有庞大的销售网络、强大的销售能力是国际饭店集团成功的一大关键。国际饭店的网络优势体现在其拥有完善的全球预订网络。1965 年假日饭店系统（现已更名为洲际集团）建立了自己独立的计算机预订系统 Holidex Ⅰ，到 20 世纪 70 年代又发展了第二代预订系统 Holidex Ⅱ。Holidex 计算机系统把遍布世界的假日饭店联系在一起，假日集团 24%的客源通过网络成交，在每一家假日饭店里，都可以随时预订任何一个地方的假日饭店，并可在几秒钟内得到确认。喜来登集团各成员饭店通过全球预订网销售的比例已达到20%～24%，喜达屋饭店集团网上客房预订额1999年约为1亿美元。

4. 本土化策略

使用和培养本土人才，促进与接管饭店之间的文化融合，是提高国际饭店集团经营业绩的根本。由于较大的文化差异，外方管理人员与中国员工沟通难度较大。由于沟通上的限制，曾经出现中方员工与外方管理层无法相互适应，中方员工不接受外方管理层的管理，外方管理层对中方员工的行为难以理解，致使接管后的饭店经营状况一直不佳。文化冲突主要表现在两大方面：一是中外双方管理层不相容，双方在决策方式、管理方式上存在着较大分歧，无法达成共识；二是中方员工与外方管理层之间的不相容，由于中外价值观念的差异，致使双方在核心理念、思维模式、行为方式等方面都表现出很大程度上的不同，双方难以相互理解，无法沟通。针对这种情况，选拔和培养当地的饭店管理人才，在集团统一的管理体制下，放手让中方管理人员运作，增进与当地文化的衔接与相容，被越来越多的国际饭店集团所采用。此外，许多有过在国际饭店集团任职经历的人员成为了国内饭店和外企争夺的对象，国际饭店集团管理的饭店成为我国饭店管理人才的“提高班”，对我国饭店人力资源整体素质的提高功不可没。

在市场开拓方面，一些较早进入中国市场的国际饭店集团，在经过一段适应期后，逐步形成了本土化的经营战略，它们的目标也开始转向中低档饭店市场开发。例如，法国雅高集团已经与北京首旅集团签订协议，达成了雅高进入我国三星级饭店市场的意向，拟在3年内发展20家“美居”饭店，2004～2008年5年内发展到50家。

三、国际饭店集团在我国的发展

国际饭店集团通过导入先进的管理观念与管理模式，加快了我国饭店经营管理水平的提高，缩短了我国饭店业与国际水平的差距，使我国饭店业成为开放较早，市场化程度较高、最先与国际接轨的行业之一。我国饭店集团发展即将进入全新的整合重组阶段，只有借鉴国际饭店集团在我国的发展规律，取长补短，才能顺利完成改革，谋求深度发展。

1. 集团扩张方式日趋多样化

从国际饭店集团的发展进程和现状来看，通过资本市场的并购获取部分财产权，通过非产权交易获取其他饭店的管理权、营销权和无形资产运作权，是国际饭店集团在我国扩展的主要手段。我国加入WTO将加剧饭店业的资本运营。根据入世承诺，国外投资不仅可以控股、独资经营饭店，而且可以通过输出品牌和管理在中国形成母子公司体系的饭店管理网络。入世后，国外投资者将大举进入我国市场，他们通过参股、并购等方式达到逐步占领我国市场的目的。另外，以品牌和规制为先导，对集团内的饭店进行高水平的管理，使其具有竞争力，资本经营与产品经营相辅相成。

2. 与国有饭店集团既联合又竞争

由于体制的阻力和内资饭店缺乏实力，在饭店业的集团化组合上，国际饭店集团更具有现实性。实力雄厚的国际饭店集团，能够承担较高的组合成本，其机制能够承载大规模的集团运行，能够保证集团成员效益。另外，组合过程中国有饭店的心理障碍比较小，认可程度高。就现在的经营状况看，外资集团也具有优势。

中国加入 WTO 后，国际饭店集团进入我国的步伐加快了，以此为契机，政府以通过制定政策和条例，继续扩大开放力度，借助市场手段多方引进国际大型饭店集团，加剧行业竞争，激发行业活力，促进联合。在市场竞争的压力下，国有饭店受到的威胁与日俱增，由市场竞争引发的危机使饭店觉醒，被迫接受集团化战略。例如，企业破产的危机迫使饭店联合；外资饭店的集团优势形成的威胁，迫使内资饭店团结起来；外资饭店对中国经济型饭店的兼并，引发内资饭店对经济型饭店的购买等。

3．以先进的科学管理制胜，由输出管理到输出理念与文化

国际著名饭店集团都拥有一套成熟、合理、有效、系统的管理模式，以规范成员饭店的行为。国际饭店集团的进入，带来管理经验的同时，也带来了饭店业最新的管理理念，树立了饭店文化建设的典范，为我国饭店集团带来深层思考。香格里拉饭店集团的管理模式浓缩于一句话，即“由体贴入微的员工提供的亚洲式接待”。香格里拉的 8 项指导原则为：我们将在所有关系中表现真诚与体贴；我们将在每次与顾客接触中尽可能为其提供更多的服务；我们将保持服务的一致性；我们确保我们的服务过程能使顾客感到友好，员工感到轻松；我们希望每一位高层管理人员都尽可能多地与顾客接触；我们确保决策点就在与顾客接触的现场；我们将为我们的员工创造一个能使他们个人、事业目标均得以实现的环境；顾客的满意是我们事业的动力。

4．由点、线、面至网络的发展格局

目前，国际饭店集团在我国呈网络化的发展格局，并已初步完成了从经济发达的沿海开放城市至中西部地区的拓展，实现了全方位发展的网络化布局，正在逐步加大网络的密度，由一线城市向二线城市扩展。入世后，由于网络销售的便利、进口税收的降低，就更利于国外饭店管理集团发挥其品牌、集中采购、网络销售等优势，市场竞争力将更加强劲。

四、我国饭店集团的发展历程

1．初创阶段（20 世纪 80 年代）

1982 年中国第一家合资饭店——建国饭店开业并首家引进了中国香港饭店管理公司（香港半岛管理集团），标志着中国饭店集团化管理的开始。1984 年，国务院批转了国家旅游局《关于推广北京建国饭店经营管理方法有关事项的请示》，在全国掀起了旅游饭店学建国的浪潮。上海锦江大饭店的开业，掀开了我国饭店集团发展的序幕。1988 年 4 月 6 日，国务院办公厅发布了《国务院办公厅转发国家旅游局关于建立饭店管理公司及有关问题请示的通知》，明确规定中国的饭店集团或管理公司在原则上享受外国饭店集团在中国的同等待遇。

2．吸收模仿阶段（20 世纪 90 年代）

进入 20 世纪 90 年代，我国开始涌现出一批具有一定规模、经营业绩参差不齐的国有饭店集团，例如，北京建国（Beijing Jianguo）、中旅饭店管理公司（China Travel Service Hotel Co.）、东方（Orient Hotel Management Co.）、北京凯莱（Gloria International Hotel）、上海新亚（Shanghai New Asia）、北京保利（Beijing Poly）等，其中，凯莱、锦江、京旅等国产饭店集团在世界上的排名日益上升，引起了国际饭店业的关注。在这个阶段，一些饭店集团在逆境中不断总结经验，在21世纪到来之际，走出逆境，得到了新的发展，例如，在国际饭店管理集团以其诸多优势抢占我国高档饭店管理市场的态势下，我国饭店集团已经学会扬长避短，将市场扩张定位在中低档饭店管理市场上，并获得了相当的成功。

3．整合突破阶段（21世纪初期）

2001年7月15～19日，由中国旅游饭店业协会主办的"2001中国饭店集团化发展战略国际研讨会"在上海举办，各界人士达成共识：根据强强联合、优势互补、公平竞争和优胜劣汰的市场规律，打破条块分割的格局，依托一部分影响较大或经营状况良好的饭店集团，组建一批中西合璧、古今交融的超级饭店集团，是我国饭店集团实现"二次集团化"并在21世纪的饭店市场竞争中站稳脚跟的必由之路。

随着国内经济发展以及国际经贸往来的增多，我国饭店集团的发展获得了新的动力与契机。我们应充分利用自身的优势（如客源关系优势、价格优势、文化优势、劳动力成本优势等），转变观念，推陈出新，实现自己在经营管理上的跨越，增强本土饭店集团的竞争力。

五、我国饭店集团的发展趋势

我国饭店集团在发展过程中主要存在以下几个问题：规模小、扩张力弱，未形成集约化经营；集团化进展缓慢，发展阻力大（部门、地方保护主义严重，阻碍饭店集团的形成）；资本市场有缺陷；缺乏专门人才和集团化的管理经验；品牌建设薄弱等。因此，国内饭店集团的当务之急是尽快克服条块分割，实施饭店集团或公司之间的联合、兼并和重组，扩大开放，引进外资，以促进发展，建立经营管理技术体系和人才储备，逐步形成规模经济与范围经济优势互补的大型饭店集团。具体来说，我国的饭店集团将呈现以下发展趋势：

1．市场化和企业化

饭店集团属于企业集团的范畴，因此，饭店集团的企业化和市场化是其发展的必然趋势。随着我国加入WTO，进一步放开饭店市场，我国的饭店集团将逐步通过政企分开、改制、改变以前以政府为主导的集团形式，走上真正的市场运作模式，成为真正的现代化企业。国际饭店集团发展的经验显示，在竞争激烈的国际市场上，只有经过市场的优胜劣汰生存下来的饭店集团，才具有最强大的生命力。因此，我国饭店集团的健康发展必然需要先构建集团的现代企业制度和优化集团的市场运行环境与制度管理环境，避免政府过多地介入饭店集团的微观运作过程，即从管理体制到管理人员的任命、普通员工的进出，从日常经营与管理战略，到资金投入决策与利润分配方案等，所有涉及饭店和集团经营管理的方面和环节，政府部门都要尽可能少干预或不干预。因此，饭店集团的市场化与企业化的实质，就是按照市场经济和现代企业制度的要求实施对我国饭店集团特别是国有饭店集团的改造。

2．品牌化和规模化

自20世纪90年代以来，我国饭店业正经历着由单体经营向集团化经营的转化，但仍处于一个高度分散的状态。尽管我国政府对饭店集团的发展一直采取积极扶持的态度，也有一些饭店集团，如锦江、凯莱等经过近10年的发展已经跻身于全球饭店排行300强，但从整体上看，国际饭店集团在国内仍具有绝对的竞争优势。根据调查显示，国内的饭店集团和管理公司目前存在规模小、管理经验不足、品牌知名度低等问题，而且增长缓慢，同时还显现出高接管、高退出的短期行为特征。

在全球化背景下，以创新精神将国内饭店市场的优势与国际管理集团的技术和管理优势结合起来，借助经济全球化的平台，实行品牌化和规模化战略，发展国内饭店集团的品牌，扩张其规模，达到规模经济和范围经济的效应，是我国饭店业发展所必经的阶段。要成为旅游大国，就必须有一批大型的、知名的旅游饭店集团作为中坚力量，提高饭店产业的集中度。

3. 大众化和合作化

从一些国际著名饭店集团的发展历程来看，它们大多数是在其国内旅游的市场基础上成长的。由于我国饭店集团在发展初期还不具备直接与国际著名集团抗衡的能力，其首要的市场空间主要在于大众化的市场，因此我国的饭店集团应以探索具有中国特色的、服务于大众的饭店系列为基础，再进行标准化和网络化的发展，尽快形成自己的集团管理模式和市场品牌。在它形成足够的货币资本、管理经验、市场网络、信息技术、人力资源等核心竞争能力以后，再通过寻求与其他行业的大型企业集团合作，加速扩大我国饭店集团的规模与实力，通过成员饭店的集聚效益扩大在国内旅游市场的份额，并在客观上加大国际饭店集团进入国内旅游市场的进入壁垒与竞争壁垒。

4. 科技化和信息化

顺应信息时代的潮流，20 世纪 90 年代以后，以信息技术为核心的高科技在饭店集团中的运用呈现加速发展的趋势。我国的饭店集团应积极运用信息技术构筑集团的管理和营销平台，主要集中在 3 个领域，即内部管理系统、市场推广与营销系统和集团成员间的连接系统。我国饭店集团要迎头赶上国际饭店集团的发展步伐，就必须实现集团的科技化和信息化，在一个较高的起点上参与集团间的竞争。从某种意义上说，网络的发展给了我国饭店管理集团一个非常好的发展机会。当然，要充分利用这一趋势，我国的饭店集团必须注重计算机软硬件在饭店中的普及，以及强化高级管理人员的科技观念和战略管理能力。

第三节　饭店集团扩张方式

世界各地饭店集团扩张的方式是多种多样的，联系的纽带也越来越多，但归纳起来通常有以下几种方式。

一、带资管理

带资管理也称直接经营形式，它是饭店集团多采用的最基本和最常用的做法。它是饭店通过独资、控股或参股等以直接或间接投资方式来获取饭店经营管理权，并对其下属系列饭店实行相同品牌标志、相同服务程序、相同预订网络、相同采购系统、相同组织结构、相同财务制度、相同政策标准、相同企业文化及相同经营理念的管理方式。在这种形式下，饭店集团既是各饭店的经营者，又是拥有者。采取直接经营形式组成的饭店集团，饭店集团总部既可投资建造饭店，又可购买、兼并饭店，达到直接经营的目的。香格里拉饭店集团是在我国最早采用此种方式的国际饭店管理集团，2000年以前基本上以合资经营为主，对大多数所管理的饭店持有绝对控股权。

各饭店同时拥有和经营数家饭店，各饭店所有权都属于同一个饭店集团，同一集团中的各种饭店资源共享，有利于饭店节约成本，管理上容易到位并形成独立的风格，但同时，由于饭店集团各饭店隶属于同一法人，在集团经营过程中，由于资产的连带关系，集团投资经营风险较大；并且由于数家饭店属于同一家公司，在计算所得税时若采用递进制，往往税率较高。

一般来说，饭店集团都会拥有若干饭店的所有权并直接经营，作为集团扩张的后盾，并在此基础上采取其他各种经营形式，逐步扩大集团的规模。在具体的实施过程中，由于受到资金、土地、人才和经营风险等各方面因素的制约，饭店集团要想通过该种方式快速地扩张通常是比较困难的。

二、管理合同

管理合同又称经营合同或委托管理形式，是指一个饭店企业由于缺乏专门技术人才与管理经验，将饭店交由饭店管理公司经营管理时签订的合同。通过管理合同来约定双方的权利、义务和责任，以确保管理集团能以自己的管理风格、服务规范、质量标准和运营方式向被管理的饭店输出专业技术、管理人才和管理模式，并向被管理饭店收取一定比例的“基本管理费”（约占营业额的2%～5%）和“奖励管理费”（约占毛利润的3%～6%）的管理方式。

在管理合同关系中，管理公司是饭店业主的代理人，业主应该对职工负责，管理公司代表业主公司管理企业和职工。管理合同形式是典型的企业所有权和经营权分离的结果。采取管理合同经营的方式，饭店集团可以以最低的成本和风险扩大集团的规模，可以依靠人力、信息、网络等资源优势增加收入。而业主则可以利用饭店集团的品牌、声誉等无形资产筹措资金，迅速占领市场，并取得理想的经济效益。

名牌饭店集团以管理合同的形式，参与某些区域性饭店与小型饭店的管理，对提高它们的管理水平与经营业绩是卓有成效的。因为与一个具有良好品牌声誉与强大预订系统的饭店联合体进行联营，不仅可以拥有其培训技术与运营模式，而且能以此吸引高档顾客、保持较高的房价与入住率。如我国有些饭店，在外国饭店管理集团管理合同到期时，由中方接管后，在价格不变，甚至下调，服务质量则保持稳定的情况下，境外顾客订房情况明显下降，这在一定程度上也说明了驰名饭店集团的声誉和优势。

管理合同的运作模式涉及大量条款，在谈判时不管是业主，还是饭店集团，都要关注相关要点，并采取合适的策略。

三、特许经营

特许经营是以特许经营权的转让为核心的一种经营方式，利用管理集团自己的专有技术和品牌与饭店业主的资本相结合来扩张经营规模的一种商业发展模式。

一般情况下，饭店集团必须有强大的实力及良好的知名度和声誉，才有可能向其他饭店出售特许经营权。通过认购特许经营权的方式将管理集团所拥有的具有知识产权性质的品牌名称、注册商标、定型技术、经营方式、操作程序、预订系统及采购网络等无形资产的使用权转让给受许饭店，并一次性收取特许经营权转让费或初始费，以及每月根据营业收入而浮动的特许经营服务费（包括公关广告费、网络预订费、员工培训费、顾问咨询费等）的管理方式。饭店有责任确保企业达到饭店集团所要求的经营标准，包括设备设施的规格及设备维修保养质量、服务项目和服务质量标准。

实施特许经营，饭店集团要注意以下几个方面：

1. 正确选择特许经营的方式

根据特许方对受许方的控制程度，特许经营可划分为：产品特许经营权转让、商标特许经营权转让与经营模式特许经营权转让。在饭店业中最常用的是经营模式特许经营权转让。根据受许方扩大其经营的权利大小，特许经营可划分为：单一特许经营权转让（一个受许方只经营一个企业）、多单位特许经营权转让（受许方可以在一个地区发展）与总体特许经营权转让（受许方再次进行特许经营权转让）。

2. 特许经营协议

饭店集团与受许方签订一个公平、互利的特许经营协议，是其扩张获得成功的关键。协议内容一般包括受许方的权利与义务、特许费用、协议期限与协议终止条件、仲裁条款等。尤其要详细说明受许方在所经营的区域的权利。

3. 合理量化特许经营权价值

特许经营权是一种非技术性无形资产，核心是一种知识产权的转让，因此必须对无形资产、特许转让费等进行科学的评估与量化。

管理合同和特许经营模式有自身的优点和不同，管理合同与特许经营模式见表 11-2。

表 11-2　管理合同与特许经营模式比较

经营模式	要求	优点	区别	代表企业
管理合同	较强的饭店管理经验和能力以及对下属饭店进行紧密的控制与管理	减少投资风险	管理输出、直接经营管理权，利润较高	洲际集团、万豪集团、喜达屋集团
特许经营	有较强品牌实力及经营、管理、服务运作的能力，有效的低成本扩张和品牌输出	减少直接投入和资金风险	加盟店有助于提高品牌影响力与市场占有率。没有直接经营管理权，只有监督权及指导权，利润较低	万豪集团（中档定位的华美达品牌）、喜来登集团、圣丹特集团、精品国际集团、全球卡尔森

四、租赁经营

租赁经营是指饭店集团通过签订租约、缴纳固定租金的形式，租赁业主的饭店，然后由饭店集团作为法人对其进行经营管理。采用租赁经营形式，饭店集团作为饭店的经营者，通常在支付固定租金和经营成本以后，可以获得一定的剩余利润。另外，还可以使饭店集团节省巨额的固定资产投资，减少了经营风险。因为饭店集团只需要向饭店业交付一定的租金，即可取得饭店的经营权，它有利于饭店集团规模的迅速扩大，饭店业则可以利用饭店集团的品牌和声誉筹集资金，通过对饭店的投资获得理想的收益。

租赁经营的具体形式通常有以下几种：

1. 直接租赁

直接租赁是由承租公司使用饭店的建筑物、土地、设备等，负责经营管理，每月缴纳定额租金。饭店要经营成功需要一段较长时间，因而集团采取这种形式时，一般在合同内要规定租赁年限，以保护经营公司的利益，避免在经营成功之际被业主收回租赁权。

2. 盈利分享租赁

采用这种形式的饭店经营公司是指饭店业主将租金与营业收入和利润挂钩。租金的计算方法可按营业总收入、经营利润或营业总收入与经营利润混合的一定百分比来计算。一般业主不愿承担过多的经营风险，比较喜欢根据营业总收入的百分比来计算租金。

3. 售后回租

售后回租租赁是指企业将饭店产权转让给他方后再将饭店租回继续经营。企业将饭店产权出售的原因一般包括：急需大量周转资金、减少风险等。

租赁形式和管理合同形式有某些相同之处，如饭店的所有权和经营权分开，收取管理费和收取租金的方法也类似。但这两种方式性质不同，在租赁形式中，承租的饭店集团是作为法人经营管理的，饭店职工属于经营公司，它必须对职工负责。饭店公司还必须承担经营饭店的风险，如果经营亏损由饭店公司承担。在管理合同形式中，管理公司是饭店业主的代理人，饭店的员工由饭店业主负责，管理公司代表业主管理企业和职工，同时饭店集团一般不承担或只部分承担饭店经营亏损的风险。

五、联销经营

近年来，伴随着全球分销系统的（GDS）普及和互联网实时预订功能的实现，国外的“联销经营集团”应运而生并且发展迅猛。饭店联销集团是由众多单体经营管理的饭店自愿付费参加并通过分享联合采购、联合促销、联合预订、联合培训、联合市场开发、联合技术开发等资源共享服务项目而形成的互助联合体。

饭店企业实施联销经营，必须注意：

1. 选择合适的合作伙伴

选择合适的合作伙伴才能保证联销经营集团取得预期的成功。一般要对潜在的合作伙伴作如下了解：合作伙伴加入目标，合作伙伴的品牌价值和市场地位，合作伙伴的核心竞争力是否与集团核心竞争力互补或协调，合作伙伴的资源潜力，合作伙伴的企业文化和价值观，合作伙伴有无联营记录，记录是否良好。

2. 加强集团的品牌建设

饭店集团要适应市场环境快速变化，良好的声誉是很重要的。声誉主要来自于：饭店独特的资源、各合作伙伴自身的成功的联盟记录、高超的联销管理技巧、有效的联销品牌的宣传。

3. 塑造共同愿景

共同愿景是组织中人们所共同持有的意向和理想，是在人们心中的一股深受感召的力量，是引导组织成长的重要因素。集团共同愿景的实质内容包括：集团各方共同达成；有明确的核心价值观念；能创造独特价值。

4．建立有效的沟通体系

沟通体系包括：以网络为主要方式的先进、高效的沟通渠道，便于各成员饭店信息传递与交流反馈畅通快捷；集团内不同层次的定期会议或经常性会议；员工间互访和交流；正式的、跨文化的培训；礼节性的联营活动。

5．完善联销经营协议

联销经营协议要明确：联销经营的共同目标，杜绝短期行为；明确各成员饭店的权利和义务，明确合作领域和合作边界；制订公正、合理的利益分配机制，将所有可能的利益冲突明朗化，体现"多赢"；建立解决纠纷的机制，便于快速、有效地解决出现的各种纠纷。

联销经营形式是一种较为松散的集团形式，饭店之间保持独立，各个企业在经营管理上、财务上互不相关。联营的重要目的是创造总体形象、增加推销效果和互荐客源。联合行动所需的费用按一定的比例由各成员饭店分摊。联销经营也是一种比较成功的集团扩张方式。美国北美旗帜饭店集团就是以这种形式发展最快、最成功的饭店集团之一。

六、时权经营

饭店集团的时权经营是一种兴起时间不长的经营形式，它是指饭店集团购买某一特定度假资产每年某一特定时期的使用权，即对某度假区域在某度假时间拥有使用权，且这种使用权是在交易系统中可流通和交换的一种经营形式。

国际著名饭店集团所属品牌及经营模式见表11-3：

表11-3　国际著名饭店集团所属品牌及经营模式

饭店集团	品　牌	主要经营模式
洲际（英）	洲际、假日、皇冠、假日快捷、恒桥公寓、Candlewood	特许经营、委托管理、带资管理
圣丹特（美）	豪生、天天、速8	特许经营
万豪国际（美）	万豪、万丽、万怡、丽嘉、华美达、新世界、行政公寓	特许经营、委托管理、带资管理，旗下华美达完全实行特许经营
雅高（法）	索菲特、诺富特、美居、Suite hotel、宜必思、Red Roof lnn、Etap Hotel、Formule1 以及 Motel6	带资管理、租赁饭店、委托管理、特许经营
精品国际（美）	Clarion Hotels、Comfort inn&Quality Suits、Quality Inns Hotel & Suites、Sleep Inn、Econo Loddge、Rodeway Inn、MainStay Suites	特许经营、战略联盟
希尔顿（美）	希尔顿	特许经营、委托管理、带资管理
喜达屋（美）	圣·瑞吉斯、福朋司、寰鼎、至尊金选、W饭店、喜来登	特许经营、委托管理、带资管理
香格里拉（中国香港）	香格里拉、商贸、嘉里中心	带资管理、委托管理
凯悦（美）	凯悦、君悦、柏悦	特许经营

本章小结

饭店集团是以饭店企业为主体、以经营饭店资产为主要内容，拥有、经营两个以上的饭店，通过各种经营方式（如产权交易、资产融合、管理合同、人员派遣以及技术和市场网络等方式）而形成的相互关联的企业经济实体或系统。饭店集团经过了区域发展、洲际发展和全球发展的3个阶段。中国饭店业出现了一批以模仿外国饭店集团经营模式为特征的中国本土的管理公司和饭店集团。这些本土的管理公司与来自外国的饭店集团和来自中国香港、澳门的饭店集团形成了三分天下的格局。饭店集团经营具有经营管理优势、技术优势、财务优势、市场营销优势、采购优势、预订优势、人才优势和抗风险优势。为在激烈的市场竞争中获得自己的有利地位，我国饭店集团在借鉴国际饭店集团成功经验的同时，要走市场化和企业化、品牌化和规模化、大众化和合作化、科技化和信息化的道路。饭店集团一般采取投资拥有形式、租赁形式、管理合同形式、特许经营形式、联销经营形式、时权经营形式进行饭店规模的扩张。

思考与练习

1. 什么是饭店集团？饭店集团是如何在世界范围内产生和发展起来的？
2. 饭店集团的优势体现在哪些方面？
3. 我国饭店集团的现状与发展趋势如何？
4. 案例分析

开元旅业集团发展模式

开元旅业集团是一家以饭店业为主导产业的国家级企业集团，共拥有饭店和旅游相关企业19家，资产16.8亿元，是浙江最大的旅业集团之一和“中国饭店集团20强”之一。在创业、发展过程中，开元旅业集团确立了“优质服务、科学管理、不断创新、稳健发展”的企业形象，从一家政府招待所起步，在10多年内发展成一个大型旅游集团，开元旅业集团的成功经营被同行誉为“创造了近年来国内旅游饭店业的奇迹”。

在国际饭店集团和国有饭店集团的竞争中，开元旅业集团积极吸收国际饭店的现代理念，探索中国本土化饭店的文化特色，充分发挥民营企业特有的快速应变能力和组织创新能力，形成了自己独特的品牌战略和集团经营管理模式。

（1）以品牌为核心　经过十多年的努力，开元旅业集团成功塑造了开元饭店的品牌。开元旅业集团以成为中国民营饭店集团的代表品牌为集团的经营使命，以饭店、房产互动发展为集团的品牌战略方针，以中等城市高档饭店为近期的品牌市场定位，以“开元旅业，天下一家”为集团的品牌口号与远景目标。

（2）以连锁为模式　为推进集团饭店连锁化管理和发展，集团成立了饭店管理公司，下辖营销部、人力资源部、财务部、业务发展部、营运指导部等职能机构，并成立了集团餐饮研究会、金钥匙服务俱乐部等组织，为各连锁饭店提供相关指导、支持和服务。开元旅业集团以完善连锁作业体系为连锁化的基本标准，以组建集团客源网络为连锁化的重要手段，以构筑后勤配套体系为连锁化的有力保障。

（3）以服务为基础　集团饭店管理公司编印了一部员工服务指导手册《开元服务艺术》，收集了集团所属饭店的优秀服务案例，概括了集团的服务经验，为员工提供服务的操作典范，正式提出和强化了“开元旅业集团的服务模式”。从2001年开始集团每年举办一次“优秀服务事迹报告会”，并策划“服务承诺活动”，这些都强化了集团优质的服务品牌形象，从而吸引更多的新客户。

（4）以市场为先导　民营企业的体制赋予了集团“快速应变”的能力，不断汲取现代市场营销理念与方法，使集团“快速应变”的相关体制日臻完善。集团的核心竞争力之一是快速反应，集团关系营销的可靠依据是全面客户管理体系，主题营销活动方针是早策划、早宣传、早受益。

（5）以人本为宗旨　该宗旨使员工得到尊重和自我实现，让员工与企业一起成功，共同发展。集团以职业生涯设计为人本管理的有效工具，以培训体系的人本化为长久保证，以互动开放的交流体系为“思想熔炉”，以员工技术比武为“大舞台”，以快乐工作为员工满意保障体制。

思考：开元旅业集团发展模式给了你哪些启示？

参考文献

[1] 周三多，等．管理学[M]．北京：高等教育出版社，2002.

[2] 蒋丁新．饭店管理[M]．北京：高等教育出版社，2004.

[3] 董观志．现代饭店经营管理[M]．广州：中山大学出版社，2004.

[4] 海萌辉，郭焱．现代饭店管理[M]．郑州：郑州大学出版社，2003.

[5] 蔡万坤．前厅与客房管理[M]．北京：高等教育出版社，2006.

[6] 黄震方．饭店管理概论[M]．北京：高等教育出版社，2001.

[7] 邹益民，周亚庆．饭店管理——理论、方法与案例[M]．北京：高等教育出版社，2004.

[8] 邹益民．饭店整体管理原理与实务[M]．北京：清华大学出版社，2004.

[9] 邹统钎．饭店经营战略[M]．北京：清华大学出版社，2005.

[10] 戴斌．饭店品牌建设[M]．北京：旅游教育出版社，2005.

[11] 马勇．饭店管理概论[M]．北京：清华大学出版社，2006.

[12] 郑向敏．酒店管理[M]．北京：清华大学出版社，2005.

[13] 丁力．饭店经营管理原理[M]．天津：南开大学出版社，2001.

[14] 林璧属．旅游饭店实务管理[M]．北京：清华大学出版社，2005.

[15] 黎洁，肖忠东．饭店管理概论[M]．天津：南开大学出版社，2003.

[16] 王琳，谭白英．饭店管理实务[M]．武汉：武汉大学出版社，2004.

[17] 李树民．现代饭店管理概论[M]．西安：西北大学出版社，2002.

[18] 马桂顺．酒店财务管理[M]．北京：清华大学出版社，2005.

[19] 杜建华．饭店管理概论[M]．北京：科学出版社，2007.

[20] 吴中祥．现代饭店管理技术学[M]．上海：上海人民出版社，2002.

[21] 肖江南，马惠萍．旅游业信息系统管理[M]．福州：福建人民出版社，2004.